不祥事を防ぐ市場対応ハンドブック

情報開示からリコール実施まで

久新大四郎 著
Kyushin Daishiro

Public Announcement & Recall Handbook

唯学書房

はじめに

　近年頻発している製品事故や品質不祥事は、1970年代（昭和40～50年代）に社会問題化した公害や製品事故とは明らかに態様が違うように思う。

　公害問題は、日本が戦後の復興、経済成長に邁進しているなかで発生した。

　なかには当時の科学水準では予見し切れなかった原因も含まれている。問題の発生は地域に限定されることが多く、国民的関心は呼んだものの、被害者・弁護団・消費者団体の社会的糾弾活動が中心であった。

　一方、2000年、特に2002年以降の事故や不祥事は、科学技術水準云々というよりは、設計・製造技術の低下や安全設計に対する配慮の欠如と思われる原因が多くなっている。大量生産・大量消費そして流通の寡占化が被害の発生を地球規模に拡大している。

　そして事故が社会問題化する過程には、情報開示をためらい複数の事故へ拡大してから公表するといった共通の傾向が見られる。消費者への情報開示のあり方、企業姿勢が問われる、いわば人の判断による問題である。

　その背景には、「規模の経済」とともに、公表すれば膨大な回収費用が発生することや、公表して製品の欠陥を認めれば、PL訴訟で損害賠償を負うことになるのを避ける判断がある。ブランド毀損、社会的信用の失墜、販売への悪影響をおそれる心情もある。

　情報の非公開といった企業論理優先の誤った判断から導かれるのは、該当する消費者はもとより、株主・投資家、取引先、従業員、地域社会、ジャーナリズムといったステークホルダーすべてから受ける社会的批判である。

　社会は事故や不具合の発生そのものを責めているのではない。被害の拡大を防ぐ手立て（回収・点検修理）を講じたか、そのために事実に即して警告や危険回避の呼びかけ（告知）の行動をとったかという、企業判断、企業行動を注視しているといってよい。

　完璧な人間はいない。企業の活動や製品は人間の営為の結果である。したがって高度に工業化した製品、バイオ技術を使った食品などに完全なものは

ないことを消費者は知っている。それが許容される範囲のリスクであるかどうかである。製品事故の発生に対しては危険回避の情報周知と製品回収を、製品不具合に対しては本来あるべき状態へ戻す（改修）ことが求められる。

こうした対応は、迅速に誠実に行えばかえって会社への信頼につながる。それが正しい危機管理であり、ブランドイメージや会社の評判（コーポレート・レピュテーション）の失墜を防ぐ唯一の方法である。

今や会社にとって不都合なことは、必ず内部から漏洩する。

隠蔽・事実の歪曲化はさらに大きな社会的反発を招く。結果は消費者離れを招き、ブランドや売り上げの回復には長期の時間を必要とする。優秀な人材の確保にも影響を及ぼす。間違った判断を下したマネジメントは、次世代に大きな禍根とツケを残していくことになる。

間違った判断・行為を防ぐためにはどうしたらよいのだろうか。

まず、すべての企業関係者が社会環境の変化を知ることである。社会環境の変化とは、国の消費者政策の転換、消費者関連法制の新設・改正、消費者意識の変化、インターネット社会の進展、社会的要請の動向等である。そしてそれを正しく認識し、判断にあたっては社会規範、社会通念、道義に添ったものであるかを自問することである。

本書は「判断・行為の適正化」のための書である。全体は、社会の状況を知り、正しく認識し、社会規範に基づいて判断するという構成になっている。具体的には以下の内容と特徴を持っている。

・製品やサービスに発生した市場不良問題に対する不適切な企業対応を未然に防止するためのものである。
・本書は、企業の情報開示である「告知」（社告）そのものについて語られる初めての書であろう。製品不具合問題が発生した時、被害者の救済、被害の拡大防止をいかに行うか、前提となる情報開示のあり方はどう判断したら良いか、。市場対応のあり方と併せ、その必要性を解説した。
・「告知基準」については、判断にあたって必要な視点を、消費者基本法ほか、直近の国の消費者行政の影響と、CS/ES・CSR等、現代の経営

・環境との関係で幅広く述べた。
・不具合発生の第一報から市場対応開始までのリコール・プロセスの詳細を、実務マニュアルとして利用できるよう記述した。
・情報公開、被害者の救済が適切に行われなかったときに発生するリスクについても、現代の経営リスクとして触れた。
・36年ぶりに改正、新たに制定された「消費者基本法」は、すべての消費者関連法の憲法ともいえる。その理念から導き出されるものがこれからの消費者行政の根幹を成し、すべての企業がその影響を受けることになる。その意味で極めて重要であり、逐条的に解説した。
・身の回りの安全・安心を脅かす事故をめぐって、事故報告の義務化、リコール制度の拡充の動きが急である。「改正消費生活用製品安全法」の骨子と、消費者関連団体が進めている「消費者の立場に立った社告(告知)のあり方」への取り組みを紹介した。企業の任意に任されていた告知・市場改修行為が、国民的広がりを見せ始めていることを明らかにするためである。
・本書は、企業のCS部門、品質保証部門、マーケティング部門、お客様対応部門、広報部、法務部など、直接品質問題に対応する関係部門の方に役立つよう構成してある。
・日本版SOX法の実施を前にして、企業の内部統制のあり方が一層問われてくる。本書は経営トップ、事業責任者、設計・製造・セールスを問わず、すべてのビジネス関係者にも内部統制の理解を深めるために有益である。
・行政や消費者関連団体、医療機関の関係者の方が読む機会も多いと考えられる。立ち位置はちがっても記述の本質は同じであり、参考にして欲しい。
・本書は、第1章から順に読むように構成されているが、どの章から読んでもよいハンドブックの性格を持っている。座右の書として活用いただきたい。

企業の持続的発展は、消費者の信頼と支持がなければ実現できない。
　企業と消費者のより良い関係を構築することが、本書の最終の目的である。
　本書は、唯学書房村田浩司氏のご理解と共感があって実現できた。出版の機会をいただいたことに感謝申し上げる。
　また、一緒に仕事をしてきたソニー株式会社、ソニーマーケティング株式会社のマネジメントの方々の寛容さと、多くの友人の助言があって本書を世に出すことができた。記してお礼としたい。

2007年8月

偏西風(にしかぜ)事務所

久新　大四郎

目　次

はじめに　iii

第Ⅰ部　製品問題発生時の企業対応──情報開示（告知）と消費者の救済（リコール）

序章　適切に市場対応するということ……………………………… 3
 1　国の消費者政策の強化──事前規制から事後チェック・事後罰則へ　4
 2　国民監視の目と消費者の評価　5
 3　不適切な対応が及ぼす企業への影響　6
 4　企業の自主規制の重要性　8
 5　適切な市場対応は、経営と利益相反にはならない　8

第1章　告知──情報開示の意味するもの………………………… 11
 1　企業責任としての情報公開　11
  1　告知とは／2　なぜ、告知するのか／3　「告知」へのアレルギーと抵抗をこえて／4　何もしないという罪
 2　正しく告知しなかったときの企業リスク　24
  1　情報公開、説明責任、透明性のリスク／2　内部統制、企業統治、コンプライアンスのリスク／3　CS（顧客満足）のリスク／4　ES（従業員満足）のリスク／5　CSR（社会的責任）経営のリスク／6　ブランド毀損とレピュテーション・リスク
 3　告知文　32
  1　告知文の記載要件／2　告知文の書き方／3　告知文作成にあたっての留意点──お詫びの5原則／4　NACSの「信頼の社告8か条」と主婦連の「リコール社告のあり方」／5　タイトル事例／6　告知方法（手段）の種類と選択

第2章　告知基準――何をもって判断するか ･････････････････････ 51
　1　基準の必要性と判定プロセス　51
　　　1　なぜ、告知基準が必要か／2　「基準・規定」か「ガイドライン」か――基準を設定するリスク／3　「基準」運用にあたって／4　「判断」の決定プロセスと最終判定者
　2　告知の判断基準　57
　　　1　判断の種類／2　「定性的な判断」の対象／3　「社会的責任経営」からの判断
　3　告知掲載基準　69

第3章　市場対応――リコールの実施手順と解説 ･･･････････････････ 75
　1　リコール実施のフローとその手順　76
　　　1　第1段階（問題の発生・事態の把握・方針の決定）／2　第2段階（情報の共有・組織化・対応の準備）／3　第3段階（直前の対外アクション、告知／市場改修の実施、実施後のフォロー／対応の終了）
　2　解説　87
　　　1　第1段階におけるポイント／2　第2段階におけるポイント／3　第3段階におけるポイント
　3　問題の早期把握の手法と体制　95
　　　1　カスタマー・コール／2　Web掲示板／3　社内通報制度／4　修理履歴／5　内部検証／6　社内のフィードバック体制
　4　CS・品質監視部門の位置づけと意義　100
　　　1　構造的な相関メカニズム／2　位置づけと意義
　5　告知・市場改修の実例――ソニーの失敗と成功　104
　　　1　「デジタルカメラの電池切れ」／2　「デジタルカメラの塗装はがれ問題」

第Ⅱ部　消費者保護法制の整備と求められる企業対応

第4章　消費者基本法から消費者団体訴訟制度
　　　——消費者政策の大転換 ································ 119

1　国の消費者政策の大転換　119
2　前史としての「消費者保護基本法」制定と背景　121
3　「消費者問題」とは　123
4　答申「21世紀型消費者政策の在り方」　124
5　消費者基本法　126

　1　新たな制定と概要／2　消費者の権利の擁護と自立の支援／3　消費者の6つの権利／4　国と自治体の責務／5　事業者の責務／6　消費者の責務（努力規定）／7　苦情処理と紛争解決／8　自立する消費者の支援基盤——透明な市場ルールの整備

6　消費者基本計画　141

　1　消費者基本計画とは——省庁横断の行動計画／2　行動計画の概要——3つの重点施策と今後5年間の重点的取り組み／3　消費者基本計画の意義

7　「消費者基本法」施行の影響　144

　1　個別法、条例への影響／2　理念実現のための担保措置／3　消費者基本法と個別法、条例の関係

8　公益通報者保護法　152

　1　「公益通報者保護法」制定の背景／2　概要／3　課題／4　円滑な運用を支えるために

9　消費者団体訴訟制度　155

　1　背景と制度設計の経緯／2　「消費者契約法」の概要／3　消費者契約法の限界／4　消費者団体訴訟制度の誕生

第5章　被害者の救済と法的判断――求められる企業対応 ………169

1　透明性と公正・公平の原則　170

2　情報開示と説明責任　171

3　被害者の救済と品質保証責任　174

 1　法的判断とCS的判断／2　信義則――民法第1条2項／3　債務不履行――民法第415条（債務不履行による損害賠償）／4　不法行為による損害賠償責任――民法第709条（不法行為による損害賠償）／5　製造物責任法（PL法）／6　瑕疵担保責任――民法第570条／7　品質保証責任／8　表示にかかわる法律／9　インターネット取引（電子商取引）に関する法律／10　「個人情報保護法」の例外規定の運用について

4　被害者の救済　199

 1　被害の未然防止／2　被害の拡大防止／3　被害者の救済／4　発火による拡大事故（PL事故）時の現場対応／5　リコール制度／6　消費生活用製品安全法

5　現状回復義務　213

 1　無償点検・修理／2　商品交換／3　返品・返金

第6章　消費者苦情・クレーム・訴訟――司法制度改革とインフラ整備…217

1　苦情対応　218

 1　苦情・クレームの発生要因／2　苦情への対応

2　クレームのパターンと処理上の留意点　223

3　役員書簡への対応　227

4　ダイレクト販売・B2Bにおける損害賠償　232

 1　ダイレクト販売におけるリスクと留意点／2　B2Bにおけるリスクと留意点／3　B2Bにおけるクレームへの対応／4　B2Bにおける修理クレーム

5　お客様対応部門のミッション　240

 1　2次トラブルの防止／2　コーポレート・リスクへの派及を防ぐ／3　顧客不満の解消――災い転じて、福となす／4　お客様対応部門のミッション

    6 消費者が利用する司法制度と救済機関 246
        1 訴訟リスクと対応——少額訴訟制度／2 消費生活センターへの相談／3 原因究明テスト機関／4 裁判外紛争解決（ADR）／5 日本司法支援センター（法テラス）の設立

終章 必要なマネジメント・ツール
    ——リスク・マネジメント、CS経営とCSR経営 …………… 257
    1 リスク・マネジメント 257
        1 危機管理とリスク・マネジメント／2 伝統的リスク・マネジメントとERM／3 リスク・マネジメント、法令遵守、内部統制、企業統治、CSRの位置づけ
    2 CS（顧客満足）経営 270
        1 「生活者起点」によるシーン・イメージング／2 財務パフォーマンスからみた顧客満足経営／3 ACAP（消費者関連専門家会議）の宣言／4 CSのこころ
    3 CSR（企業の社会的責任）経営 278
        1 CSRとは／2 本業で果たすべきCSR／3 国の「自主行動基準の指針」と日本経団連の「企業行動憲章」／4 CSR報告書からみえてくるもの

おわりに 291
参考文献 293
索引 295

第Ⅰ部

製品問題発生時の企業対応
情報開示(告知)と消費者の救済(リコール)

序章 適切に市場対応するということ

　本書の主題である「正しく情報公開し」「適切に市場対応する」ことの意味を整理しておこう。

　告知とは、「知らされないと、該当の消費者が何らかの不利益を被る事態に対して、その予防、拡大防止、被害者の救済措置を行うために公私の手段を用いて広く社会にお知らせすること」をいう。問題によっては該当の対象者だけでなく、広くステークホルダーを対象に含む場合もある。

　製造物責任法（PL法）が施行された1995年を境に、新聞で社告（告知）を行うことが一般化してきた。これには、損害賠償訴訟をおそれた企業がリスクの低減のために行ったという側面もあった。PL法は製品の欠陥による拡大事故に損害賠償を科するものである。企業のなかには、いまだに発煙・発火、危害事故（拡大事故）以外は告知の必要はないと考えている人も見受けられる。

　PL法導入時代の影響を個人体験として記憶して、それをいまだに判断基準としているものといえる。製品不具合への不適切な対応から生ずる顧客不満が、企業基盤を揺るがす導火線であることに気がついていないのである。

　私たちを取り巻く社会環境は大きく変わり、拡大事故だけでなく消費者に何らかの不利益をもたらす製品不具合に対しても、同様の情報公開・説明責任が求められるようになっている。

1　国の消費者政策の強化
——事前規制から事後チェック・事後罰則へ

　消費者の意識や消費者関連団体の役割も変わり、「消費者基本法」が2004年6月に制定された。「消費者保護基本法」の36年ぶりの改正である。
　消費者の権利を法律のなかで明文化し、自立する消費者への支援が事業者・国／地方公共団体の責務であると定めたのである。消費者の6つの権利のなかには、「安全が確保される権利」「被害の救済を受ける権利」とともに、「知らされる権利」「正しい選択を行える権利」が含まれている。
　企業不祥事を顕在化させるための「公益通報者保護法」（内部告発者保護法）も、2006年4月から施行された。消費者団体が消費者個人に代わり企業を訴えることのできる「消費者団体訴訟制度」も、「消費者契約法」のなかに盛り込まれ2007年6月から施行された。消費者団体訴訟制度は、将来、独禁法、景品表示法、特定商取引法、製造物責任法への適用も検討項目として挙がっている。
　消費者基本法は理念を定めたものだが、その影響はすでに個別の法律のなかで現れてきている。既存の法律の適用強化によって、大企業を含め多くの企業が監督官庁からの業務停止命令、業務改善命令を受けたり、悪徳リフォーム業者が逮捕されたりしてきている。また経済産業省が温風暖房機事故・ガス瞬間湯沸かし器事故を起こした会社に対して、「消費生活用製品安全法」82条で初の緊急の回収・周知の徹底を命じたことも記憶に新しい。
　消費者基本法を根拠法として地方公共団体では、悪徳事業者の取り締まりの強化のため消費生活条例を改正している。広範な消費者被害をもたらす事業者に対しては、「事業者名を公表」するなど、消費者被害の拡大防止に乗り出している。東京都のように「業務停止命令」に踏み込む先進自治体も出てきた。これらの社会の動きのなかに、消費者基本法の影響を見てとることができる。
　消費者基本法をはじめとする一連の消費者関連法については、消費者対応部門や法務部門などの一部の関係者の理解に留まってはいけない。各部門の

マネジメント、経営トップに至るまで、社会的変化の流れのなかで正しく捉えておく必要がある。

規制改革の流れは、手取り足取り事前に規制する政策手法から、原則自由、事後チェック・事後罰則へと動いている。原則自由は、企業の自主的判断に基づく自主規制と結果への自己責任を前提にしているのである。

そして結果責任において行政措置よりも重いのが、市場からのペナルティーである。

2　国民監視の目と消費者の評価

このように消費者被害の防止・救済のため、国や地方公共団体の規制が強化されているだけでなく、消費者団体や消費者関連団体が取り組みを活発化させてきている。日本消費生活アドバイザー・コンサルタント協会（NACS）が、2005年度の各社の新聞社告の内容を分析し、評点をつけ公表している。温風暖房機メーカーの最初の新聞社告に対しては、危険の重篤性と被害防止の姿勢が感じられないとして、45点という厳しい評価を下している。

この事故を受けて、主婦連合会をはじめ消費者関連団体が企業の自主的判断の告知・回収には限界があるとして、リコール制度を拡充するよう経済産業省に要望を出している。これに対して経済産業省は、「現行の法制度の中で改善を行う」として、新たな法整備には後ろ向きな姿勢を示していた。

しかしその後、エレベーター、ガス瞬間湯沸かし器による死亡事故、プール、シュレッダーによる子供、幼児の死亡・身体損傷事故、パソコンに搭載されたリチウムイオン電池の発火事故などが相次いで発生した。監督官庁の事態の把握・対応にも問題があると社会から批判を受けた。

この一連の動きを受けて、国は「消費生活用製品安全法の改正案」を2006年秋の臨時国会に提出した。ガス器具・石油暖房機、家電製品など幅広い消費生活用製品に重大事故の届け出を義務化し、国の公表制度を盛り込んだものである。改正法は11月に成立し、2007年5月14日から施行された。

NACSはFF暖房機事故の教訓から、2005年「信頼の社告8か条」を公表している。また、主婦連合会は、経済産業省からの委託を受けて、「消費者が望む『リコール社告』のあり方」の策定作業を行い、2007年6月公表した（第1章3節4項参照）。

　経済産業省の「リコール・ハンドブック」（委託先：財団法人製品安全協会）のなかでは、軽微な不具合でも正しく告知を行うべきであると記載されている。

　国民生活センターの調査でも、告知を行った企業に対する消費者のイメージ調査を公表している。かえって評価が上がった、どちらかというと評価するというポジティブな評価が80％を超えている。

　一方、消費者の意識も大きく変わってきている。権利を侵害されることへの強い抵抗である。このことは戦後民主主義の成熟と無縁ではない。

　企業の情報優位の立場も変化に見舞われている。インターネットの普及による消費者間の情報交換の威力である。各種のWebサイトには、品質問題への疑念や不誠実な企業対応に対する批判が連日のように掲載されている。書き込みをしない人でも、この評判を閲覧することで何らかの影響を受ける。

　社内関係者による情報の漏洩も、今や一般的になっている。就業構造の変化と、従業員の帰属意識の変化が大きく影響している。もはや、情報統制などということは意味をなさない時代になっているといえる。一面で、このような「会社のなかの外部の眼」が、会社に対する牽制・抑止力になっていることも事実である。

　以上述べたように、社会は、事故や不具合が発生した場合の、「その後」に対する企業の対応を注視しているといってよい。

3　不適切な対応が及ぼす企業への影響

　製品の不具合はブランドを毀損し、それへの対応の判断の適否や言動は

コーポレート・レピュテーション（会社の評判）を左右することになる。

　ブランド価値は、製品や提供サービスという商品に購入した消費者が下す評価である。その意味では、もの造りを通じて壊れない、害を及ぼさない、魅力的な商品作りが鍵となる。一方近年、欧米を中心に重要度の高まっている企業評価概念が、コーポレート・レピュテーションである。

　レピュテーションとは、評判、名声、風評という意味である。コーポレート・レピュテーション（会社の評判）とは、企業のトップや従業員の判断や言動に対して、購入者を含め、取引先、従業員、株主、ジャーナリズムといった幅広いステークホルダーが下す企業評価である。

　ブランド、レピュテーションとも、特許などの知財と並ぶ企業の将来価値を占なう戦略的な無形資産となってきている。これらの無形資産は、過去の成果の蓄積である固定資産や金融資産などバランスシートに現れるものだけではない。将来の企業価値を現在価値に置き換えるものとして、企業会計上重要視されてきているものである。この非金銭価値は、増大しているM&Aにあたっての資産評価のなかではっきりとした形で現れてくる。

　拡大被害ではないとして情報の開示や説明責任を怠れば、たちまち消費者の不満を生みCS経営に打撃を与える。ブランドイメージの高い会社ほど、このダメージは大きい。

　CS（顧客満足）に反する判断や行為は、最終顧客と接するフロントや販売店の従業員満足（ES）を損なうことにつながる。自身も納得できない会社の判断からは、お客様に納得してもらえる説明はできない。その負のエネルギーは内部漏洩となって表面化することもある。「ESなきところにCSなし」である。上流にある判断の矛盾をフロントに押し付けることがあってはならない。このことは、告知や市場対応を判断する立場にある者の責務ともいえよう。

　情報開示と説明責任を正しく履行しない行為には、さまざまな経営リスクが潜んでいる。

4 企業の自主規制の重要性

　告知・市場改修は、国の規制や行政の指導、消費者団体、消費者が要求しているから行うものではない。企業の自主的で主体的な行動が肝要である。
　消費者は、不具合のある商品や不適切な対応をする企業の製品やサービスを購入しなくなる。消費者の持つ「市場の選択力」である。
　一方、企業の最終の目的は、利益の最大化である。利益は売上から生まれ、売上は一人ひとりの消費者の購買活動の積み上げからなる。また、不適切な対応や不祥事を起こす企業に有為な人材は集まらない。消費者に支持されない企業は市場に残れない。企業の存続にかかわる根本の問題といえよう。企業は正しく消費者と向き合うべきなのである。
　われわれの行っている企業活動は、消費者を失望させ、不満を生み出すために行っているのではない。お客様の喜ぶ顔を思い浮かべ、その結果の還元が企業業績に反映されることを期待して努力しているはずである。
　万一不具合が発生したとしても、その後の適切な企業行動でレピュテーションの回復は図れる。
　どのような法律や社内規定を作ったとしても、すべてをカバーし全部当てはまるものはない。規則というものは、時代との相関で変化する。
　企業人は、法律や自社の規則や規定を運用するにあたっても、ここで述べたような精神で読み、適切な判断と行動を行うことが求められている。

5 適切な市場対応は、経営と利益相反にはならない

　市場対応を適切に行おうとすれば、目に見える形でコストが発生する。
　また新聞やテレビで報じられれば、会社の信用やブランドを傷つけ、営業面への影響もでる。短期的な期間損益にもネガティブなインパクトとなる。
　発生するもろもろのマイナス要因は、品質を軽視、または品質改善への取

り組みが十分でなかったことへの市場からのペナルティーと解すべきである。そして大切なことは、市場から二度とこのようなペナルティーを受けないよう、得られた教訓を製品品質の向上と、透明性を持った市場対応に向けた全社的取り組みに結びつけることである。

　不幸にして品質事故や製品不具合が発生しても、その影響は対象製品や対象カテゴリー限定される。ブランド毀損も、プロダクツ・ブランド（製品ブランド）の範囲である。しかし、不適切な市場対応をとった場合には、社会の反発はコーポレート・ブランド（企業ブランド）やコーポレート・レピュテーション（会社の評判）に波及してしまう。

　事故への適切な対応をとれば、企業そのものの信用の失墜にはならない。消費者も社会もよく見ている。かえって会社の信用を高めることもある。

　不適切な対応や不誠実な企業姿勢は、消費者の購買行動、株価への反映、社会的責任投資（SRI）などの投資判断、人材の安定化・有為な人材の募集など、すべての面で長期的なペナルティーを受けることになる。中長期にわたる持続的な成長を阻害する無形資産の毀損であり、経営は不確実性を増す。

　ブランドもレピュテーションも長い時間をかけて築きあげてきたものである。それを承知で適切な措置を怠ることは、後代につけを回すことと同義である。

　このような事態を防ぐためには、企業活動が透明性を持っていることが何より大切だ。透明性とは、誰から見ても、どこから見ても疑念を抱かれない経営のことである。経営手法の巧拙ではなく、市場への誠実さであろう。

　対応にコストがかかっても、消費者や社会に対する情報公開・説明責任、消費者救済をきちんと履行することは、長い目で見て企業経営と利益相反にはならないのである。

第1章 告知
——情報開示の意味するもの

1　企業責任としての情報公開

1　告知とは

　言葉としては、社告という場合もある。
　「告知」は、国語辞典（『大辞林』）には、「告げ知らせること。一定の意思、または事実を通知すること」とある。
　企業と消費者の関係でいえば、「知らされないと、知らされるべき人が不利益を被ることに関して、通知すること」と意訳することができる。告知は、英語ではPublic Announcement、またはPublic Noticeと訳される。
　共通の単語であるPublicという言葉は大切である。Publicには
　①：公衆、世間、大衆
　②：公開（公然）の、公の
という2つの意味がある。
　告知することは、「**不特定多数、特定複数の対象**（①の意味）に対して、知らされないと、消費者が不利益を被ることになる事柄に関して、**会社として公の形で**（②の意味）広くお知らせすること」と定義することができる。
　つまり、上記①「対象としてのPublic」と、②「情報発信者の立場のPublic」の両面の意味を持っている。
　この場合の書面の差出名は、○○株式会社など「法人格の名称」である。

あて先は「お客様各位」など複数を表すものになる。

　個人または、特定法人宛のみに「〇〇株式会社　品質保証部　課長〇〇」などと差し出す文書は私信に近いものであり、告知、社告にはあたらない。個別不良などへの対応や、原因・対策報告書などはこれでよい。

　この2つの違いは、法人格の差出し名は「会社のトップまで認識したうえでのお詫びとお知らせ」の意思表示になるということと、複数の顧客を対象とした企業の救済対応であることを明らかにすることである。

　B2Bビジネスのように法人相手の場合、企業は対象のユーザーをほぼ捕捉していることが多い。

　この場合、知らされるべき人を訪問し、文書のお知らせをもって改修行為をするのだから告知にはあたらない、社内の告知手続きを経ないで速やかに顧客対応をしたいという話も出てくる。この場合の解釈もやはり告知であり、所要の社内手順に従って行われるべきである。伝達手段が書面であり、訪問というだけのことである。

　告知ではないと考える内面には、自分の組織責任の範囲で処理したいという心理がある。経営トップに報告せずに済ませたいという事業責任者の心理が働きがちである。

　法人取引で該当顧客が訪問、口頭説明以外に文書で、それも会社の位置づけでの文書発行を求めるのは、事の重大性によっては説明を受けた自分以外の社内関係者、特に経営層への報告・説明義務があるからである。メーカーからの客観的提出資料がないと事実関係を正しく報告できないことに加え、再発防止を促す会社対会社のけじめという意味もある。

　差出人名が、「〇〇株式会社　品質保証部　課長〇〇」などでは済まされない理由が理解できると思う。

　B2Cのコンシューマービジネスにおいても、製品によってはすべてのお客様に顧客登録をしてもらう場合もある。

　対象顧客のすべてを把握し改修を行うのだから、公（新聞、Web）の告知でなくてもよいのではないかという解釈もある。

　不良問題の内容にもよるが、対象顧客だけが知らされ救済を受けるだけで

済まされないケースも出始めている。

　著者が経験した事例を1つ紹介しておく。

　ロイヤルカスタマー向けの製品で傾向的不具合が発生した。購入者は全員顧客登録してもらう制度になっていたので丁重な侘び文を添えてDMで告知し、電話でフォローも行った。CS的にも万全と思われた。対象者のなかに、新聞社に知人のいる顧客がいた。この人が、個人宛の文書という限定手段に対して疑問と不満を持ち、知人のいる新聞社に通報した。

　約半月後に、その新聞社は小さい扱いながらも記事化した。対象の製品は、匠の技を高度に発揮した最高級品シリーズとして経営戦略上の話題にもなり、ジャーナリズム各社が取り上げた経緯があった。

　その新聞社は、当時の社会性（会社の事業戦略であり、株価、イメージ戦略への影響）を判断し、ジャーナリズムの「公共性を持ったものは、広く伝える」という社会的使命から記事化に踏み切ったものと思われる。

　告知は、対象の顧客を捕捉し、確実に債務不履行状態を解消する目的以外に、問題によっては、すべてのステークホルダーに対する説明責任を果たさなければならない場合もあるということである。情報公開を通じた企業の透明性、社会的責任経営がますます求められる社会になってきたことを強く考えさせられた出来事であった。

　なお、車のリコールに関しては新聞に社告がでることはない。登録制度によって該当顧客を捕捉しており、網羅的に救済措置ができるという解釈であろう。その代わり、道路運送車輌法に定められたリコールの義務化によって国土交通省がプレスリリースで公表しており、記事化によって国民は知ることができるようになっている。

　「告知」をまとめると、以下とおりになる。

- 特定（複数）または、不特定（多数）の人に告げ知らせること（Public Announcement, Public Notice）。
- 最終顧客に留まらず、取引関係者、ジャーナリズム、株主等、すべてのステークホルダー（利害関係者）が対象となってくる場合もある。
- 告知の手段（メディア）としては、公共性・露出性・一般性の高いもの

から、テレビ、ラジオ、新聞、雑誌、Web、ダイレクトメール（手紙、e-mail）、対面説明がある。

これらを含め、会社として公式にお知らせすることを「告知」という。

2　なぜ、告知するのか

　読者の多くが、ISO-9000ファミリー規格を何らかの形で学んでいるだろう。「なぜ告知するのか」をISO的な表現をすれば、「関係者の努力にもかかわらず生産されてしまった『不適合品』へのとるべき正しい措置」ということができる。

　ISO-9001のなかで「不適合品」の処置は、廃棄または峻別して混入やラインの外への漏出を防止するため適切に管理されることと規定されている。このことは、実際に工場のなかでは当たり前に履行されていることである。

　しかし残念ながら、工場外（販売店や、一般消費者へ）に流出した場合の必要な処置は、決められた基準をもって適切に行われているとはいいがたい。

　ここで、なぜ適切にことが行われないのかを考えてみたい。

　ISO-9001に基づく「不適合品」の社内処理がなぜ当たり前に行われるのかといえば、事業所で改善処置を行う場合は、かかわる関係者は皆顔見知りである。

　また指揮・命令系の上下関係もあり、厳しさはあるが身内である。自分のできる範囲が明確であり、責任のとり方もはっきりしている。日ごろのコミューニケーションで精神的な負担も少なくできる。

　一方、不良品の市場流出の場合には、相手である消費者は直接には見えない。また広報や法務、マーケティング部門という普段は接触のない社内組織との調整も出てくる。地域を特定できない広域性のため、末広がりの人件費や管理費用が発生する。そのため、回収（改修）にかかるコストは工場内の処置とは桁違いの額にのぼる。報告しなければならない上位者は所属組織（身内）の上司ではなく、会社の上司、すなわち経営トップ層になる。

　問題の大きさも責任も、大きく重くなる。

　非定形業務ゆえ、これらを統合して進める社内手続き上のマネジメント手

法を持ち合わせていない場合が多く、どう事を運んでよいか分からない。多くの企業不祥事の報道に接するとき、このような人間の行動心理が報道の裏に見えてくるのである。

　しかし、不適切な対応に対して社会が下す審判は痛烈で、会社に甚大なダメージを与えることになる。企業の透明性、情報公開、説明責任、社会的責任、内部統制、企業統治、コンプライアンス、CS（顧客満足）、ブランド評価、コーポレート・レピュテーション（企業の評判）といった、ありとあらゆる社会的要請に背くことになるからである。

　内部漏洩、内部告発、ネットでつながった消費者の疑念と解明行為、株主総会での個人株主からの指摘、ジャーナリズムの報道などで事は表ざたとなる。言い換えれば、社外の部外者が告知をして（公にして）、当事者は黙している図式になる。結局は、社会の圧力で押し出され、公式に認めることになる。

　そうすると、最初から前向きに取り組んでいれば受けなかったであろう、一層大きなダメージを受けることになる。被害を受けた当事者だけでなく、報道やWeb情報に接した第三者までがその企業の製品やサービスから遠ざかるからである。

　新聞一面の謝罪告知や、経営者の退陣といった1次的なダメージだけではない。企業イメージやブランド毀損といった無形の財産と、利益の源泉である売り上げ減少、優秀な人材の就職希望の減少といった長期にわたる負の遺産を背負うことになる。そのため、内部的に葛藤はあっても、消費者、ステークホルダー、社会に対する透明性を持つことが大切である。

　では、正しい行動を起こすために、多くの人が羅針盤とすべき市場流出した不適合品への対応指針や規定はあるのだろうか。残念ながら、このことに関して国際的規格や一般的になっている参考文献やテキストはない。各企業や事業所ごと定めた基準があればよいほうである。実際には現場の事業責任者、問題が大きい場合には本社、関係部署で協議して判断していることが多い。

　その際には、当事者の社会的責任感、消費者の困惑や失望感に対する技術

者としての良心、社会性に対する感性とか倫理観といった人間のトータリティや判断するメンバーの属人性、構成員の質に左右されるリスクを伴う。

　事業所内の不適合品の処置に関しては、影響のおよぶ範囲は全員内部関係者である。内部関係者への情報の伝達や報告は、メール、社内連絡書、会議、ミーティングで共有され、被害が拡大しないよう適切な処置へと動く。言葉を換えれば、連絡文や会議で社内への**情報公開**と**説明責任**が行われ、具体的な改善処置をへて**被害の拡大防止**、**被害の予防**が実施されているといえる。

　しかし、不適合品への正しい措置とは、工場内だけで行われれば良しとするものではない。品質マネジメントシステム（QMS）は、製品品質を向上させ、顧客不満を生み出す不適合品の市場流出を防ぐための管理システムである。そのため、ISO-9000 2000年版では、品質マネジメントシステムの最も基本となる「8原則」★01の筆頭に「顧客重視（customer focus）」が掲げられ、最終顧客への広がりの色彩を強く打ち出している。ISO-9000を、狭量に理解されないための意図が汲み取れるように思う。

　もう少し、分かりやすい話で例示してみよう。

　部品サプライヤーから、通常のばらつきの範囲を超えた不適合部品が納品されたとしよう。完成品メーカーは全数検査をしているものばかりではないから、製品を組み上げ最終の検査工程で気づくことがある。経年変化や温度・湿度などの季節変動、使用中の繰り返し振動によって症状が発生する場合などでは、顧客の手に渡ってから市場不良が判明する場合もある。

　この場合、完成品メーカーが真因を特定し部品メーカーを問いただしたとき、後納品がすでに改善策が講じられていたとすると、不良を知っていながら報告をしていなかったということになる。損害賠償を求めるだけでなく、誠意がみられない、再発防止が担保されないと予想される場合には取引を止めることにもなる。

　この上流下流の関係、誰が加害者であり誰が被害者となるかは大切な考え方である。このことをよく考え、この関係においては馴れ合いを廃し、ある意味の緊張感を維持して生産活動を行わなければいけない。

図表1-1　責任逆流図

開発 ← 設計 ← 部品調達 ← 製造 ← 検査 ← 販促 ← 販売 ← 利用
(事業部門)　(プロキュア)　(事業所)　(QA)　(MK部)　(営業部)　(顧客)

各々の前工程への対応を厳しく！

　社内の設計と製造、マーケティングと一線の営業との関係も、また然りである。現代の工業品は、この一連の連鎖のなかで、上流下流の関係にありながらいくつかのサイクルを繰り返し成り立っている。

　この連鎖は、完成品メーカーと最終使用者である消費者との関係においてもまったく同じ構図となる。今度はメーカーが上流であり、消費者は下流に位置する。メーカーが部品サプライヤーの何もしなかったことを許すわけにいかなかったことが、消費者がメーカーに感じること、その後にとる行動と同じことになるのである。

　設計・製造から販売に至る各段階で、自分の上流者（加害者になりえる）に対しては馴れ合いを排し厳しい姿勢で臨むことが、最終の消費者を被害者として放置しない最善の取り組みである（図表1-1）。本節第4項の「何もしないという罪」（20ページ）をよく読んで考えていただきたい。

　告知・市場回収（改修）を考えるときには、ISO-9001にある「工場内」を「市場」に置き換えて考えてみれば一目瞭然であろう。

　不適合品から被る不利益から救済されるべき対象者は、顔見知りの関係者から顔も名前もしらない不特定多数の消費者となる。

　当然何らかの是正処置が成されなければならない。これが市場回収（改修）である。

　では、これらの不特定多数の相手に情報を知らせ、救済されることを伝える手段は何かということになる。社内連絡書、メール、会議、ミーティングに代わる伝達手段が必要となる。その手段は、当然、より広範にカバーできるものでなければならない。

　新聞、Web上のホームページ、ポスター、店頭チラシ、場合によっては

テレビ、ラジオが必要になる。マス媒体か、紙、電子媒体を用いた一般消費者への露出効果、視認効果の高いものが必要となる。

広く公に、会社として公式に説明責任を果たす、そして次に続く是正処置（市場改修）のために行う行為が「告知」ということである。

「なぜ告知が必要か」を構造的に説明すれば、以上のとおりである。

3　「告知」へのアレルギーと抵抗をこえて

事業部門には、今なお告知することに根深い抵抗や、告知という言葉に、過剰反応ともいえるアレルギーを持っている人がいる。

これは、1995年に製造物責任法が施行された以降、発煙・発火、人体、家財への拡大被害におよぶ品質事故が発生したときには、業界として新聞による告知（社告）を行うようになったことによる。企業にとってはあってはならないことで、数年に一度あるかないかの出来事であった。全国紙、ブロック紙、地方紙を網羅するため、新聞掲載にかかる費用だけでも数千万円かかる。広く社会の目にも触れる信用毀損に対する心理的抵抗もあったのであろう。インターネットが伝達手段として存在していなかった時代に告知を経験したマネジメント特有の、告知＝新聞への抵抗感である。社内的には経営トップへの報告など、サラリーマンとしての心理的抵抗も十分に予想できる。

「告知＝拡大被害のPL事故」の考え方は、裏返しとしてそれ以外の不具合問題は告知しなくてもよい（または、したくない）という考え方につながる。社会の環境は大きく変わり、企業の情報公開、説明責任に対する要求は比べ物にならないほど大きくなっている。PL事故以外の不具合問題が、CS、CSR上大きな課題になってきていることを経営レベルの視点でよく考える必要がある。過去のトラウマにとらわれ、間違っても、「告知」は避けたいなどという動機で不適切な行動をとることは許されないことである。

また現在は、Webによる告知や、業務用製品のように販売店を通じて特定複数のお客様に告知をする方法など、手段も多様になっている。自社の製品を愛用してくれているお客様への被害救済処置であること、Public

図表1-2　告知への葛藤と取り巻く社会状況

葛　藤

【事業部門】
- 社長、CQOへの報告……
- 経営インパクト
- EVA
- リコールなど非定型業務実施への不安
- 社会通念が希薄
- 対応スキルの未熟

【マーケティング部門】
- 社長報告……
- 対営業、特約店への案内シナリオ……
- BGT未達のおそれ
- 販売サイドからのプレッシャー／不満
- 対応スキルの未熟

【社会の潮流】
- 情報公開
- 透明性の高い企業行動
- 説明責任（アカウンタビリティ）
- CSR（企業の社会的責任）
- 個人の権利意識の高まり
- 健康、環境問題へのセンシビリティ
- 顧客満足経営
- お客様の声（VOC）重視

どうしようか？　どうしたら良いか？
タイムロス、事象の矮小化
2次トラブルの発生
コーポレート・リスクへの波及

- Web掲示板チャット
- 内部漏洩、内部告発
- 消費者団体からの糾弾
- 訴訟／雑誌特集
- 監督官庁、ジャーナリズムの変調
- 株主総会での指摘

　Announcementであること、販売店のCS・信用にもかかわること、情報公開する企業姿勢が問われる時代であることを踏まえ、粛々と実施することが大切である。

　不適切な行為が社会の力によって表面化し、顧客ばかりでなく、ジャーナリズム、株主、従業員からも厳しく企業姿勢を問われる時代である（図表1-2）。

　株主総会で数千名という株主を前に、個人株主からの指摘、質問に答えるのは一事業部長レベルではない。議長である社長か、担当役員となる。うかつな個別最適行為が会社という全体最適に悪影響を及ぼし、コーポレート・レピュテーションを低めてしまう。場合によってはコーポレート・リスクにつながるのである。

4　何もしないという罪

　欠陥自動車の10年にも及ぶ事実隠蔽、そしてガス瞬間湯沸し器の事故では、20年間に28件の事故を起こし、21名の方が亡くなった。いずれも長い間正しく事実を公表せず、内々で処理しようとしていたものだ。

　不透明な事故報道に接したとき、市場の反応は疑問・義憤・不信という段階を経て企業への厳しい批判へと発展していく。そしてこのような国民の一人ひとりの心情が、社会全体の合意へと形成されていくのである（消費者の心象と社会的合意形成に関しては、拙著『レピュテーション・マネジメント――あなたの会社の評判を守る法〔仮題〕』〔講談社現代新書、近刊〕の第1章1節を参照）。

　本書の「はじめに」冒頭で述べたように、2000年以降に社会的批判を浴び、経営の根幹を揺るがされることになる事件は、被害の救済をめぐる企業の情報開示と説明責任のあり方が問われたものである。そこに共通するのは、「誰に顔を向けた経営か」といった消費者不在の企業姿勢の問題である。問題が普遍性を持つため、被害の当事者ばかりでなく社会全体からの批判と、予想もしなかった厳しい市場のペナルティーを受けることになる（図表1-3）。

　このように社会的批判を浴びる事故や不祥事を起こす背景に、企業のどのような事情や心情が働いているのだろうか。「企業論理」優先などという抽象的なことではなく、企業人として働き判断を下していく生身の人間、企業行動にスポットをあてて考えてみないと、企業自らの意識改革につながらない。

　誤った対応判断には、会社のためになどという大義名分で片付けるわけにはいかない重大な過失が含まれている。情報開示も説明責任も果たさなければ、被害の未然防止も事故の拡大防止も公に行われることはない。消費者への危険回避の呼びかけや不具合の修正の案内もされない。本項では、「何もしない」ことの罪深さを、「未必の故意」「不作為の罪」の概念を借用して考えてみたい。

図表1-3 不祥事の背景と社会的責任の変化

不祥事と背景		
1970年代／2000年代〜「企業の社会的責任」の変化		
	1960〜70年代　消費者問題	2000年以降の事故・不祥事
発生地域	限定地域	広域化
原因	科学技術の未知領域	品質の悪化・人間の判断行為
問題点	因果関係の立証、訴訟の長期化による被害者救済の遅れ　⬇　経済・産業優先の企業姿勢	情報公開のあり方（隠蔽・改ざん・非公開）が問われた　⬇　消費者不在の企業姿勢
告発	被害者／弁護団、消費者団体	社会全体からの批判

（1）未必の故意

「未必の故意」とは、刑法に近接した法的な概念用語である。

法律的には、「実害の発生を積極的には希望ないしは意図するものではないが、自分の行為により結果として実害が発生してもかまわないという行為者の心理状態」「犯罪事実の発生を積極的には意図しないが、自分の行為からそのような事実が発生するかもしれないと思いながら、あえて実行する場合の心理状態」と説明されている。企業が製品問題を起こし不適切な対応をした場合に、この概念が当てはまることが多い。

法は、その発生の原初において、人間が集団で生活を営むにあたって守るべき社会規範、通常人として社会通念上正しいと思う心、またはおかしいと思う心情を基本としている。その意味で刑法を離れて一般的な表現でいえば、未必の故意とは「結果の発生を認識しながら、あえてその結果が起きることを容認する（起きてもいいや、と思う心理状態）こと」となる。

企業が不適合品の流出を知っていてそのまま何もしないと、不具合の内容によっては、購入者、使用者に不利益を与えてしまう。

関係者は、問題発生時に自分の心理状態がこの概念に照らしてどうであるか、よく考える必要がある。

(2) 不作為の罪

「不作為」とは、放置しておけば国民や消費者に被害や不利益が及ぶ事実を知り、またはその事実を知る立場にありながら、また、その不利益を解消できる立場にありながら、何ら改善策を講じないことをいう。

「不作為の罪」とは、放置されたことにより発生した不条理な結果に対して、法的に責任を問われることをいう。

本来は、国や自治体の責任を問う行政法上の概念である。国が長年の間、国民をいわれのない差別で多数の人生を奪ったハンセン氏病の人権問題や、製薬メーカーの事業を優先し、国民の安全を脅かした血液製剤によるHIV問題など、国の不作為が問われた例は記憶に新しい。

消費者関連法や民法にこの規定はないが、企業が責任を放棄した場合に社会的な責めを負うということでは同様の意味を持つ。古くは、各地で発生した公害訴訟やサリドマイド禍、21世紀に入ってからも、自動車メーカーの欠陥車問題の長年におよぶ隠蔽、最初の死亡事故から11カ月も本格的な消費者対応を行わず、第2、第3の被害者を出した石油温風暖房機問題など、残念ながら事例は枚挙に暇はない。このことで生じることは、事実を隠したり消極的対応で長期にわたって救済を放置したという、企業姿勢に対する払拭できない不信の発生である。

何よりも、被害者の救済が遅れ、また、防ぎえたかもしれない新たな被害の拡大を防止できなかったり、消費者に多大な犠牲を強いたことである。

残念なことに、人の成す行為として最善を尽くしたとしても事故や間違いはゼロにはできない。しかし、事実を知っていながら放置し（未必の故意）、対応を怠ったために生じた被害の拡大や、未然防止せずに被害を発生させ続けること（不作為）は、人為で防げるものである。

「未必の故意」「不作為」は、経営トップのみならず企業人一人ひとりが重く受け止め、あってはならないこととして真剣に考えなければならない。

21世紀最大の消費者問題になると予想されるアスベスト公害問題は、生命に及ぼす影響が30～40年も先にならないと顕在化しないといわれている。

西ドイツでは、1980年代に使用が全面禁止になった。日本が法的に同様

の措置をとったのは、2005年、代替工業品が供給され、輸入量が1万トンを切ってからである。

アスベスト禍の深刻さを早くから予測し、世界に警鐘を鳴らしていた米国アービング・セリコフ博士は、日本からの留学生に、工業先進国となっていた日本での被害多発に警鐘を鳴らしていた。帰国した2人の学徒は、2度にわたって環境省にレポートを提出しアスベストの使用禁止を働きかけた。しかし国は、目の前に被害者がいないことと、事態の正確な予測ができないとして環境政策に反映させることはなかった。

アスベスト問題の渦中にある尼崎に工場を持つ企業も、早い段階で近隣被害を出していた米国ジョンスマン社に製造責任者を派遣し、近隣被害の調査を行っていたといわれる。しかし、日本で先陣を切って事態の公表と被害者への救済を開始したのは、30年近くたってからのことである。

アスベストは自然界にそのままで存在し、安価で断熱性に優れ加工しやすいなど、工業素材として大変優れた天然の鉱物繊維である。各種工業部品に組み込まれているばかりでなく、住宅建材として屋根材、天井材などで利用されてきた。われわれの生活に身近な存在となっている。

何もしなくても、結果の顕在化は30年も40年も先のことである。使用中止の判断をすれば、その影響は産業界、個人生活に大混乱として現れる。代替工業品もないとして厚生労働省や国がとった政策は、「管理使用」という方法であった。マスクを装着するなど作業環境に配慮すれば、原則自由に従来どおり使用できるものというものである。その後30年間、「管理使用」は続けられた。欧米が急激にその使用量を減らした1970年代後半以降も、日本はバブル景気の建設ラッシュもあり、10年間、世界で最大の需要国であり続けた。

この30年間に、米国最大のジョンスマン社をはじめとして、世界のアスベスト会社の70社が巨額の損害賠償の支払いにより倒産している。

マスクを装着しても24％の漏れ率になっているとの調査報告が、2006年4月岡山労災病院から発表されている。その間に、材料加工の現場や建設作業現場でアスベストの粉塵を吸い続けていた人たちが、いま中皮腫、肺がんの

病に冒され苦しんでいる。

　問題は、過去の公害問題ではない。現在進行形であり、将来に持ち越されているという意味では未来形の問題でもある。国や地域を問わない、人類史上最も深刻な全地球規模の公害となることが危惧されているのである。

　たくさんの従業員の命をもって、初めて事実を公表しだした企業、それに押されるように法律対応した国、双方が未必の故意、不作為を問われる事実である。

　製品の不具合や対応の不備についても、社会の目は未必の故意、不作為を許さないようになってきている。そして、その傾向は日増しに強くなっているのである。

2　正しく告知しなかったときの企業リスク

　正しく告知しなかったときとは、「不具合の発生を知り、そのまま放置したら、購入者や使用者に被害や不利益が及ぶことを予測しながら（未必の故意）、対象者の捕捉と救済のための措置を何らとらなかった場合（不作為）」のことである。

　お知らせ（告知）をしていないのだから、その後の救済措置（市場回収・改修）も、公には行われることはない。その意味で、告知と市場改修は一対の行為であり、一体で行われなければならない。

　この場合想定されるリスクとは、正しい措置が行われた場合に果たしている企業の社会的責任の各概念の裏面ということになる。正しい措置が行われたとしたら発生しないリスクのことである。

　企業の社会的責任の各概念とは、情報公開、説明責任、透明性、コンプライアンス、CS（顧客満足）、社会的責任、内部統制、企業統治である。正しい処置が行われない場合には、現代企業が求められているすべてに背くことになる。

　それぞれから発生するリスクを、企業への影響の面で考えてみよう（図表

図表1-4　正しく情報公開(告知)しなかったときの経営リスク

```
1  情報開示、説明責任、透明性のリスク
            企業姿勢→(嫌われる会社)
2  内部統制、企業統治、コンプライアンスのリスク
            組織のあり方→(信頼できない会社)
3  CS(顧客満足)のリスク
            事業リスク→(買いたくない会社)
4  ES(従業員満足)のリスク
            企業基盤・将来性→(社員が定着しない会社)
5  CSR(社会的責任)経営のリスク
            未必の故意・不作為→(社会に認められない会社)
6  ブランド毀損とレピュテーション・リスク
            最大の企業価値の損失→(尊敬できない会社)
```

1-4)。1〜6の説明は経営的視点での説明で、右側の括弧内は消費者が抱く心情である。次項1〜6で経営リスクを各個にひもといてみよう。

1　情報公開、説明責任、透明性のリスク

　企業は、決算内容や新製品の開発、新規事業への進出、企業買収、新しい経営体制などの情報を積極的に公表している。製品やサービスの購入に結びつかせたり、株価を高め、企業価値や企業イメージを高め、資金調達を有利にするなどのために行われる積極的な情報公開である。事業機会をねらう関連産業や、就職希望者への判断材料の提供ともなる。

　一方、決算報告や株主構成、把握している事業リスクなどが正しく公表されないと、個人株主、機関投資家の正しい判断や期待を欺き、場合によっては損失を与えることになる。そのため、証券取引法をはじめとして各株式市場の上場基準で違法な会計行為が規制されている。

　製品やサービスに問題が発生した場合、公表されるべき利害関係者は、すでにその製品やサービスを購入し利用している顧客と、これから購入を検討している潜在顧客、製品やサービスを売る販売店、それらを知らせる役割のジャーナリズムなどの直接的に影響を受ける人たちである。それが業績へのインパクトを持つ場合には、株主、投資家も含まれる。

これらの知らされるべきことが成されないと、その企業のアティチュード（態度）やビヘイビュア（企業行動）が社会に見えてこないという疑念が発生する。
　これらのことは、問われて答えるというものではなく、企業の自主的行動としてなされなければ良い評価にはつながらない。情報の隠匿、説明責任を果たしていない、経営の不透明な会社ということになる。なぜ透明性が求められるかといえば、企業が社会の公器だからである。

2　内部統制、企業統治、コンプライアンスのリスク

　透明性が確保されないと問題は製品やサービスというものから離れて、内部統制や企業姿勢を問われるリスクとなる。この段階になっての説明責任は経営トップの仕事になる。経営の責任という面からは、事実に基づき説明し、場合によっては過去の判断・対応を詫びることになる。コーポレート・レピュテーション（企業の評判）という意味から被る影響は大きい。
　「今さらいえない」といった事実の隠蔽・改ざんにつながる誘惑など、経営者リスクも潜んでいる。説明が二転三転して、企業に対する信用や信頼を喪失するという最悪の企業リスクも含まれる。
　このリスクは、企業としての総体の力を疑われるリスクである。
　その問題を経営トップが知ったのはいつからか。不適切な対応判断に経営トップは係わっていたのか。経営トップは、部下たちや組織の不適切な判断や対応をガバナンスできなかったのか。危機管理体制はどうなっていたのか。社員教育は行われていたのか。法令遵守を会社としてどう捉えていたのか。社員のモラールが落ちているのではないか。もし、問題が発覚しなかったら事態を隠蔽、放置していたのか。
　このように、企業ぐるみの……という話にも発展しかねない。
　これらすべては、経営者のミッションとなっている項目である。不祥事に対する組織の関与、経営のあり方、経営トップの責任が問われるリスクである。

図表1-5　不適切な対応と市場の原理

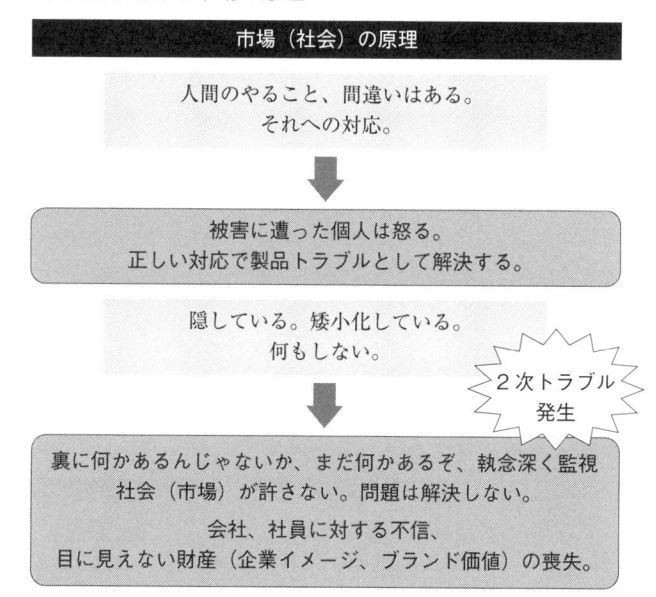

```
┌─────────────────────────────────────┐
│          市場（社会）の原理          │
└─────────────────────────────────────┘

        人間のやること、間違いはある。
              それへの対応。
                  ↓
        被害に遭った個人は怒る。
    正しい対応で製品トラブルとして解決する。
                  ↓
        隠している。矮小化している。
              何もしない。           ※2次トラブル
                  ↓                     発生
    裏に何かあるんじゃないか、まだ何かあるぞ、執念深く監視
    社会（市場）が許さない。問題は解決しない。
              会社、社員に対する不信、
    目に見えない財産（企業イメージ、ブランド価値）の喪失。
```

3　CS（顧客満足）のリスク

　製品やサービスの不具合問題が起きたとき、利用者は、適切に利用できないという不利益を受ける状況にある。

　「何だ！」「どうしてだ！」「直してもらえるのか？」「肝心なときに使えない」などの不満を抱く。

　しかし、企業によって正しい処置が行われれば、それはあくまでも一時的な感情であって適切な原状回復行為とお詫びの心とによって解決し、それ以上の問題には発展しない。

　もし正しく知らされず適切な救済行為につながらなければ、それは商品やサービスそのものの問題ではなく、人の行為、企業姿勢への批判となる。

　そのような行為や、その行為の前提となる判断のあり方、会社の姿勢、さまざまなことに関して納得できないのである。

　最後には、返品、不法行為による損害賠償訴訟、株主総会での不満の表

明、Web掲示板への書き込み、経営トップへの手紙、国民生活センター・消費生活センターへの苦情相談、ジャーナリズムへの情報提供などとなっていく。そのような企業を許さないという社会的制裁へのアプローチである。

このような場合には、その感情は一時的なものでは収まらない。二度と「買わない、使わない」という思いだけではなく、あらゆる方法と機会を見つけ他の人へも同調を求める。1人の悪い話は、20人の悪評に拡大するといわれている。この構図は市場（社会）の原理といってよい（図表1-5）。

顧客ロイヤルティを失い、消費者離れによる売り上げ／利益の減少、急激な不稼動在庫の増大、リピート顧客の減少につながる事業リスクそのものである。

4　ES（従業員満足）のリスク

お知らせ（告知）をしていないので、その後の救済措置（市場改修）も、公には行われない。そのときの現場の対応は大変悩ましいものになる。

対象顧客との接点であるコールセンターや、修理サービス窓口の状況をシミュレーションしてみよう。

一番分かりやすい例として、無償保証期間を過ぎた製品での設計・製造の傾向不良による修理申し出の対応例を考えてみる。

修理完了引渡し時には、修理伝票に措置内容の記載と交換した部品が同封されている。窓口では、引渡し時に故障状況と修理内容の説明をする。この際の一番の矛盾点が修理代金の扱いに現れる。原因が部品や製品の寿命によるものでなく製造責任にあれば、無償修理となりお客様への請求は「ゼロ円」となるべきだが、無償保証期限を過ぎているのに「無償です」という説明に、そのまま「ありがとう」と思う顧客はいない。なぜなら、今までは保証書や販売店のレシートなどで厳格に購入時期の証を求められている。修理持ち込み時にはおおよその修理代を想定し、場合によっては買い替えも検討しているかもしれない。「なぜ、無償なんだろう……？」と思うのは当然である。

修理窓口で表立って不平を言う人は少ないだろう。しかし、おかしい、何

かあるなと思っているに違いない。20年、30年前のように、自分だけがタダにしてもらって喜ぶ顧客は、今の日本では少なくなっている。

「無償ということは、このモデルは告知対象の製品なんですか？」という問いに、告知をしていない場合には答えられない。無償保証期間を過ぎての無償修理扱いは、メーカーが不良原因に傾向性（製造責任）を認め、告知・市場改修をしている場合以外はないからである。

一方、このような矛盾に答えられないとして、無償保証期限切れを理由に料金規定にそって有償修理とした場合のリスクは次のようになる。

寿命でもなく、顧客側に何らの使用・保管上の瑕疵がないのにもかかわらず修理代をとられることには納得がいかない。技術的に詳しくない人でも、Webを見たり人づてに聞くことによって怒りは爆発する。

納得できる説明もなく無償扱いになった場合は、「おかしいことする会社だ」という無言の不信となり、故無き修理代の請求の場合には、不当請求ということで激しい怒りを買うことになる。会社の信頼を失うことにつながっていくということでは、同じ結果になってしまう。

いずれにしても、このような矛盾した対応をせざるをえないコンタクト・ポイントにいる人たちは、二重の苦しみをかかえることになる。

目の前で見る顧客の不満足な言動、質問に筋の通った正しい説明ができないという自分の仕事に対する情けなさ。もう1つは、自らも納得できない説明で顧客を説得させようとしている自分自身の心の葛藤である。

このような業務環境の下でモラールの高い仕事はできないし、心から満足のいく顧客対応はできない。また、高いモチベーションを持って長い会社人生に臨むことはできなくなってくる。このような心理状態では、関係者のなかから内部漏洩が出てくることも考えられる。そこには、心の葛藤と実際にやっていることの矛盾の解消という一面もある。「ESなきところにCSなし」なのである。

「企業は人」であり、経営者の究極の仕事が「社員が高いモチベーションを持って質の高い仕事をしてもらう環境づくり」であるとすれば、会社の基盤を揺るがす経営リスクである。そのような会社に将来は期待できない

だろう。

5　CSR（社会的責任）経営のリスク

　ディーゼルエンジンの触媒装置データ偽装問題で不当利得を得たとして問題になった総合商社、原発の定期点検報告の偽装報告をした電力会社、原発の点検作業報告でデータを改ざんしていた総合電機メーカー、正しい株主構成を隠し株主統治を妨害していた鉄道会社。また決算報告に虚偽・粉飾を行っていた化学・化粧品会社、粉飾・虚偽決算書と知りながら重要事項報告欄に「特に記載事項なし」としてきた日本最大の会計・監査法人。
　少なからぬ企業が不当な行為をしている。
　社会的不祥事を起こした有力企業のほとんどが、日本経団連や関西経団連、その他の経済団体に属し、何らかの企業行動規範や倫理綱領を持っている。いっていることと、やっていることが違うという事態になってしまう。
　CSRとは、なによりも本業で反社会的な行為をしないということである。
　多くの企業が再出発にあたって、新聞一面公告で「生まれ変わり宣言」をしている。政治的理解では禊（みそぎ）ということになるのだろうが、国民の許しを得ないと再出発が許されないということである。
　個々の企業イメージの悪化は、自己責任をとればよい。しかし打ち続く有名企業の不祥事は、企業社会全体と市場経済そのものに対する国民の信頼を裏切る。
　リーディングカンパニーの不祥事は、企業の存在自体を問われるリスクであると同時に、産業界や業界全体、日本の経済界への不信へとつながる。国民全体を失望させ、自信を喪失させ、国の活力を削ぐリスクともいえる。

6　ブランド毀損とレピュテーション・リスク

　購入した製品やサービスが、欠陥を持っていたり満足のいかないものであれば、その使用価値を期待して購入・契約した顧客は不満を持ち、本来のあるべき姿に戻してくれることを要求する。その要求に応え、修理をしたり商品交換という手段で原状回復を図ることは、第5章5節「原状回復義務」で

述べるとおりである。しかし原状回復したとしても、手間がかかったり使えない時間が長かったり、買ったばかりなのにといった失望感は残ってしまう。また、そういう体験を重ねると、そのブランドへは信頼を寄せられなくなってしまう。

　販売店においても、顧客から同じような症状の申し出が多いブランドは、購入希望客へ自信を持って薦められなくなる。消費者ばかりでなく販売員の売る気が他社の製品へ移ってしまうのは当然のなりゆきであろう。

　このように、ブランド毀損は、製品やサービスをめぐってその利用者との間で発生する評価の下落といえる。

　それに付随して、企業の対応方法やそのときの応対の姿勢に問題があるとき、または事後処理に不適切な企業対応があった場合には、製品やサービスの問題を離れ、その製品やサービスの購入者・利用者を越えて一般的な社会にも影響を及ぼす。企業の評価や評判の面で悪い風評につながっていく。

　経営者の発言、社員の言動に起因して発生する会社への社会の反応（よい評判も、悪い風評も）のことをコーポレート・レピュテーション（会社の評判）という。

　不適切な対応は、企業に負のレピュテーションをもたらす。この場合の影響はブランド毀損とは異なり、その対象が、購入者・消費者以外に及び社会全体となる。

　ブランド価値もコーポレート・レピュテーションもマイナス効果になる場合には、企業イメージを傷つけ、社会の尊敬を失い、企業価値を下げるリスクとなる。製品を通じてのブランドイメージの毀損であり、そのような対応を行う会社への幻滅になり、レピュテーション（評判）の低下をまねく。

　そんな会社に子供を就職させたくないといった親心や、こんな会社にいたくないといった社員の心情に発展する。目先の経営的なダメージだけではなく、優秀な社員が去る、有為な人材が集まらないなど、20年30年先の企業の将来性に影響する（ブランド価値とコーポレート・レピュテーションについては、拙著『レピュテーション・マネジメント——あなたの会社の評判を守る法〔仮題〕』〔講談社現代新書、近刊〕参照）。

先人たちが過去から積み上げてきたものを毀損し、会社の将来性を危うくするかけがいのない会社の財産の逸失といえる。

3　告知文

不利益を被り、また被る可能性のある対象者に具体的に事実を知らせ、会社として問題の解決を呼びかけるのが告知である。

不具合発生原因の製造責任の度合い、消費者への影響の緊急度・重要度、消費者へかける負担度に応じて、適切な告知文を作成する必要がある。

タイトル名は内容に即して凝縮し、簡明で直感的に視認できる表現が重要であり、お知らせ本文へ誘導させるものでなければならない。

お知らせの内容は、事実に基づいたものでなければならない。

1　告知文の記載要件

告知文には、次表にある10項目が織り込まれていなければならない（図表1-6）。

2　告知文の書き方

告知文といえども、文章一般となんら変わるものではない。

平明・簡潔で、なにを伝えたいかが一読で分かるものが優れた告知文である。

ただ、一種の商業文であるための丁寧文であること、結果として利用者、関係者に不合理な影響を及ぼしていることへの謝罪の気持ちを織り込む点が異なる。この点に関しては本節第3項「告知文作成にあたっての留意点――お詫びの5原則」（35ページ）を参照していただきたい。ここでは、一般的な告知文作成にあたってのポイントを整理してみる。

図表1-6　告知文の記載要件

① あて先
② タイトル（標題）
③ 日付
④ 社名
⑤ 本文（発生した問題の内容、お客さまへ与える影響、被害救済の方法、協力いただくことへのお願い、お詫び、再発防止）
⑥ 対象機種（モデル名）
⑦ 不具合該当商品（シリアル番号、製造月日）
⑧ 該当商品の特定方法（写真などで確認部位の図示、色、形状など）
⑨ 問合せ先、連絡先、問い合わせ可能時間
⑩ 個人情報保護の文言（処理が必要な場合）

注：1. 対応期間は消耗製品・消耗部品を除き、原則期限は設けない。
　　2. 発表主体は、製造責任・販売責任に帰する告知は、○○株式会社、○○販売株式会社の連名。製品瑕疵、製造事情と関係のない営業行為にかかわる事案は、○○販売株式会社単独名。

(1) 冒頭のあて先は「該当商品のご愛用者へ」とし、対象を明確にしておく

タイトルは1、2行で、誰になにを伝えるかが分かること。

また、本文を読んでもらうための誘導の役割を果たす、一番大切で難しいところである。研ぎ澄ました単語で、事態の重篤性と目的を表現する（タイトル事例は本節第5項参照）。

あて先と、タイトル、発行社名の冒頭の3点セットで、消費者に自分に関係があるかどうかの「つかみ」を持ってもらうくらいでないといけない。

(2) 本文は「起承転結」「5W1H」「簡明な文章」が基本

ただ、結論はできるだけ早く読んで欲しいところなので「結起承転」のほうが分かりやすい。もって回った表現はしない。専門用語や難しい慣用語は避ける。ひらがな多用等。

(3) ワン・センテンスは1.5行、長くても2.5行に収める

長い文章は読んでいて直感的に分かりづらい。また主語、述語の関係を間

違えやすい。長文になったものは、2つの文章に分けられないかよく検討する。接続詞、接頭語の工夫で、必ず分けられるものである。
　句読点を正しく有効に使えば、読みやすい文章になる。

(4) 主文の冒頭には、必要なエッセンスが一通り盛り込まれていること
　詳細情報や具体的な方法は一旦文章を切り、「記」として、下記または左記など項目ごとに整理して箇条書きにしたほうがよい。読み手に分かりやすいし、文章も作りやすい。

(5) 情報の提供者は誰かを間違えないこと
　発行者は、問題解決の責任を負う主体者である。製造責任ならその主体会社、販売責任のみなら販売会社、両方含まれるのであれば連名となる。改修行為を伴い個人情報を取り扱う場合には、実際の改修行為を行うサービス会社や製造会社も連名で入れておく。個人情報保護法との関係である。

(6) 問題の重篤性、程度、問題の広がり(時間を含む)を明確に伝えること
　ただちに使用を中止すべきか、特定の操作をしないよう呼びかけるのか、通常使用に問題はなく、期間内にしかるべき対応をしてもらうようお願いするのかが、読者に分かるようにしなければならない。

(7) 事実関係の説明に間違いがないか確認すること
　事業部門の技術確認は重要である。Factに基づいているか、技術的に見てそう言い切ることができるか、客観的な説明になっているかがポイントである。ここを間違えるとその後の対応で無用な混乱をまねき、2次トラブルの原因となり信用を失う。

(8) 消費者にとって、自分はこの該当者か否かが明確に分かるようにする
　該当製品名、対象シリアル番号、場合によっては購入時期の記載。
　また、判別方法などは図や写真で明示する。

(9) 説明用語、操作手順などは、取扱説明書で使用されているものを使う

　消費者が取扱説明書などを確認したときに、無用な混乱を与えないようにしなければならない（取扱説明書の用語が適切でない場合は、その限りにあらず）。

(10) 文章の確認は、違う人間がクロスチェック・複数回チェックする

　法人名での発信文書であり、会社の品格、品位にかかわる問題である。緊急事態であっても、あくまでも慎重に行う必要がある。

　数値（カタログ仕様、対象シリアル番号等）の部分と、文章部分は担当を分担して確認したほうがよい。数値データは、事業部門のメンバーでなければ間違いに気がつかない。また文章表現や配慮表現の適否に関しては、技術系の人間よりは広報・法務・マーケティング部門の人間のほうが一般的に正しくチェックできる。

　ダブルチェック・トリプルチェックは、実務能力を持った人によって分担すべきである。分担してチェックの守備範囲を狭くしておいたほうが集中でき実効的である。

　ホームページ掲載は横書き、新聞掲載は縦書きなどのメディアの違い、メディア連携の時には、下記、左記、左図などの表記を間違えやすい。最終原稿を出稿する広報部門やWeb管理部門の役割である。

(11) 最後に、「告知文作成にあたっての留意点——お詫びの5原則」で全体のトーンを確認する（詳細は次項参照）

　告知を行う目的と告知を行う企業姿勢があいまいになったり、社会に対する言い訳に見えてしまわないよう全体の方向性をよく確認する。

　せっかくの告知行為が会社の誠意として伝わらなければ、何の意味もない。

3　告知文作成にあたっての留意点——お詫びの5原則

　告知文は、株式の公募公告、本社移転の案内などとは違う。消費者や利害

図表1-7　お詫びの5原則

(1) 起きた事実を正しく伝える
(2) 起こしたことへの素直なお詫び
(3) 起きたことに対する問題解決（ソリューション）の提示
(4) 将来にわたる安心の提示（再発防止の方法）
(5) 全体として潔さが感じられること

関係者に何らかの不利益をもたらす問題を解消するために、会社として広く対象者に呼びかける意思表示文である。

その位置づけや性格、目的から、原則といえるいくつかの要件が織り込まれていなければならない。

私自身が守るべき原則として考え、在職中に社内で徹底してきた「お詫びの5原則」を紹介しながら告知文作成の留意点を説明する（図表1-7）。

(1) 起きた事実を正しく伝える

不具合の対象品、不具合内容、原因、使用上の具体的な不都合、使用者への影響の度合い、対象製品の判別の仕方を盛り込む。それぞれの表現は、購入者、使用者が読んで自分は対象であるか、どうやって調べれば分かるか、対象だった時にとるべき対処の緊急度合い、「なるほどそういうことだったのか」が分かり、「なぜ？」という疑問や不満が残らないこと。

(2) 起こしたことへの素直なお詫び

不都合を被る対象者に対して言い訳がましくなく、素直に詫びる姿勢が必要である。能書きの前に、まずお詫びする気持ちが伝わること。ただし簡潔に。

詫び過ぎは形式主義的な臭いが鼻につき、誠実な陳謝の表明に受け取られない。

(3) 起きたことに対する問題解決（ソリューション）の提示

該当の消費者が「どうすれば問題が解決するのか」「そのために、連絡は

どこにすれば良いのか」が示されていること。「無償点検・修理」「回収」「製品交換」「ネットワーク・放送波からのダウンロード」「パッケージメディアによる改修ソフトの送付」など、対象製品の本来性能・機能・便益が回復される具体的な問題解決の方法が提示されていること。

　その場合、メーカーが訪問修理するのか、ピックアップ便で引き取りにくるのか、消費者が最寄の販売店・修理拠点に持ち込むのか、消費者から郵送してもらうのか、適正製品や改修ソフトが送付されてくるのかなど、アプローチの方法が対象者に分かること。

　連絡をとってもらうことが前提の場合、問い合わせ先に関する情報が掲載されていること（担当部署、電話番号、受付期間・時間）。

(4) 将来にわたる安心の提示（再発防止の方法）

　この場合の「将来」は2つの意味がある。1つは、改修された自分の製品が二度と同じ不具合を起こさないかということ。2点目は、この会社の違う製品を買っても安心か、である。

　「一層の品質管理を徹底し、再発防止に努めます」が一般的だが、果たして消費者が納得するだろうか。字数の制限もあるが、できればより具体的な策（研修実施、迅速な社内ルールの構築、社内規定の徹底など）があると、具体的改善のイメージがわき再発の防止への取り組みが伝わりやすい。

　そのためにも、(1)で述べた事実関係の説明がクリアであることが前提である。

(5) 全体として潔さが感じられること

　これは、読み手の心情の問題である。婉曲表現によって、端的にメッセージが伝わってこない、緊急度が分からない、対象消費者への救済の意思が伝わってこないなどはあってはならない。告知すること自体に意味があるような、エクスキューズの告知や事態を矮小化した表現は、読者にすぐ伝わってしまうものである。正しく企業姿勢を示すためにも、潔さは大切である。

　潔さは、告知文の全体からにじみ出るものであって、単語の問題ではない。

4 NACSの「信頼の社告8か条」と主婦連の「リコール社告のあり方」

　NACSとは、社団法人日本消費生活アドバイザー・コンサルタント協会の略称である。経済産業大臣事業認定の「消費生活アドバイザー」資格を有している会員および「消費生活コンサルタント」で構成されている。現在、会員数4,000名の社団法人である。会員は企業、地方公共団体、コンサルタントなどの自由業、学生など多様である。NACSの「コンプライアンス経営研究会」が、2005年4月に「信頼の社告8か条」（図表1-8）を公表している。

　内容的には、前述の「告知文の書き方」「告知文作成にあたっての留意点――お詫びの5原則」と重なるものが多いが、企業に対する消費者の視点に立った提言という意味で紹介しておきたい。

　ここで使っている「社告」は、本書でいっている「告知」と同意語である。

　8か条は、次のように分かりやすい言葉で簡明に表現されている（図表1-8）。

　これらの項目をもとに、基準点数で評価もできるようになっている。以上の各項目を10点として80点、追加評価として④項「何がおきたの？」に「消費者からの問い合わせで判明した」「行政のチェックで判明した」などの経緯の記載がある、⑤項「対応は？」に返金時期が明記されている、といったCS的な視点がある、⑥項「なぜそうなったの？」で、現時点で原因が分かっていない場合は、原因判明時の発表方法が明記されているなどの消費者視点の内容を加味して20点の追加枠があり、トータル100点の評価となる。

　なおNACSでは、この社告評価基準を用いて、2005年4月～2005年9月の間に有力新聞に掲載された回収社告約100事例を採点している。最高は85点、最低は15点、もっとも多かったのは40点で全体の約20％となっている。

　石油温風暖房機事故を起こした会社の最初の新聞告知に関しては、①死亡事故が報道されているにもかかわらず、単なる事故発生とし重大性を消費者に正確に伝えていない、②一酸化中毒の危険性、人体の影響に関する記載が乏しい、③タイトルに「回収」「修理」の文言がない、④フリーダイヤルの

図表1-8 「信頼の社告8か条」

【8か条】
　①何をしらせるの？（目的）
　②だれに？（対象者）
　③どうなるの？（人体への影響重篤性・発生頻度）
　④何がおきたの？（事実・関連法令）
　⑤対応は？（具体的対応）
　⑥なぜそうなったの？（原因）
　⑦今後は？（改善のための取り組み）
　⑧お詫び

【具体的な内容】
　①何を知らせるのか？（目的）
　　・本文のどこかに目的が書かれている
　　・本文冒頭に、またはタイトルに分かりやすく「製品名」「回収（または交換）」が明記されている
　②だれに？（対象者）
　　・本文のどこかに対象者が書かれている
　　・本文冒頭に、分かりやすく「対象者」が明記されている
　　・タイトルに「対象者」が明記されている
　③どうなるの？（人体への影響重篤性・発生頻度）
　　・事故が発生した場合の健康への影響の大きさ（重篤性）が明記されている
　　・事故が発生する確率（発生頻度）が明記されている
　　・健康への影響がある場合、その予防措置、改善処置が明記されている
　④何がおきたの？（事実・関連法令）
　　・事実が明記されている
　　・法令違反の場合、何の法令違反か明記されている
　⑤対応は？（具体的対応）
　　・送付先（住所・あて名）が明記されている
　　・送付方法（着払い）が明記されている
　　・返金方法または交換方法が明記されている
　⑥なぜそうなったの？（原因）
　　・事故が発生した原因が明記されている
　　・原因の追究レベルに妥当性があり、原因を読むことで消費者が納得できるレベルである
　　・現時点で原因が分かっていない場合は、「製造工程で調査中です」等、現状が説明されている
　⑦今後は？（改善のための取り組み）
　　・具体的な改善のための取り組みが明記されている
　　・改善のための取り組みが⑥の原因に対応したものになっている
　　・事故拡散防止のための措置が明記されている
　⑧お詫び
　　・本文中にお詫びがある

受付日時、ホームページリンク、お詫びがないなどの問題点を指摘して、45点という厳しい評価をしている。

同コンプライアンス経営研究会の内部報告書では、この暖房機事故の最初の社告の不透明性に関して、気がついた時点で同社に対して是正の申し入れをしていたなら、半年後の第4、5の事故は防止できたかもしれないと内省的に総括している。

著者は、企業人として自社の告知のあり方を追求・実践してきたものである。その過程で他社の告知も分析・研究していた。NACSは、消費者の視点から企業の社告のあり方をテーマに掲げ、調査・研究していた。

著者とNACSの立ち位置は違うものの、期せずしてほぼ同内容になっているのは、「あるべき告知」の内容は不変だということだろう。

なお、主婦連合会（主婦連）が経済産業省の委嘱を受けて、消費者の立場からみた「社告」の基準づくりを始め、2007年6月に「消費者が望む『リコール社告』のあり方」として公表した。

そのなかで、現状の社告の改善点として、①安全性に関する重大な告知事項として位置づけて、社告の意図・目的を明確にする、②矛盾した文章表現は避け、あいまいさを排除する、③誰にでも分かりやすい内容とし、読みやすく、消費者が何をすべきか簡潔に記載する、の3点を指摘し、「モデル社告例」も掲載している。

また社告倒産などの危惧から社告を行えない中小零細企業の現状また新聞社告の費用対効果の面から、掲載媒体との社告費用対策、回収関連保険の整備・充実、社告掲載費などの借り入れ・返済を定めた公的「回収推進制度」の検討、社告を一元的に管理提供する第三者機関の設置等、制度設計につながる提言をしている。そのための法制度の充実（PL法の改正等）の必要性も求めている。

現在、告知をする、しない、内容の程度、扱いの大きさ、手段は、企業の自由裁量に任されている。企業が、自主的で適切な情報開示姿勢と具体的な知識を持たなければ、NACSや主婦連合会のような立場からの監視と是正要求を受ける時代になってきている。企業関係者は、このことを十分認識して

おく必要がある。

5 タイトル事例

タイトル名には、事態の重篤性を簡明・直感的に視認できる表現が重要である。また、そのタイトルを見ただけで、お知らせ本文へ誘導させられるものでなければならない。

現代社会は、基本的に情報過多時代といえる。消費者は、自分に関係のある情報か否かをまっ先に判断して情報を棄てる作業から入る。その意味で、タイトルの内容には、十分な工夫が必要である。

以下に、重大性にそっていくつかのタイトル例を示す。

品質事故と品質問題に区分けして用いるのが一般的である。この項では、①品質事故、②重大品質問題、③品質問題の3パターンとした。

「品質事故」とは、人体や家財への拡大事故のうち、もっとも重篤な生命や障害につながるもの、火事などで財産を消失してしまうもの、また、火傷や擦過傷などの身体損傷事故、漏水、床壁の焦げ付きなど比較的被害程度の重篤でないものも対象である。

「重大品質問題」は、製品の持つ主機能や魅力機能が働かない場合をいう。また機会損失につながるものも含める。

「品質問題」は、主機能や魅力機能ではないが、使用しているうちに遭遇する応用機能の不具合をいっている。

以下のタイトルの冒頭には、あて先で規定した対象製品より具体的なモデル名などを記載する（例：「○○型△△製品に関するお知らせとお願い」等）。

実際にはさまざまなタイトルがあるので、あくまでも参考としていただきたい（頭の製品名は略してある）。

①品質事故（人命・家財の消失、身体・家財の損傷）
- ・使用中止のお願いとお詫び
- ・重要なお知らせとお願い
- ・製品回収のお知らせとお詫び

- お詫びとお願い
- ご注意のお知らせ
- 販売停止のお知らせとお詫び

②重大品質問題（主機能・魅力機能の不具合）
- お詫びとお願い
- 無償修理（改修）とお願い
- 無償点検・修理のお知らせ
- （ソフトウエア）アップデートのお知らせ
- 販売一時停止のお知らせとお詫び
- 販売再開のお知らせ

③品質問題（その他の不具合・瑕疵）
- 不具合のお知らせ

バージョンアップとアップデート、アップグレードについて

バージョンアップとは現状を改善する作業一般のことをいい、その内容によりアップデート、アップグレードの2種類がある。
- アップデート：カタログや取扱説明書等に記載した仕様に満たない性能・機能の改善を行うこと。改善される仕様・機能を明示すること（債務不履行状態の解消なので当然、費用は無償扱いとなる）。
- アップグレード：カタログや取扱説明書等に記載した仕様以上の性能・機能向上を行うこと。向上する仕様・機能を明示すること。アップグレードは、債務不履行ではないので告知の範疇には含めない（内容によって有償／無償のケースがあり、営業判断でよい）。

両方を含んだ場合は「アップデート、アップグレードのお知らせ」、または「バージョンアップのお知らせ」とし、「アップデートで改善される内容」「アップグレードで向上する機能」の区別と、それぞれの内容が分かるように記載する。記載の順は、どちらが主かで優先順を決めればよい。一般に、改善項目が最初のほうが消費者の抵抗感は少ない。

- （ソフトウエア）アップデートのお知らせ
- お知らせとお願い
- ご注意のお知らせ
- お知らせ
- 販売一時停止のお知らせとお詫び
- 販売再開のお知らせ

6 告知方法（手段）の種類と選択

(1) 各種メディアを利用するケース

　告知の方法（手段）としては、一般的に以下に挙げるものが用いられる。

　該当製品の性格、購入顧客層、問題の重大性・緊急性の面を勘案し、適切なメディアを選択する必要がある。伝えようとする意思、企業姿勢が外部から感じられるかどうかも、告知媒体の選択や扱いの大きさ、掲載場所で左右される。

　また、メディアの特性（一覧性、簡易性、持続性、丁寧度）、情報伝達のカバー域、情報の周知度の面から複数媒体の併用（メディアミックス）が有効である。

　それぞれの媒体を選択する場合の目処と、配慮すべきことを付記しておく。

①対面説明

　すべての対象顧客が捕捉できている場合や対象顧客数が限定的な場合に、一人ひとりの顧客に足を運び説明するという意味で、最も丁寧な対応方法である。

　告知文の提出とセットで行い、個別対応との疑念を持たれないよう注意が必要である。

- 該当カスタマーが特定できていて、量的に限定されている場合。
- 併せて文書の告知文の提出も必要である（本章第1節1項1「告知とは」参照）。

・より詳細な説明を行う（紙だけでは伝えられないFAQ的要素を含む）。
・より専門的で丁寧な対応を行う場合。
　（例）B2Bの業務用顧客、VIP、重要需要家（継続取引先etc）。

②新聞（全国紙、ブロック紙、地方紙）

　新聞は掲載されたその日だけという一過性の問題はあるが、情報を得るのに道具が要らず、テレビ・ラジオのようにチャンネル選択で見逃す、聞き逃すということも少ない。企業にとってはコストもかかり、最近の若年層のように新聞を購読しない層もでてきているが、最も一般的で公式性の強い媒体である。

・顧客が不特定多数、かつ広域にわたる対象。
・事案が重大であり、顧客対応に緊急性が求められ、対応に即効性を必要とする場合。また法令違反の場合。
・対象商品の客層としてパソコン、インターネット環境にない層が多い場合。
・情報検索する告知手段に馴染まない耐久消費財、コモディテー商品などにおいて、不具合の程度および影響の度合い★02が大きく、幅広い告知が必要と判断される場合。
・全国にまたがる不良発生の場合は、可能な範囲でブロック紙、地方紙までカバーする。

③新聞（専門紙／業界紙）、雑誌、専門誌

　業界紙、専門誌は、特定の産業分野で利用される製品、趣味趣向性の強い製品に関して、訴求力の強い効果的な手段である。

・上記②の条件に加え、該当商品の顧客がその利用において趣向性や特定分野に偏在しており、分野別の媒体に接触する可能性が高い場合。
　（例）高級カメラ、シアター向けプロジェクター、カー用品、パソコン、用途が専門産業分野に絞られる業務用商品etc。

④Webホームページ(HP)

　情報提供の担保としてすべてのケースで掲載されるべきものである。IT化社会の普及・成熟に伴って、今後もっとも重要になってくる告知手段である。

　プル型情報（検索型）の欠点を補うため、DM、e-mailのプッシュ型情報手段との併用が効果的である。

- ネット接続を前提とする商品、サービスの場合。
- 長期に亘る★03情報露出により、継続的顧客捕捉が必要とされる場合。
- 本社HP上のトップページ【重要なお知らせ】：商品の不具合に関する重要なお知らせおよび社会性を伴う事案。
- 品質事故、重大品質問題、法令違反、個人情報漏洩、自社の直接責任ではないケースであっても、社会的に広告を必要とされる事案（模造品事故、自社をかたる詐欺行為）。
- 販売会社のHP上のトップページ【重要なお知らせ】：上記の商品に関する不具合告知に加え、販売行為★04にまつわるお知らせが必要とされるもの。
- 販売会社のHP上の商品カテゴリー・トップページ：特定商品において特定のカテゴリーサイトにアクセスされる事が多いと想定される場合。
- 会員提供サービスにおいて、お知らせを必要とされる変化が生じた場合。
- 不具合の重大性およびその影響度が大きくなくても、告知・市場改修を行うにあたり何らかの説明責任が求められる場合（対顧客・販売店）。
（例）ソフトウエアのバージョンアップなど継続的に特定サイトにアクセスする商品、ネットサービス、登録会員向けサービス。

⑤ダイレクトメール(手紙)

　メーカーと、消費者の顧客登録意図は異なる。登録顧客は不具合情報など、メーカーにとってネガティブな情報であっても消費者に直接影響を及ぼす情報の提供を望んでいる。登録したのに情報提供されないと、そのこと自体が苦情・クレームになる。

他の手段で告知が行われている場合でも並行して行う。最も情報到達度の高い方法である。
・顧客登録などにより対象顧客が捕捉されている場合。
・ソフト改修CD-ROMなどの送付を行う場合。
・対象顧客層がパソコンなどネット手段を持たない場合。

⑥電子メール（パソコン、携帯）

　他の手段で告知が行われている場合でも並行して行う。最も情報到達度の高い方法である。

　メーカー、消費者の顧客登録意図は異なる。登録顧客は不具合情報など、メーカーにとってネガティブな情報であっても消費者に直接影響を及ぼす情報の提供を望んでいる。登録したのに情報提供されないと、そのこと自体が苦情・クレームになる。
・顧客登録などにより対象顧客が捕捉される場合。
・ダウンロードによるソフト改修などを行う場合。

⑦記者会見

　放送や活字化報道を通じて広く消費者に伝わる方法である。社会的説明責任やメディアに対する丁寧な説明が求められる場合に必要である。ただし、リアルタイムの双方向性も求められるので、十分な準備を行い臨む必要がある。曖昧性を排した納得性のある説明、スポークスパースンを決めておくなどの配慮が重要である。
・社会性が極めて高く、企業の社会的責任経営の観点から、経営トップ自らが説明責任を果たし企業姿勢を示す必要のある場合。
・重大品質事故が傾向性を持ち、拡大が予想され対象顧客の捕捉を強く社会に訴える必要がある場合。
・経営に多大な影響を及ぼす場合。
・過去の対応において反社会的と認められる行為があり、会社としてけじめのある説明が必要とされる場合。

⑧プレスリリース

　投げ込み広報発表文である。推敲を重ねた内容にすることができるが、記事化するかどうか、どの程度の扱いになるかはメディア側の判断に委ねることになる。

- メディア（ジャーナリズム）は社会の公器として報道責任を持ち、社会的重要性・影響の広域性により記事化を行う。対象顧客捕捉のため、その露出効果を期待したい場合には積極的に行うべきである。
- メディアの持つ速報性、広域性、視認度の高さから、不特定多数の消費者へ情報を周知させる手段としても極めて有効である（ただし、記事化するか否かはメディアの判断であり、企業側はコントロールできない）。
- また、それが持つ公共性から企業の情報公開の姿勢を示すことになり、企業の社会的説明責任履行の面からも重要な位置づけの方法（手段）といえる。

⑨店頭ポスター・チラシ

　品質事故、重大品質問題等、重大性・緊急性が高く、1人でも多くの購入顧客および潜在顧客に対して注意を促す必要のある場合、直接的で、POP効果が大きい。

- 販売店店頭、ショールーム、修理サービス拠点店頭での掲示、配布。

⑩テレビ／ラジオ

　新聞と並ぶメディアの代表格である。15秒、30秒スポット広告枠の買い取りになる。一般には広告宣伝の自粛となるので、あらかじめ確保してあった広告枠を利用することが多い。情報伝達のインパクトは一番強いが、視聴率と同じく視聴者のチャンネル選好、視聴時間帯に大きく依存する。

　消費者と事業者の関係を規定する諸法規の新設・改正など社会環境の変化を視野に入れ、このメディアの利用効果を検討・研究しておくことが必要である。

- 重大性・緊急性が高く、広域にわたる品質事故並びに潜在顧客に対し注

意を促す必要のある事案など、社会的リスクが高い問題が発生した場合。
・消費者の救済、被害の拡大防止等、広範な顧客捕捉の必要性が高い場合。

　上記は、広く一般消費者に告知する手段、使用媒体、方法である。
　IT時代の新しい方法として、電話によるテレマーケティング手法の告知も試みられている。今後の研究課題の1つである。

(2) 各種情報拠点を利用するケース

　広報媒体ではないが、消費者が接触する機会の多い情報拠点として下記のルートで告知情報を徹底し、消費者からの問い合わせに混乱なく対応する必要がある。
　この場合、消費者はすでに告知を知っていて、より詳細な情報や疑問点を確認するなどの利用も多い。公共機関への情報提供は、簡潔で要点を網羅したものが必要である。また、しっかりとしたFAQを準備して、関係部署に配布し、場合によっては事前の導入会を行うなども必要である。

①国民生活センター／消費生活センター
　消費者が第一報に接した後で、より詳しい説明や確認を求めるときに、国の消費者センターである国民生活センターや最寄の地方自治体の消費生活センターに問い合わせをする。混乱なく対応してもらうためにも、事前の案内を忘れてはならない。
・重大性が高く、影響が全国にわたる場合。
・発煙・発火、人体損傷・家財毀損のおそれのある品質事故、消費生活用製品安全法、食品衛生法、薬事法など関係法令に沿った対応が必要とされる場合。
・重大性はさほど高くない場合でも、消費者への影響、関心が高く、地方公共団体への問い合わせや苦情が寄せられることが予想される場合。

②販売店

　製品にまつわるすべての告知不具合情報は、販売店に事前に案内されていなければならない。

　顧客からの問い合わせに対して販売店が事実を知らないことは、販売責任上からも、小売業としてのCSの面からも問題となる。十分な配慮が必要である。

- 販売店にダイレクトメールの協力を依頼し、販売店の持つ顧客リストにより一層の顧客捕捉が必要とされる場合（個人情報保護の観点から諸手続きが必要）。
- 販売店による改修や、販売店在庫の回収および販売停止の協力を要請する場合。
- 販売責任および販売店のCSの観点から、メーカーの情報提供が求められる場合。
- 改修等のお客様対応を行う場合、メーカーとしての事前説明が必要である。
- 発売遅れ・延期、再納品日等に関する情報。

③自社のサービス窓口・ショールーム・コールセンター

　メーカーの拠点は、消費者にとって一番身近で確かな情報源である。コンタクト・サイトが事実を知らない、間違った情報を提供する、ニュアンスの違う説明を行うなどはあってはならない。

- 品質事故および重大品質問題については、ポスターを作成、窓口店頭に張り出す。
- 告知文のコピーも備え置き、配布する。
- 該当顧客の捕捉促進と、メーカーとしての情報公開の姿勢を示す必要がある。

【注】
★01 顧客重視：「組織はその顧客に依存しており、そのために、現在および将来の顧客ニーズを理解し、顧客要求事項を満たし、顧客の期待を越えるよう努力すべきである」とされている。8原則は9000ファミリー規格のなかでトップマネジメントがパフォーマンスの改善にむけて組織を導くためのフレームワークを理念としてまとめたものである。この8原則は強制要求事項ではなく、指針として示されている。以下「リーダーシップ」「人々の参加」「プロセスアプローチ」「マネジメントへのシステムアプローチ」「継続的改善」「意思決定への事実に基づくアプローチ」「供給者との互恵関係」が掲げられている。

★02 品質事故、重大品質問題、法令違反、個人情報漏洩、自社の直接責任ではないケースであっても、社会的に広告を必要とされる事案（模造品による事故、自社を騙る詐欺行為etc）。

★03 周知期間としては数カ月から1年を目処。掲載基準に関しては第2章3節を参照。

★04 価格の修正、誤表示、不正取引、発売延期／停止、品切れ。

第2章 告知基準
——何をもって判断するか

1 基準の必要性と判定プロセス

　従来の告知は、製造物責任法や安全法規に基づく品質事故による危害の想定、被害者の救済の観点から実施されてきた。判断にあたっては、発生メカニズム、傾向的発生予測、進行性・拡大性など客観的で数値化可能な技術的な視点が中心であった。

　昨今、消費者の権利意識や消費者法など社会環境が変化しているなかで、顧客不満を招く「不具合」（品質問題）への対応が経営上の課題となってきている。製品不具合への対応が、CS経営、ブランドやコーポレート・レピュテーション（会社の評判）といった企業イメージに影響をもたらすようになってきたからである。旧来の「事故」を中心とした判断基準ではもはや対応しきれなくなってきており、一層の情報公開と説明責任が求められてきている。

1　なぜ、告知基準が必要か

　このような傾向はどの業界においても同じであり、2000年以降、新聞による社告、自社のホームページに掲載する告知は急増している。そのなかで各社の告知事案に占める品質事故・法令違反の比率は低くなっている。

　一方、品質問題、いわゆる不具合といわれる製品不良、ソフトウエアのバ

グ、カタログ・取扱説明書の誤記・誤表記、セキュリティホールの脆弱性、模造品に関する注意、食物・衣料品のアレルギーその他に関する項目が増大している。

ひと昔前であれば、告知せず、個別の対応で処理していた内容のものも少なくない。大量生産・大量販売、基板・プラットホームの共通化、ソフトウエア依存の増大によって傾向性の高い不具合（傾向不良）が多くなっているのである。個別対応ではなんとも説明のつかない、消費者の納得を得られない内容のものである。

その結果、判断を要する事案のレベルはかつての品質事故に比べ日常一般的なものになっており、各人各様の基準で判断されることが危惧される。これによる判断行為の間違いを予防するためにも、全社的な基準が必要である。このことは、行政・消費者団体ばかりでなく経済団体からも要請されていることである。

判断基準も、かつてのPL法に照らしてなどといった、モノポリーで国の尺度に従っていれば間違いないといった単純なものではなくなっている。

企業の透明性、情報公開、説明責任、社会的責任、内部統制、企業統治、コンプライアンス、CS（顧客満足）、ブランド価値、コーポレート・レピュテーション（会社の評判）など、多様な要素で判断しなければならなくなっている。会社が技術的観点からどう判断するか以上に、消費者がどう感じ、社会がどう反応するかを感じ取る感性が重要になってきているといえよう。

当然、関係する部署も該当事業部門、広報、法務といった範囲から、CS部門、リスクマネジメント部門、お客様対応部門、マーケティング部門と多岐にわたる。その場の討議で結論を得、関係者の総意を得るのには、相当の時間を費やすことになる。その場の構成メンバーによっても結論は恣意的になりやすく、会社として一貫した判断をとりにくい。

事業セクションから独立したCS部門が高度に専門性を持ち、多面的な視野から判断を下すようになるのが内部統制からみても顧客満足からみても一番ふさわしい。しかし、すべての要素を身につけたリスク・マネージャーが育つには、各企業ともにもう少し時間を要するであろう。また、これらの判断

は属人的になりがちである。全社共通の「ものさし」として、基準を明文化しておくことがどうしても必要となっている。

2 「基準・規定」か「ガイドライン」か——基準を設定するリスク

「基準」「規定」は、企業においては、社員が職務規定として従わなければならない絶対的なものである。したがって、その定めに反する行為は、社内的には職務規定違反となる。

一方の「ガイドライン」は、その定めに従って行うべき方向性を示すものといえる。遵守すべき何らかの基準（ものさし）が必要であることは、前項で述べたとおりであるが、実運用にあたっては、さまざまな要因を考慮してその位置づけを明確にしておかなければならない。

基準・規定となると、問題が発生し法的に提訴された場合には、会社がその基準・規定に定められた内容に従って判断・行動していたかどうかが問われる。アメリカのように、クラスアクション（第4章9節4項「消費者団体訴訟制度の誕生」参照）制度のある国では、裁判で要請があればその基準書は提出しなければならないとされている。企業の消費者対応が社内基準書どおりに決定され、該当事案においても正しくその定めに沿った対応を行っていれば問題はない。万一、定めがあるにもかかわらずその通り行われていない場合、裁判上は不利な状況となる。一例をあげれば、「〇〇数値が△△を超えた場合には、告知して市場改修を行うこと」と定められていたにもかかわらず、告知も市場改修もされておらず、クラスアクションの訴訟を受けた場合には法的リスクそのものになる。

「基準・規定」として定める場合には、デジタル的に数値を超えているかどうか判断できる定量的な定めは除外して、数値は別の指標（例えば社内報告規定等）として運用するのも1つの考え方である。

事業責任者や社員の倫理規範がしっかりしていて適正に情報公開する土壌ができている場合には、前述したとおり諸外国の法的リスクの少ない「ガイドライン」としておくことも一法である。

まずもって、定めの位置づけについて触れておいた。各社の実情に合わせ

た選択が必要である。

3 「基準」運用にあたって

「基準・規定」や「ガイドライン」の運用にあたって、その定めの範囲や、発行責任部署、改定の約束ごとを規定しておく必要がある。

①策定、発行部署、対象とする範囲、適用範囲（国の内外など）の規定を行う★01。

②運用開始日、試験運用の期間、本運用の開始日など踏むべきステップを定める。

③問題事案発生時には「告知」と「市場対応」（回収、改修）は一体で行うものとする。告知だけ、市場対応だけの運用は原則禁ずる等の約束ごとを定める。

④技術進歩、社会環境の変化、また、その他の事情により規定に定めのない事案が発生した場合には、適用除外とせず速やかに本基準策定・発行部門および告知判定機関へ連絡し判断を仰がなければならない等、追加・改定が必要な場合のことを定めておく。

⑤本基準は現行法令や他社基準以上であることを目指し、順次改訂・強化されるものとするなど、レベルの位置づけ、ロードマップの提示を行う。

定められた基準や規定が、全社で統一的・継続的に実施・運用されるために必要なことである。

また、せっかく制定されたものが実際的であるか、社会状況の変化に適合しているか、時間の経過とともに有名無実化していないか等、PDCAサイクル（Plan、Do、Check、Actionのマネジメントサイクル）による改良が働くようにしておく。必要があれば改定がなされること、およびその主管部署はどこかを明確化することで、より実践的な基準に成長させることができる。

4 「判断」の決定プロセスと最終判定者

告知判定機関は、当事者である該当事業部門と第三者・全社的視点を持

つ本社CS部門、さらに市場（消費者・流通）に直接的責任を持つ販売部門のCS部門を加えた3者による構成が望ましい。

　事態を一番よく把握しているのは、製品を設計・製造した事業部門である。しかし、該当事業部門は、問題を発生させた当事者である。トップに報告説明するために、全貌の把握と事業部門としての対応策の立案を優先しがちであり決断に時間がかかる。事実を隠蔽し、矮小化、改ざんするなどの誘引が働きがちである。そのため、客観的で全社的判断は下しにくくなる。

　該当事業部の損失を抑えるといった部分最適行為が、会社の全体最適にならないのが製品不具合問題への対応である。なぜなら、正しい判断に基づき適切な処置をしなければ、社内的に営業や修理サービス部門、コールセンターなど関連部門に矛盾を押し付けることになる。何よりも、被害を被る消費者を放置することで、顧客不満を起こし社会の納得を得られない。結果的に市場からの社会的ペナルティーは、会社全体が受けることになる。

　このような誘引を排除し、誤った企業判断による反消費者、反社会的な企業行動を未然に防ぐのが、内部統制のメカニズムである。内部統制とは、組織内に潜むさまざまな要因によって会社が不透明で反社会的な行為を起こさないように、牽制・抑止・監査の力を機能させることである。問題発生の起因部署は市場対応の判断の主体者たりえない。また、あってはならない。このことは、三権分立を考えれば分かることである。

　告知の判定には、全社的な立場と社会的視点からの判断が求められる。

　本項の冒頭で述べたように、告知判定機関のような第三者的機能組織が必要である。部分最適の立場を離れ、客観的に企業と社会の関係を俯瞰して、会社全体としてのあるべき答えを導かなければならない（図表2-1）。

　この判定組織は、下した結論が経営に大きなネガティブなインパクトをもたらす場合には、大変苦しい判断も強いられる。また、想定被害者ばかりでなく、すべてのステークホルダーに対する説明責任、従業員満足（ES）を含めたCS、各種法令、社会としての納得性、自社が期待されている無形の資産（ブランドイメージ等）の維持など、社会の動きと連動し多面的に判断できる能力を持っていなければならない。そうでなければ、重大な決定を下す

図表 2-1　告知判定プロセス

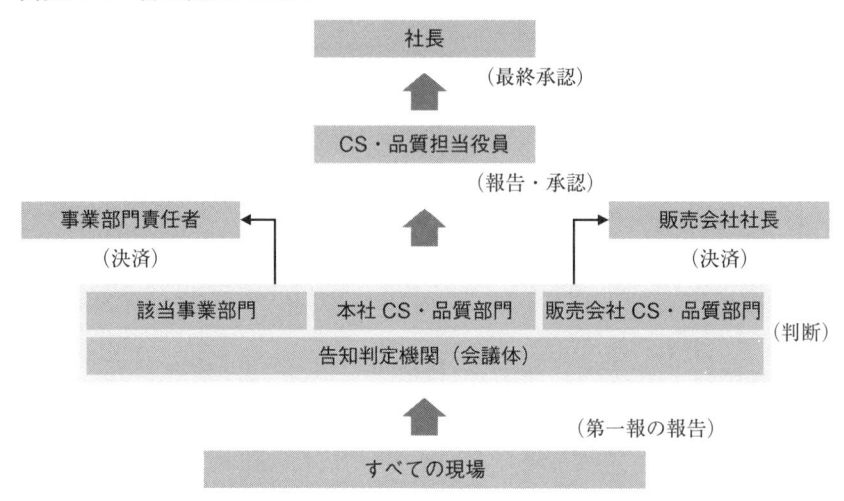

```
                    社長
                     ↑      （最終承認）
              CS・品質担当役員
                     ↑      （報告・承認）
事業部門責任者 ←              → 販売会社社長
   （決済）           ↑           （決済）
 該当事業部門  本社CS・品質部門  販売会社CS・品質部門
                                        （判断）
        告知判定機関（会議体）
                     ↑
                         （第一報の報告）
             すべての現場
```

判断者としての資格・資質をめぐって社内からの批判も受ける。

　この機関は、問題発生時に編成するプロジェクト型組織ではなく、常設の機関としておくべきである。プロジェクト型組織では、時間勝負の危機管理には有効に対応できない。また、日常的に市場をモニタリングして予兆監視につなげるリスク・マネジメントもできない。

　判定機関には、さらに必要な要件がある。この領域における一定の権限が与えられていることである。権限は、判定機関の長が直接持つ場合もあれば、組織上、経営トップから権限委譲を受けてという形態もとれる。その時々の人員配置（担当役員も含め）によって、どの形態にするか現実的な選択を行っても良いだろう。

　重要なことは、付与された権限、権限委譲は、経営最高トップからのものであることだ。その意味で、理想的にはトップ直結の組織であることが望ましい。不適切な社会対応をした結果は、経営トップの責任に直結しているからである。

　告知判定機関が出した結論を最終的に承認するのは、会社の最高意思決定者の社長か、品質・CSに対する決定権限を持った担当役員であるべきであ

る。会社法の制定、日本版SOX法による内部統制の責任は、社長による宣誓サインに象徴されるように、経営最高トップに強く求められている。決裁権限を定めている社内の決済規定、企業統治体系（コーポレート・ガバナンス）、リスクマネジメント体制とよく整合させ、権限と責任の位置づけを明確にしておく必要がある。

2　告知の判断基準

1　判断の種類

　判定にあたっての判断基準には、その性格から、①定量的な判断、②定性的な判断、③企業の社会的責任履行の面からの判断、がある。製品の特性、業界の状況、適用法令、変わり行く社会状況、自社の経営資産などを多面的、立体的に勘案して、判断となる「ものさし」を決める。

　以下に判断の「よすが」となる視点を事項ごとに整理して提案する。どの項目を、どの程度のウエイトで判断するか、対象事例も製品分野や業種・業態によっても異なるので、実際には、各社なりのオリジナルの判断基準が必要になる。しかし、考え方の根底においては変わるものではないので参考としていただきたい。

　まず、「定量的な判断」「定性的な判断」「企業の社会的責任の面からの判断」を概説して、それぞれの各論の詳細を述べる。

(1) 定量的な判断とは

　発生のメカニズムの解明、真因の特定、年間市場不良率、推定累積不良率、進行性、拡大性、該当事象に寄せられた苦情件数などが定量的判断材料となる。事実に基づいた技術的視点、現実のデータを見極めるfact findingの姿勢が何よりも重要である。

　製品特性や業種・業態で基準とすべき数値は異なるだろう。しかし、業界が違っても共通の判断ベースはある。それは、事故・不具合の発生が、原因

からみて傾向性を持ったものであるかどうかである。許容範囲内の部品の「ばらつき」や、作業者の個別ミスによる不良発生は、個別のサービス対応で処理することになる。

　部品の傾向不良（ロット単位、製造事業所単位など）や、設計起因の不具合、製造事業所の「作業標準」の誤り、製造マシーンの不良、ソフトウエアの設計ミスやバグによる不良は個別発生とはならず、基本的には一定の傾向性をもって発生する。このような傾向不良の発生度合いで告知・市場改修の判断を行うのが、定量的な判断である。

　この数値の基準として、厳しい自主基準を設け運用する場合とそうでない基準を決めるのは、企業ではなく市場の消費者である。消費者や社会の要求レベルをよく認識して、基準化の作業を進めるべきである。

　基準の数値は、品質改善活動の進展にあわせ、スレッシュホールドを引き上げていくべきであろう。それ自体が品質目標の引き上げになるはずである。

　「主機能不良率」「主機能不良数」「推定年間不良率（AFR）」「累積不良台数」「コールセンター苦情件数」その他、市場の状態を検出するために必要とされる技術的・数値的なものが定量的な判断の対象となる。

　この定量データを基準・規定のなかに盛り込むか、報告を上げる指標に留めるかについては、本章第1節2項の「『基準・規定』か『ガイドライン』か――基準を設定するリスク」を参考に、各社で慎重に判断していただきたい。

(2) 定性的な判断とは

　まず関連法令の観点から検証を行う。消費者基本法の精神および関連個別法規に定められた「被害の予防」「被害の拡大防止」「被害者の救済」「安全安心の確保」の立場、また従来の人体損傷、物損に加え、無形の個人財産保護、利用者の機会損失（逸失損害）、逸失利益などから総合的な判断を行う。

　企業としての視点よりは、被害を受ける消費者に与える影響の重篤性、不満足度が尺度となる。この判断にあたっては、単なる技術的所見からではなく、法令の知識、消費者の使用環境、被害想定、被害が消費者に与える心理

的な影響、さらに、会社全体に及ぼすさまざまな影響などを斟酌する想像力と思考の柔軟性が必要とされる。CS経営からの判断が決め手である。

(3) 社会的責任経営からの判断とは

すべてのステークホルダーに対する説明責任、従業員満足（ES）を含めたCS、各種法令の運用強化・改訂に先立つ判例の変化予測、社会としての納得性、自社が期待されている無形の資産の維持、企業の存在意味など社会の動きと連動し、多面的に判断の最終確認を行う。知識、判断力、社会性の認識などの見識と総合的思考能力が必要である。

これからの社会では、単なるコンプライアンス（法令遵守）を超えた「インテグリティ・マネジメント」（誠実な経営）が重要視されてくる。その面からも、関連の部門からの専門的視点が不可欠である。

「社会的責任経営からの判断」は、今後、ますます強くなってくる社会的要請である。十分に勉強し、認識しておくことが肝要である。

最後は、組織と経営トップの「倫理観」、企業とは何かの「経営観」、我が社とは何かの「アイデンティティー（CI）」が問われるものである。

(4) 「判断基準」相互の位置づけ

「定量的な判断」は、すべてのベースとなる技術・数値による事実認定といえる。不具合により発生する事象の程度、発生範囲、発生の原因と発生メカニズム、現時点での実害の発生状況、将来の発生予想など、すべての判断のベースとなり前提となる重要なものである。そのため、技術検証は最高度のレベルで行わなければならない。また、その後の判断・対応のプロセスは、この事実認定をもってスタートするので、迅速に行われなければならない。高度な技能と技術者としての見識・良心が何よりも求められる。

不十分な調査での軽率な判断や憶測は、その後にとった会社の判断や対応方針をひっくり返すことにもなりかねない。また、トップの判断をミスリードし、社会的評価・評判を悪化させることにもなる。

数値データは客観的事実を反映し、判断材料としてなくてはならない。日

ごろから、市場データを収集し、リアルタイムに上がってくるデータベースと、社内の仕組みが整備されていなければならない。

　その意味で定量的な判断は、告知の判断基準としてよりは、判定材料として、また判断の裏づけとしての意味合いが強い。

　「定性的な判断」は、会社が告知を判断するときの、もっとも直接的で中核的な判定基準である。定量的な判断が、あくまでも企業内部の諸材料であるのに対して、定性的な判断は、消費者やすべてのステークホルダー、関連法令という企業を支える社会を対象とするものだからである。

　「社会的責任経営からの判断」は、企業の持続的成長が確保されるか否かの視点からの総合的、最終的な判断材料となる。トップマターの判断事項といってよい。社内の各関連専門部署の個別の視点からの判断材料を統合し、長期的信用の確保の面から判断を行うことが重要である。

　「定量的な判断」「定性的な判断」「社会的責任経営からの判断」の三者相互の位置づけを整理してみる。

　まず、客観的データ・技術検証による「定量的な判断」を**判定の事実材料**とし、社会の利害関係者への影響という「定性的な判断」を**判断の基準**として、「社会的責任経営からの判断」で**最終的な検証**を行うということが、過ちやリスクの少ない判断プロセスとなる（図表2-2）。

　次項では具体的な判断の対象を詳細に解説する。ただし、「定量的な判断」の対象は具体的な数値となるため、製品の種類・業種によって適用法令や消費者の受け止め方が異なる。また判断基準とするよりは、判断にあたっての諸材料であり社内報告基準として運用したほうが実際的なので、以下に対象を列記するに留める。「定量的な判断」の対象は、「主機能不良率」「主機能不良数」「推定年間不良率（AFR）」「推定累積不良台数（率）」「コールセンターでの苦情件数」、その他市場の状態を検出するために必要とされる技術的・数値的なものである。

　以下、「定性的な判断」と「社会的責任経営からの判断」に関しては、多面的な角度で説明を行う。

図表2-2　判断の位置づけ

| （最終検証） | ③社会的責任経営からの判断 | （社会性の視点） |

・CSR
・コーポレート・ブランド価値
・コーポレート・レピュテーション
　　　（会社の評判管理）

↑

| （判断の基準） | ②定性的な判断 | （消費者の視点） |

・ステークホルダーへの影響分析
・コンプライアンス
・CS（顧客満足）
・事業への影響分析

↑

| （判断の事実材料） | ①定量的な判断 | （技術的な視点） |

・客観的な数値データ
・Fact Finding の姿勢

2　「定性的な判断」の対象

　本書の読者は多業種にわたると思われるためできるだけ一般性を持たせて記述しているが、具体的な例示に関しては電気製品が中心となっている。しかし、本質は業種・業態によって変わらないと考えられる。本項の考え方やその本質を理解して、製品ごとに想定されるケースや業種によって所管する業法が異なる場合は、それぞれに置き換えて読んでいただきたい。

　告知実施にあたっては、すべて、販売店への事前連絡が行われることを前提としている。

　現実の社会は、企業の行動に対してより厳しい監視の方向に動いている。法律や行政によるペナルティーは限定的である。市場のペナルティーのほうがより根源的で大きな影響を及ぼす（図表2-3）。そのことを斟酌し、社会の環境変化を敏感に感じとって判断に反映させる必要がある。

図表2-3　ペナルティー

```
行政措置
    ・強制措置命令
    ・違法行為に対する処罰
    ・公表（記者発表、HP）
    ・覚めでたからず
市場からのペナルティー
    ・信用の失墜、ブランド／レピュテーションの毀損
    ・消費者離れ、販売不振
    ・株価下落、キャッシュフローの悪化、優秀な人材確保が困難に
    ・企業の現在価値・将来価値の下落
```

(1) 法令違反

【告知の対象となる事象】

- 法に定められた基準に違反し、消費者の「安全・安心の確保」を脅かすおそれのある場合。
- 個人情報の保護、差別、人権等に抵触する場合。
- 消費者基本法の「知る権利」「正しい選択を行う権利」「救済される権利」の精神、および関連個別法規に定められた「被害の予防」「被害の拡大防止」「被害者の救済」の立場から情報公開を行い、市場に対する是正措置が必要と判断される場合。
- 景品表示法、JAS法、公正取引協議会規約（以下公取協規約）等に定められた優良誤認、有利誤認、誇大広告、原産地表示などの表示違反問題。

(2) 品質事故（生命・身体・家財への拡大被害）

【告知の対象となる事象】

- 発火、発煙、落下、破裂、化学反応、中毒等による死亡・失明・その他の身体損傷、健康被害、家屋の消失・家財の損壊に至る危険性のある重大な拡大品質事故（PL事故）。
- 重篤な事故には至らないが、使用方法によっては怪我など同様の事故の発生が予想される場合。

(3) 品質問題（製品不具合）

①安心・快適性の毀損

【告知の対象となる事象】

- 拡大被害が発生しないため、PL法上、業界慣例で品質事故（PL事故）扱いしていないが、発生原因（火花、発煙、破裂音、異臭・異味）および与える影響からみて、消費者にとっては拡大被害を想起させ、品質事故と紙一重の影響を及ぼす品質問題。

②無形個人財産の消失・毀損、プライバシーの侵害

【告知の対象となる事象】

- ハード・ソフトの不具合による個人データの消失・損傷、流失につながる問題が発生した場合。PL法の被害の対象は有体物とされているが、無形のソフトウエア・コンテンツの価値の重要性は日に日に高まっている。今後、「個人財産」の範囲を無形財産（無体物）まで含めるという認識は重要であり、同様の対応が必要である。

③機会損失

【告知の対象となる事象】

- ファームウエア／アプリケーションソフトの不具合やハードの不具合による記録トラブル、バッテリー不具合、メモリー容量の不良等による遺失損害。
- 記録時間の誤表示・不当表示が原因で、消費者に錯誤を与えることによる機会損失。

④接続または装着された機器への影響の波及

【告知の対象となる事象】

- 自社（他社）製品の不具合が、他社（自社）製品の不具合へ被害が拡大したり、不具合と誤認されるおそれのある場合。
- 自社製品の不具合が、自社の他商品へ被害が拡大したり、不具合と誤認

されるおそれのある場合。

⑤主機能・魅力機能の不具合
【告知の対象となる事象】
・主機能および魅力機能に関するファームウエア／アプリケーションソフトの不具合、ハードの不具合による機能不全・性能未達などの重大品質問題。

⑥周辺アプリケーション機能の不具合
【告知の対象となる事象】
・アプリケーションソフトの不具合やハードの不具合による周辺機能のトラブル、仕様未達、操作の困難性などの品質問題。

⑦所有満足の毀損
【告知の対象となる事象】
・外装の質感、使用音など五感上のイメージを損なう等の品質問題や、高価格・高品質、会社としての象徴性が高い製品での品質問題。

⑧早期の製品寿命
【告知の対象となる事象】
・磨耗・消耗により、製品またはその部品が、通常の使用下において予定の使用寿命より著しく短い時間で製品寿命、部品寿命に至る場合。

⑨誤表示、誇大表現（正しい選択を行う権利、情報を知る権利の侵害）
【告知の対象となる事象】
・景品表示法や公取協規約の違反にはあたらないが、消費者基本法に定められた消費者の購入前の「正しい選択を行う権利」「情報を知る権利」を侵害するおそれのある表示、誤認を与えるおそれのある表現問題。

(4) その他の告知

①公共性の面からの必要性
【告知の対象となる事象】
- 社会基盤（インフラ）の変化によって製品の使い勝手の変更、仕様の制限、不具合の発生が予想される場合。
- 模造品による危害や自社製品への不具合の拡大のおそれのある場合。
- セキュリティホールによって自社製品や自社が運営しているWebサイトへの被害拡大が想定される場合。
- 一般消費者に迷惑や被害が広く及ぶことが予想される第三者による違法行為および不実勧誘事案への対応。

②提供サービスの中止、事業撤退、フォーマットの終了
【告知の対象となる事象】
- 提供サービスや事業、フォーマットは相当の期間★02にわたって継続が期待されるのが社会一般の理解である。会社の事情や都合、環境の変化により、その社会通念上の継続期間より大幅に短期で終了せざるをえないサービスの中止または事業撤退を行う場合。

③商品供給義務不履行または販売の一時停止、発売時期の延期
【告知の対象となる事象】
- 部品供給事情の逼迫や予想された数量を大幅に上回る販売により、新規に購入を希望されるお客様に対して、お待ちいただく納期として常識の範囲★03を越えることが予想される場合。すべての予約顧客に対して、等しく納得できる供給事情を説明する必要性が生じたとき。
- 販売後に不具合が発覚し、販売を一時中止したときに、その原因究明と対策に相当の時間★03を要するために何らかの説明責任が必要と判断された場合。
- 新規発売の商品が予定どおり出荷できない場合に、その遅延が購入希望のお客様および販売希望の販売店の許容の範囲★03を超え、お客様や販

売店に遅延事情を説明する必要があると判断された場合。

④発売予定商品の仕様の大幅な変更
【告知の対象となる事象】
・プレスリリース、それに基づく雑誌等での紹介記事、新聞・テレビの事前広告、Web、ポスターなど各種販促物で広く公示した製品において、発売当初に大幅な仕様変更、スペック・ダウン★04、大幅な価格の変更などが避けられない事情が発生した場合。

⑤販売の機会損失防止
【告知の対象となる事象】
・Webへの書き込み等によって一方的でネガティブな情報のみが一人歩きしたり、他メーカーの告知により自社の同等商品の購入予約顧客または潜在的購入検討顧客の買い控えや他社製品の購入に走ってしまうおそれのある場合に、会社として無用の不安を取り去り、販売の機会損失（逸失利益）を未然に防ぐために積極的に告知を行う場合がある。

⑥使用にあたっての注意喚起（お知らせ・お願い）
【告知の対象となる事象】
・製品本体の瑕疵ではないが、使用環境や使用方法によっては、人体危害や機器の損傷が予想され、既に購入し使用している消費者に注意喚起が必要とされる場合。

⑦使用、保管、保存、廃棄に関する正しい知識の啓発
【告知の対象となる事象】
・知識啓発の告知（おしらせ）によって、使用・保管・廃棄に関する正しい知識を持ってもらうことで、利用上の不具合（機会損失やデータの遺失損害、健康被害）の防止につながり、より良い利便性を提供できると判断した場合。

3 「社会的責任経営」からの判断

　ステークホルダーに対する説明責任、従業員満足（ES）を含めたCS、各種法令の運用強化・改訂に伴なう判例の変化予測、インテグリティ・マネジメント（誠実な経営）、社会としての納得性、会社が期待されている無形の資産（ブランド価値、コーポレート・レピュテーション★05）の維持など、社会の動きと連動し多面的に判断の最終確認を行う。

(1) CS(顧客満足)の視点から

【必要な視点】
- 購入顧客・潜在顧客・株主・社員・取引先・ジャーナリズムを含めたすべてのステークホルダーに対する説明責任が求められるのではないか。
- 自社の製品・品質管理の信用を失墜させないか。
- 複数のWeb書き込み、役員書簡、コールセンターへの苦情が拡大しないか。
- 対象となる被害想定者に対して広く知らしめる手段を講じているか、また、その企業努力の姿勢が見えるか。
- 提供するソリューションが、公平であるか、個別対応になっていないか。

(2) ES(従業員満足)の視点から

【必要な視点】
- コンタクトセンターの応対が嘘偽りなく可能か。
- 広報のメディアへの対応が正しく行えるか。
- 修理サービス時にお客様への説明が納得性をもって可能か。
- 営業から販売店への説明が透明性を持って行えるか。

(3) 取引先の視点から

【必要な視点】
- OEM先、ODM先、完成品メーカー、部品サプライヤー、外注ソフトハ

ウス、業務委託先、販売店、サービス代行店、修理委託先などすべての関連取引先から見て、発生事実に対する会社の対応に疑念を感じさせないか。

(4) 社会環境の変化の視点から

①各種法令の変化
【必要な視点】
- 消費者基本法を中核とした消費者関連諸法（消費者基本法、公益通報者保護法、団体訴訟制度、改正消費生活用製品安全法）他関連諸法規の改定・新設により、法令違反またはそのおそれがないか。

②判例の変化の予測
【必要な視点】
- 消費者と事業者の関係を規定する法律（消費者基本法）の制定により、関連諸法規の改定・新設までの間は判例が実質的な基準となるため、それと照らして合法性を確保できるか。

③メディアの変化（話題性、公器としての社会への説明責任の増大）
【必要な視点】
- 会社の戦略、会社を象徴する商品など社会的に注目を浴びている事案、商品における製品不具合、事業撤退、サービス終了の方法が妥当性を持って受け入れられるか。

④株主への影響（SRI）
【必要な視点】
- 業績、株価への影響、決算報告書の情報開示義務、SRIに対する懸念材料として報告されるべき事案ではないか。

⑤消費者行政の視点から（調停、仲介機能の強化、団体訴訟制度の導入）

【必要な視点】

- 国民生活センターや都道府県・市町村の消費生活センターの苦情あっ旋、紛争の調停機能役割の明文化（消費者基本法、ADR法）、消費者団体による団体訴訟制度の導入が予定されているなか、企業としての説明対応が必要ではないか。

(5) 消費者の権利の視点から

【必要な視点】

- 消費者関連諸法の公布・施行、企業不祥事の多発、健康被害への意識の高まりなど、社会環境の変化が著しい情況において、これらの社会的要請に正しく応えているか。

(6) ブランド・エクイティー、レピュテーションの視点から

【必要な視点】

- 引き継がれ築かれた優れた企業文化、企業倫理、輝かしいブランドイメージの視点から見て、とろうとしている会社判断が自社のクリーンな伝統の継承につながるか。

(7)「リスク・カバーが可能か」の視点から

【必要な視点】

- 消費者のリスク回避、企業の対応、双方においてリスクカバーが可能か。

3　告知掲載基準

　会社として該当消費者へ告知する場合に、手段としてどのメディアを使うかの選択（第1章3節6項参照）以外に、どのくらいの扱い（紙面の位置・大きさ、Webの階層）にするかは、消費者への視認効果の面ばかりでなく、企業

の知らせようとする姿勢を示す意味でも重要である。またホームページへの掲載時には、利用者の利用特性（特定のページへ直接アクセスするなど）もよく考慮してメディア内の情報連携を確実にしておく必要がある。この情報連携のない状態での深い階層への掲載は、目立たなくさせていると消費者に誤解されても仕方がないものである。

(1) メディアの種類、大きさ、掲載場所

①新聞　一面社告（全面）
- 重篤な品質事故や不祥事の発生で、社会的責任経営（CSR）の面からも説明を要する場合。
- 新聞社告（告知）する場合には、同時に、より詳細な内容をホームページ（HP）にも掲載し、新聞社告にURLを記載しHPへの誘導を心がける。

②新聞　社会面下段
- 人的危害を伴う品質事故、重大品質問題および法令違反については、視認効果・露出の面・必要十分なお知らせ項目のスペースを勘案して、扱いの大きさ、位置を決定する。
- 新聞社告（告知）する場合には、同時により詳細な内容をホームページ（HP）にも掲載し、新聞社告にURLを記載し、HPへの誘導を心がける。

③ホームページのトップ　「重要なお知らせ」へ掲載
- 品質事故、重大品質問題など重大性と影響度の大きな事案
  （定量／定性判断／最終検証プロセスの面から判断）
- カテゴリーページおよび商品サポートページへも同時掲載すること。

④商品カテゴリーページ（カスタマーサポートページ含む）
- 特定商品において特定のカテゴリーサイトにアクセスされる事が多い場合。

- サービス提供ビジネスに、お知らせを必要とされる変化が生じた場合。
- 不具合の重大性およびその影響度が大きくなくても、告知・市場改修が行われ何らかの説明責任が求められる場合。
- カスタマーサポートページ（修理情報）へも同時掲載すること。

(2) 対応期間の表記
- 不具合の原因が消耗部品による場合を除き★06 お客様向けの告知文に対応の終了期間は表記しない。
- 消耗部品の場合、期間終了後においても該当症状でのお客様からの新たな申し出に対しては、期間内と同等のサービス提供を行う。

(3) 告知内容の変更
- 告知文でお知らせしている対応内容を変更する場合は、その是非を告知判定会議（本社／販売会社CS部門、該当事業部門）で判断・決定し、同時に緊急対策会議を開催して関係者で情報共有しておく。
- 対応の内容を変更するときに、特定の消費者にとって不利益となる変更（例えば期限の利益の終了、費用の有償化etc）の場合には、事前予告告知を行う（原則は内容変更日の最低1カ月前にアナウンス★07）。
- 対応変更の事前予告告知については、該当事業部／製造事業所、告知判定部門にて協議し判断する。
- 変更される内容は、旧告知文との違いが分かる形式で掲載する（前文を残し追加掲載、変更箇所を注記etc）。

【注】
★01 海外においては、国ごとの法令、商習慣を勘案して、当面ガイドラインとして運用するなど。
★02 期待される相当の期間とは、旧通産省の修理部品の保有期間ガイドライン（最終生産から〇年）に準じる。
★03 期間に関しては、消費者の選択の自由の阻害、商品特性、話題性、競争環境などの要因により都度判断が必要。

★04 仕様の大幅な変更スペック・ダウンは、主要仕様、魅力機能に関してをいう。
★05 会社の評判・名声。
★06 消耗部品起因の不具合で期間を表記した場合でも、終了予定時の修理受付・コール受付状況により、実情に合わせ、期間延期または終了の判断を行う。
★07 その内容によって、半年前からの予告を複数回行う場合もある。

国民生活センターの「告知に関するイメージ調査」

　独立行政法人国民生活センターが、2003年2月、東京都、神奈川県の成人男女1,000を対象にアンケート調査を実施している（有効回答数は376名）。
　告知を行うとき、企業は消費者の信用の失墜を危惧するが、受け手である消費者自身がどのように感じているかを紹介しておこう。

「製品の不具合や食物への異物混入、偽装表示問題などが発覚したとき、企業が新聞などで告知して自主的に製品回収すると『その企業やブランドに対する信頼がかえって高まる』と考える消費者が約50％であることが分かった。
　内訳は、高まる47.3％、信頼は変わらない34.3％、信頼を損ねる13.3％、分からない5.1％となっており、企業やブランドに対する信頼が高まる、変わらないを併せると81.6％もの消費者が好意的な反応を示している。
　また、告知せずに製品回収する事業者には、83％の回答が『回収効率にかかわらず、きちんと告知して回収すべき』として情報の公開と説明責任の履行を求めている。
　『危険性の低い通常の不具合においても告知すべきだ』が84.6％、『公表しなくても回収すべきだ』は8.8％で、情報公開・説明責任の姿勢を強く求めている。」

　国民生活センターでは、「消費者は、製品回収に必ずしもマイナスのイメージは抱いておらず、事業者は迅速かつ適切に対応（告知・市場改修）すべきだ」としている。
　消費者のこの反応は、経済産業省（製品安全協会）の「リコール・ハンドブック」で示されている「軽微な不具合でも、告知して回収（改修）すべきである」というガイドラインとも符号するのである。
　企業で告知への抵抗と迷いが生じるときには、いろいろな理由がいわれる。企業イメージ失墜へのおそれ、回収コストの発生……、特に、PL事故には当てはまらない軽微な不具合に関して意見が分かれることが多い。
　消費者のイメージ調査の結果はそのような懸念を感じさせるものは少ない。
　この調査結果で、告知・市場改修を逡巡させる最大のバリアは取り除かれるだろう。フロントで経験している実際の市場の反応もほぼ同様である。

第3章 市場対応
——リコールの実施手順と解説

　市場に出回った製品に何らかの不具合が発生し、製品の引き上げ（市場回収）や改善処置（市場改修）の必要な場合には、告知を行いリコールを実施する。リコールとは、社外に流出してしまった不適合品に対して市場を通じて技術的な適性化措置を施すことである。回収・返品・返金といった契約の解除も含まれる場合もある。企業によっては、製品の回収のみをリコールと規定しているところもある。しかし欧米では、製品の回収であろうが市場改修であろうが一律にRecallとして報じられる。本書では、社外に流出し消費者や流通小売に製品が渡った（財産権の移動）ものに対して、情報開示し説明責任を果たしたうえで（告知）回収や改善措置を施す行為をリコールとよぶ。

　告知に関してはすでに第1章、第2章で詳細を述べた。本章では、第1節でリコールの実施手順を段階を追って記述し、第2節でその際にポイントとなるいくつかの点について解説を加えた。早期の状態把握が初動の決め手となるので、第3節では問題の早期把握のモニタリング手法とその体制を提示した。市場対応の判断と実施にあたっての組織連携の鍵を握るCS・品質監視部門の位置づけと役割についても第4節で論じた。最終節の第5節では、本章の締めくくりとして著者が在職中に経験したリコールの事例を紹介し、読者の皆さんと一緒に考えてみたい。

1　リコール実施のフローとその手順

　市場や社内の指摘で問題が発覚し事態を把握した段階から、対応の判断、必要な準備、市場対応の実施、対応の終了までを便宜的に3段階に分けて説明する。

　第1段階は、問題が発生し、社内のいずれかの部署がその事態を把握し、本社が対応の方針を決めるまでの段階とした。この段階のポイントは、いかに速やかに社内に情報が上がってくる仕組みを持っているかであり、迅速で正しい意思決定を行うかである。

　第2段階は、関連する多数の部署・関係者における情報共有と対応組織の組み上げ、実際の準備作業の実行段階である。この段階では、情報の共有と意思統一、組織間連携、スピード処理が重要となってくる。

　第3段階は、社内処理を終えて、いよいよ市場に対する告知・市場対応の実施段階である。実施にあたっての社会対応、実施時の該当消費者への対応、そしてリコール中の状態監視、すべての終了までの段階である。

　それぞれの主要なイベントを時間を追ってトレースしたのが図表3-1のフロー図である。本文中では、販売部門は販売会社とした。また、本社CS部門、販売会社CS部門は、告知判定機関としての機能と権限を持つものとしている。

　実施にあたっては発生した事案への危機管理対応と、今後の拡大防止・被害者の救済の対応を同時進行で行う。何よりもスピード重視で行うことが求められる。

1　第1段階（問題の発生・事態の把握・方針の決定）

　コールセンター、全国のサービス拠点、ショールーム、販売店・営業部門等の顧客接点サイトから苦情や指摘が寄せられる。傾向不良と思われる問題については、事業部門、本社や販売会社の品質監視部署にフィードバックされ、技術面からの検証、販売面からの状況確認を行い、会社としての市場対

図表 3-1　リコール実施の全体フロー図

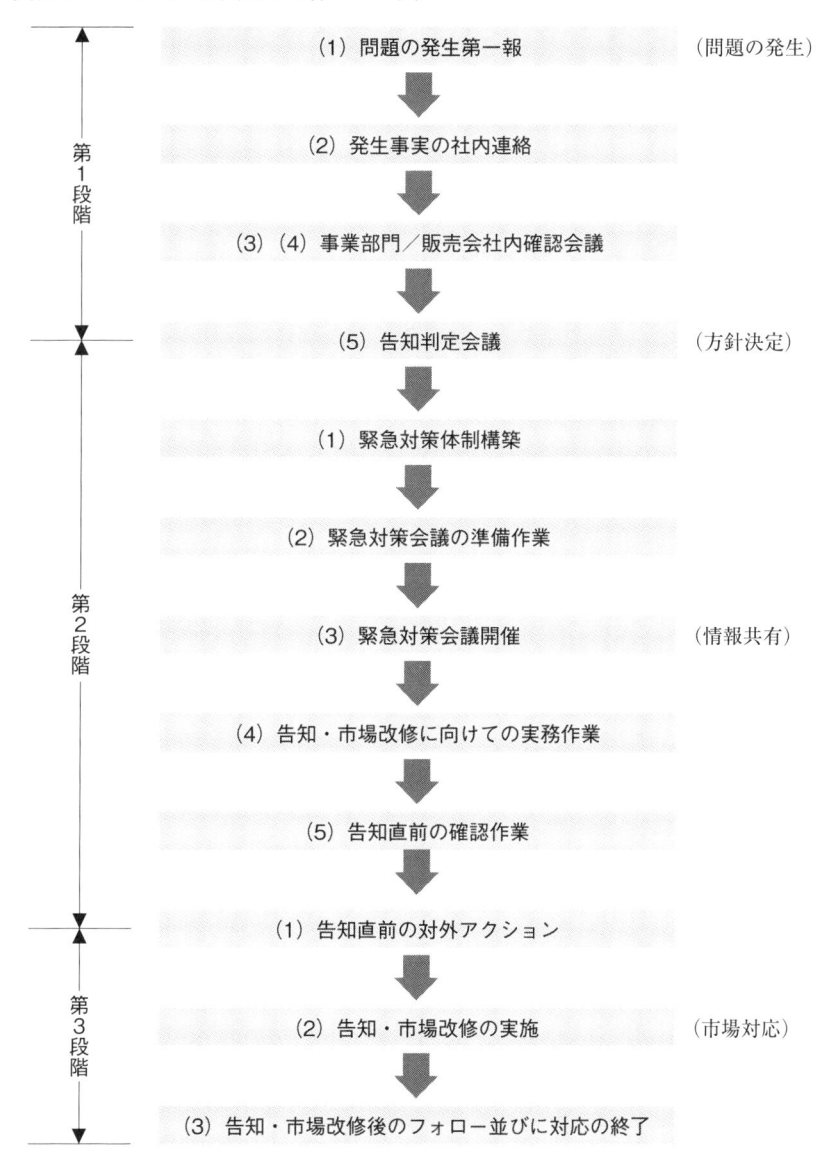

段階	フロー	区分
第1段階	(1) 問題の発生第一報	（問題の発生）
	↓	
	(2) 発生事実の社内連絡	
	↓	
	(3)(4) 事業部門／販売会社内確認会議	
	↓	
	(5) 告知判定会議	（方針決定）
第2段階	↓	
	(1) 緊急対策体制構築	
	↓	
	(2) 緊急対策会議の準備作業	
	↓	
	(3) 緊急対策会議開催	（情報共有）
	↓	
	(4) 告知・市場改修に向けての実務作業	
	↓	
	(5) 告知直前の確認作業	
第3段階	↓	
	(1) 告知直前の対外アクション	
	↓	
	(2) 告知・市場改修の実施	（市場対応）
	↓	
	(3) 告知・市場改修後のフォロー並びに対応の終了	

応判断を行う（【　】は主体者を意味する）。

　改正消費生活用製品安全法で定められた重大製品事故の場合は、事故の第一報から10日以内に経済産業省製品安全課へ届出を行う（第5章4節6項参照）。

(1) 問題の発生第一報【顧客接点の各サイトから情報一元化部署へ】

　コールセンター、サービス拠点、ショールーム、営業部門等から事業部門、CS部門への不具合情報のフィードバックがなされる。

　混乱なく迅速に該当事業部、判断部署に報告が上がるためには、あらかじめ品質問題発生時に危機管理対応の連絡組織フローが決められてあり、その約束事が会社全体で共有されていなければならない。

(2) 発生事実の社内連絡【事業部門、本社CS部門、販売会社CS部門相互に】

　さまざまな現場から上がってきた報告は、該当の事業部門へ連絡されることはもちろん、市場対応（告知・リコール）の判断を行う本社CS部門、販売会社CS部門間相互に速やかに共有されなければならない★01。

- ・事業部門から本社CS部門（告知判定機関）、販売会社CS部門（告知判定機関）、販売会社マーケティング部門（以下MK部門）への連絡
- ・販売会社CS部門から本社CS部門、販売MK部門、事業部門への連絡
- ・本社CS部門（告知判定機関）から事業部門、販売会社CS部門への連絡
- ・販売会社MK部門から販売会社CS部門への連絡

(3) 事業部門内　確認会議【品質保証部】

　該当事業部門は報告の事実に基づき、原因の特定、技術的な対応策の立案、推進方法の道筋、事業部としての市場対応の方針を固める。

- ・出席者：事業責任者、設計部、事業部門品質保証部（以下品証部）、事業部内CS部署、製造所品証部・コールセンター
- ・発生事実の確認
- ・原因の特定／対象範囲の特定／対策（案）

- 消費者への影響度判断
- 事業推進への影響度判断
- 事業部門としての市場対応方針の決定

(4) 販売会社内　確認会議【販売会社CS部門、販売会社MK部門】

　市場（消費者、販売店）に対して直接的に責任を持つのは、販売部門である。また、流通在庫の回収実施、販売店に対する説明を行うのも販売部門になる。販売計画への影響の分析はもちろん、消費者への影響の度合いを皮膚感覚で理解できる部署である。事業部門からの方針を鵜呑みにせず、ISO-9001でいう社内ユーザーの立場から消費者視点の対応策を独自に立案する。

- 出席者：販売会社CS部門（告知判定機関）、MK部門、サービス部門
- 事実の確認（不具合症状の程度、モデル名、対象台数、捕捉可能顧客数、販売状況、販売インパクト等）
- 修理に寄せられた指摘症状の報告【サービス部門】
- 消費者への影響度・緊急度判断
- MK部門の意向確認
- 販売会社CS部門（告知判定機関）としての認識提示
- 事業部門の指示を受け、出荷停止および販売停止（売り止め）の判断・指示【MK部門】
- 販売会社対応方針案決定→販売会社社長報告・了承【販売会社CS部門】

(5) 告知判定会議【本社CS部門、販売会社CS部門、該当事業部門】

　本社CS部門、販売会社CS部門、該当事業部門の3者による告知判定会議は、告知・市場改修の判断を行う意思決定機関である。それぞれの立場から状況を分析し、消費者視点、全社的視点、社会的責任経営（CSR）の視点で判断する。

- 会議招集（出席者：本社CS部門、販売会社CS部門、該当事業部門）【事業部門】
- 事実の説明（発生原因、発生規模、予想発生率〈累計不良率〉、進行性・拡大

性の有無、改善策）【事業部門】
・不具合の程度と消費者への影響度／緊急度判断【本社／販売会社CS部門、該当事業部】
・対応基本方針の審議・決定【本社／販売会社CS部門、該当事業部】
・報告先の決定と承認作業（社長、CS・品質担当役員、事業部トップ、販売会社社長）
・　電子メールGPへ連絡、登録顧客への案内準備指示【販売会社CS部門】
・　スケジュール案の決定と関連事業所へ準備作業の指示【事業部門】

2　第2段階（情報の共有・組織化・対応の準備）

　推進組織体制の構築と全社関連部署の情報共有、告知・市場改修に向けての準備作業を開始する。
　正しい情報の共有、共通の認識、意思統一、チームプレーの精神でやり遂げなければならない。これらの共通の基盤なしには、迅速な準備対応はできない。そのためにも、ハブとなって調整、コーディネーションをしていく緊急対策事務局の役割と責任は大きい。

（1）緊急対策体制の構築【事業部門】
　市場対応を推進する中心は事業当事者の該当事業部門である。事業部門の経営資源を投入して推進体制を構築する。
・緊急対策事務局の設置【事業部門】
・最高責任者（オーナー）の決定【事業責任者】
・事務局長、担当窓口、メンバーのアサイン【事業部門】
・特設コールセンター開設の準備【事業部門から事業所への業務委託】
・改修（回収）作業に伴う改善品、部品の調達準備を事業所／プロキュアメント部門へ指示【事業部門】

（2）緊急対策会議の準備作業【事業部門】
　全社の関連する部門の協力を得なければ、迅速な市場対応はできない。関

係者が情報共有し、組織連携して推進していくための会議開催、必要資料の作成、混乱なくその後の推進体制を進めるための諸準備を行う。
　告知判定会議で決定した基本対応方針に基づき、以下の準備作業を行う。
・緊急対策体制組織図【事業部門】
・不具合の概要説明資料の作成【事業部門】
・告知文原案の作成【事業部門】
・FAQ原案の作成【事業部門】
・全体スケジュール案作成【事業部門】
・「基本方針・対応フレーム表」の作成【本社CS部門】
・会議参加者の決定およびメーリング・リストの作成
　〈連絡先〉
　　　○本社HQ部門（CS部門、法務部、リスク・マネージメントGP、広報部門）
　　　○事業部門（事業責任者、品証部、設計部、企画部、緊急対策事務局）
　　　○製造事業所（インフォメーション・センター、品証部、サービス企画部署）
　　　○販売会社関係（CS部門、該当MK部門、サービス部門、コンタクトセンター、Web管理／DM管理部署）

(3) 緊急対策会議の開催【事業部門】
　全社の関連部門が初めて情報共有し、多面的な視点から実施プランの正当性を担保するための会議である。緊急対策事務局、本社CS部門、販売会社CS部門はもちろん、マーケティング、法務、広報、お客様対応、修理サービス、製造事業所など、告知と市場改修を実施する際に関係するすべての部門関係者を招集する。
・会議開催案内の発行（「基本方針・対応フレーム表」案、告知文原案、FAQ原案を電子メール添付）【事業部門】
・会議開催
　〈アジェンダ〉

第3章　市場対応──リコールの実施手順と解説

①事業責任者からプロジェクト（以下PJ）メンバーへ協力要請と再発防止の意思表示【事業部門】
②問題の事実説明（原因、規模〈販売台数、発生台数／率〉、予測累計不良率、拡大性／進行性の有無、改善策）【事業部門】
③事実説明に対する質疑応答【参加者全員】
④事案への対応基本方針（「基本方針・対応フレーム表」案）の説明【本社CS部門】
⑤消費者への影響度・緊急度の説明【販売会社CS部門】
⑥基本方針に対する質疑応答、確認【参加者全員】
⑦改修スキームの決定（改修方法、特設コールセンター、情報インフラ、返金スキーム）【事業部門】
⑧緊急対策対応組織の説明、確認【事業部門】
⑨全体スケジュール（案）の説明【事業部門】
⑩スケジュールの確認、決定【広報部門、MK部門、事業部門】
⑪告知文原案の説明【事業部門】
⑫告知文原案に対する質疑応答、確認【参加者全員】
⑬FAQ原案の説明【事業部門】
⑭FAQ原案に対する質疑応答、確認【参加者全員】
⑮告知までの作業分担の確認（告知文／FAQ、新聞社告、プレス・リリース文、販売網への案内文、DM文、サービスネットへの連絡書、公的機関への報告）【参加者全員】

(4) 告知・市場改修に向けての実務作業【各職場で実施】

　多人数にわたる関係者が一同に会して作業レベルの仕事を行うのは、工数的にも膨大になるし実際的でもない。分担業務ごとに各部署の関係者が持ち場で実務処理を行い、その調整を緊急対策事務局がハブになって実施する。

・告知文／FAQの見直し、修正【見直し：関係者全員、修正作業のトータルコーディネーション：緊急対策事務局】
・プレス・リリース文の作成【広報部門】

- 特設コールセンターの設置（回線の確保、人員の確保、要員教育、2次対応体制、外部委託業者の決定／導入）【事業部門→事業所】
- 販売網への連絡文の作成（営業部門、販売店向け）【MK部門】
- 営業向けFAQの作成【MK部門】
- DM文の作成【MK部門】
- 登録顧客向け電子メール文作成【作成：MK部門、体裁確認：Web管理部署】
- ディーラ・サービス店への協力依頼文の作成【サービス部門】
- 告知媒体への掲載準備（枠とり、WebのURL取得）【新聞：広報部門→広告宣伝部、Web：Web管理部署】
- 改修作業の準備（改修ソフトの制作／検証、部品／商品確保、市場対応要員の確保／要員の教育、外部委託業者の決定／導入、2次対応体制、返金スキーム、情報システムの構築）【事業部門】
- サービス・スキーム、クレーム対応および返金スキームの提言／構築【サービス部門】
- 公的機関への報告準備（監督官庁、製品評価技術基盤機構、国民生活センター、主要消費生活センター等）【本社CS部門】
- 販売店による顧客への案内、自店修理に関するスキームの判断／決定【MK部門、販売会社CS部門】
- 流通在庫回収／伝票処理方法の判断・決定【MK部門、事業部門】
- 商品の再出荷スケジュール決定【事業部門↔MK部門】
- 訴訟等に関し国際的観点から全般サポート【法務部】
- リスク管理の観点から全般サポート【コーポレート・リスク・マネージメントGP】
- 個人情報保護の観点から全般サポート【PIM室】

(5) 告知直前の確認作業

　計画に基づいて進めてきた準備作業の最終段階である。作成した各種対外資料に手抜かりがないかの確認と、所定の社内承認の手続きを行う。

- CS・品質担当役員への報告【本社CS部門】
- 事業部門責任者への報告【緊急対策事務局】
- 販売会社経営会議報告資料の作成、確認【作成：MK部門、事前確認：販売会社CS部門】
- 販売会社経営会議報告【報告：MK部門、同席：販売会社CS部門】
- 告知文／FAQの最終確認【承認：本社／販売会社CS部門】
- 登録顧客向け電子メール文最終確認【承認：本社／販売会社CS部門】
- プレス・リリース文の最終確認【承認：広報部門長、本社／販売会社CS部門】
- ホームページ（以下HP）への掲載依頼とテスト版の確認【トップページ掲載時：販売会社CS部門、カテゴリーページ掲載時：MK部門】
- 販売会社HPから本社HPへのリンク依頼【販売会社CS部門】
- 販売網／サービス網への連絡文の最終確認【作成：MK部門／サービス部門、承認：販売会社CS部門】

3　第3段階（直前の対外アクション、告知／市場改修の実施、実施後のフォロー／対応の終了）

　この段階で所管の官庁・消費者行政機関・ビジネスパートナー等、外部への正式な働きかけが始まり、事実上の社会的対応がスタートする。準備に基づいて告知と市場改修を実施する。実施後の市場の反応をモニタリングしておくことは大切である。また、いつをもって誰が終了を判断するかも重要であり、社内でルール化しておく必要がある。

（1）告知直前の社外アクション

　告知に先立って販売店、サービス代行店への事前連絡の周知徹底は大切である。これらのビジネスパートナーは顧客との接点となるもので、メーカーの行動が分からない状態では彼らの持つ顧客へのCSは果たせないし、無用の混乱を招き相互の信頼を築くことはできない。監督官庁、全国の主要な消費生活センターへの事前連絡も必要である。

- 営業部門への連絡、販売店への伝達依頼【MK部門】
- 販売店の店頭および在庫の回収指示【MK部門→営業部門】
- 販売店への事前案内【営業部門】
- 販売店への協力要請（DM等お客様への案内を依頼する場合）【MK部門／営業部門】
- ディーラー・サービス店への協力要請（このスキームを利用する場合）【MK部門／サービス部門】
- 全国サービスネットワークへの対応連絡【サービス部門】
- 監督官庁への報告、説明【本社CS部門、事業部門】
- 消費者行政機関への報告、説明【本社CS部門】
- プレス・リリース（実施する場合）【広報部門】
- 新聞、雑誌等への最終原稿送付（実施する場合）【広告宣伝部】
- 準備作業確認報告【各部署→緊急対策事務局→本社CS部門／販売会社CS部門】
- 実施の最終判断・承認【本社／販売会社CS部門】
- トップへ準備完了の報告【本社CS部門→社長・担当役員、緊急対策事務局→事業責任者、販売会社CS部門→販売会社社長】

(2) 告知・市場改修の実施

いよいよ告知・市場改修がスタートする。漏れのないよう万全の体制で臨む。製品回収（改修）は、消費者にとっては「招かざる客」である。改修、応対の現場では、丁寧に誠実に行うことが肝要である。

- プレスへのリリース【広報部門】、新聞社告【公告宣伝部】、Webアップ【販売会社Web管理部門】
- 登録顧客への電子メール配信／DMの送付（告知以降の新規登録顧客もすべて追加配信）【DM管理部署】
- 特設コールセンター、通常コールセンター受付業務開始【緊急対策事務局、製造事業所コンタクト・センター】
- 特設コールセンターの2次対応のサポート（要請のある場合）【サービ

部門、事業部門】
・技術部門、サービス部門による市場改修開始【技術部門、サービス部門】

(3) 告知・市場改修後のフォロー並びに対応の終了

　市場対応がスタートした後の顧客、販売店、ジャーナリズムの反応を状態監視して、関係者で情報を共有しておくことは必須である。事前に正しい対応方針を決めていても、社会の反応には不確実な要素は残る。基本方針の軸はぶれないようにすべきであるが、事前の想定よりもあまりにズレるような事態が発生した場合には、方針の変更に対しても柔軟性は確保しておきたい。

・プレス各社の反応報告【広報部門→緊急対策PJメンバー】
・メディアへの対応【広報部門】
・コール受付状況報告【特設コールセンター→緊急対策事務局→緊急対策PJメンバー】
・改修進捗報告【緊急対策事務局→緊急対策PJメンバー】
・消費生活センターからの反応報告【本社CS部門→緊急対策PJメンバー】
・登録顧客への電子メールからの反応報告【DM管理部署→緊急対策PJメンバー】
・ユーザークレーム、流通からのクレーム等市場状況の報告【担当各署から緊急対策事務局→本社CS部門／販売会社CS部門へ】
・Web書き込み状況の報告【販売会社CS部門→緊急対策PJメンバー】
・営業部門、サービス拠点、販売店からの問い合わせ対応【MK部門／サービス部門】
・指摘修理および改善処置の実施【サービス部門】
・対応スキーム変更の検討・判断（必要と判断された場合）【本社CS部門、販売会社CS部門、緊急対策事務局】
・対応スキーム変更の指示（必要と判断された場合）【緊急対策事務局→緊急対策PJ】
・変更スキームの実施（必要と判断された場合）【関連各署】

図表 3-2　市場対応の 4 原則

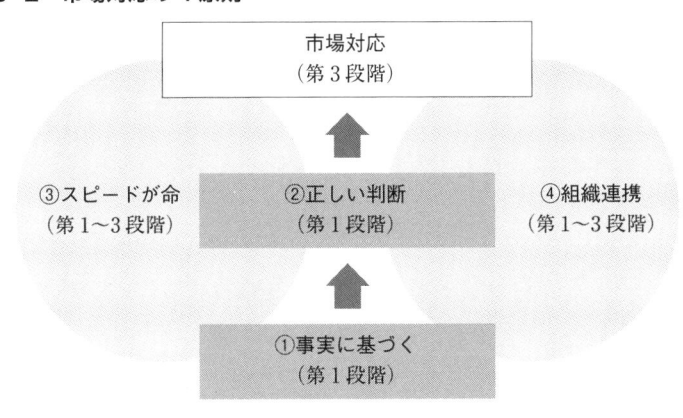

```
                    市場対応
                   （第 3 段階）
                       ↑
  ③スピードが命    ②正しい判断    ④組織連携
  （第1～3段階）   （第1段階）   （第1～3段階）
                       ↑
                   ①事実に基づく
                   （第 1 段階）
```

・経営トップへの中間、終了報告【本社CS部門、緊急対策事務局、販売会社CS部門／MK部門】
・監督官庁への進捗報告【本社CS部門、事業部門】
・監督官庁への終了報告【本社CS部門】
・特設コールセンター閉鎖、Web掲載位置の変更、0120の廃止等　市場改修終了の判断【本社CS部門、販売会社CS部門、緊急対策事務局】
・監督官庁、消費者へ市場改修の進捗状況の報告【事業部門、緊急対策PJ】

2　解説

実施手順の各段階でポイントとなる点、考え方について解説を加える。

1　第1段階におけるポイント

(1) 市場対応の原則

市場対応時には、①「事実に基づくこと」、②「正しい判断」、③「スピードが命」、④「組織連携」の4つを原則として動かなくてはならない（図表3-2）。

「事実に基づく判断」でなければ、その後の活動すべては意味のないものになる。また、消費者や社会に対して大きな誤解を与えることになる。消費者に納得が得られないだけでなく、社会に対する説明責任上も大きな問題となる。

fact-findingのために、フロントへの状況確認と不良発生原因の解明作業には慎重を期す必要がある。「正しい判断」は社会的責任経営そのものとなる。

「迅速な対応」は被害者の救済、被害の拡大防止にとって喫緊の要請である。情報開示・説明責任上も、不作為を問われるリスクを時間比例的に低減する。風説の流布による風評被害を防ぐ最善の対応がスピードである。

告知・市場対応を混乱なく迅速に行い、2次トラブルを発生させないためにも「関連部署間の連携」が重要である。平時からのスキームの構築と同時に、人的コミュニケーションを組織的に醸成しておくことが大切である。

(2) 第一報の連絡

市場で起きている問題は、さまざまな顧客接点のサイトに入る。通報が遅滞なく判断セクションに上がってくる仕組みの整備と、ルーティン業務として定着・機能していなくてはならない。この末広がりの仕組みは、「情報チャンネル数は多く」「収斂先がシンプルに」なっているのがよい（99ページ図表3-5参照）。情報一元化のセクションが複数になるときには、パラレルに報告が上がってくるようにしておくことと、そのセクション間の連携関係が築かれていることが前提となる。

(3) 判断・方針の決定

対応判断を決めるにあたっては、市場の事態が正しく把握されていること、技術的事実関係が解き明かされていることがすべてのポイントとなる。

憶測や観測だけで判断すると、問題を楽観的に考えてしまいがちである。

この場合には、リスク・マネジメントの要諦である「悲観的に考え、楽観的に対処する」を根底におく。すべての検討要因に対して、リスク要因を排

除できるという客観的裏づけがなければ、疑わしくは対処しておくべきである。

　本社CS部門（告知判定機関）、販売会社のCS部門（告知判定機関）、該当事業部門の3者で該当事案の市場対応方針を決める。社内の第三者組織が3分の2を占めるのは、内部統制上重要である。

　数値データから発生予測をし傾向性が認められれば、第2章2節の定性的な判断、社会的責任経営の視点からの検証を行い判断を行う。現在、将来とも傾向性がなければ告知は行わない。

　その時点で傾向性が判断できない場合は、「経過観察」とし、注意深く「予兆監視」を続ける。関係部署で定期的な会合を持ち、その後の判断を行う。

　告知の判断を下した場合は、市場対応のスタンス、それに伴い発生する顧客対応の実務上の方針を簡潔に箇条書きでまとめる。

　告知判定会議は市場対応に関する「意思決定の場」であり、関連する多部署の「情報共有の場」とは分けて運営する。責任・権限の明確化、迅速な意思決定をするためである。

　以降の作業すべてのベースとなる「基本方針」や「対応の仕組み」を一枚にまとめる（「基本方針・対応フレーム表」）。

　これがその後の告知文、FAQ、販売部門・サービス部門への連絡書すべての神様データとなる。さまざまな対外発信文書は、この「基本方針・対応フレーム表」の軸からブレたりニュアンスが異なったものになってはならない。

　消費者は納得できるか、応対部門が矛盾を抱え込まないか、販売店の協力が得られるか、これらが担保されたうえでミニマムコストの対応であるかすべての面を精査し、整合性のある方針を出さなければならない。

　決定は、品質・CS担当役員、該当の事業最高責任者、販売会社社長そして社長へ報告を上げ最終承認を得る。

　問題が経営上重大な影響を与える場合は、経営会議で審議する。

2 第2段階におけるポイント

(1) 緊急対策事務局の設置

　事務局は告知・市場改修作業の中枢となるもので、該当事業部門が設置する。

　事業部門は、以後の会議体の主催、告知文・FAQの原案づくり、特設コールセンターの設置、回収（改修）作業の実施、予算管理、再発防止にむけての施策等、すべての当事者になる。

　事務局のオーナーは事業責任者、窓口業務は、常時社内対応できる専任者が複数名必要である。事業責任者が緊急対策事務局の長を務めるのは、品質問題の発生費用の負担部署であり、その決裁者になるから当然である。

　また、キャッシュ・アウトだけでなく、目に見えないコスト（SGA、販売ロス）や全社的協力、どれだけの総工数が発生しているかを認識してもらい、再発防止や品質管理の取り組みへの決意を新たにしてもらう意味もある。

　問題の重篤性、発生規模によっては、事務局は緊急対策本部へ、責任者は品質担当役員や社長が陣頭指揮をとる場合もある。

(2) 告知文／FAQの作成

　告知文は社会への情報開示となるものである。関連のDM文、電子メール文、対外連絡書の骨格部は、「告知文」をそのまま記載する。

　FAQは、具体的な個々の消費者やジャーナリズムからの問い合わせへの公式な見解の提示であり、具体的な救済措置の案内になる。

　告知文、FAQの骨格となるポイントは2つある。事実に基づいた内容であることと、誤解や誤認を招かない簡潔で明瞭な文章であること。対象製品、対象シリアル番号、対象台数、不具合の発生原因と対策は事実そのもので、事業部門の責任領域である。分かりやすく会社としての品格を求められる文章化作業は、事業部門のメンバーは必ずしも得手ではない。文案づくりの当事者は事業部門であっても、CS部門がいくつかの雛形を用意して、サポートする必要がある。

関連する実務部隊の修正を反映して仕上げる（第1章3節を参照）。

修正作業に対して、締日・最終の承認者が決まっていることも必須である。

(3) 情報共有と対応フローの策定

全社の情報共有の場が、「緊急対策会議」である。関係部署が一同に会する初めての場となる。告知・市場改修の当事者である事業部門を中心に、事業所、サービス部門、マーケティング部門、コールセンターなどのフロント業務を担う部署と、広報、法務、告知判定機関等の関連スタッフ部門すべてが参加し、対応方針の確認、役割分担、連携方法を決める。

縦のエスカレーション、横の連携に関して、誤解や混乱のないよう明確に相手が分かる形に落とし込む。各部署のブロック責任者も決めておく。

(4) 回収（改修）の準備

回収（改修）が実施できるためには、次の2つが満たされていることが条件となる。

1つは、お客様からの問い合わせ、連絡とりの応対スキームの構築である。具体的には、電話回線の確保、応対要員の確保、それらのインフラを収容するスペースの確保、応対時のFAQの整備、2次エスカレーション体制の準備、要員への導入教育である。回収の規模が大きかったり、対象顧客とのやりとり（コンタクト、訪問日の決定、返金処理）が複雑になる場合には、専用の情報システムの構築も必要になる。

もう1つは、改修そのものに必要となる資源の確保である。交換商品の生産・ストック、交換部品の調達、改修要員の確保と実習教育である。

改善品をお客様へ返品するときの同封文書や、訪問時の話法などの簡単なマニュアルなど細かな資料も必要となる。これらが整って初めて告知ができ、市場改修に踏み切れる。

ただし、時系列に沿って実務の完成を待っていると、市場対応全体がいつまでもスタートできない状況もでてくる。あらかじめ作業シーケンス表をつ

くり、もっともスピーディーで混乱のない実施方法を決めておく。

(5) 告知前の問い合わせ対応と修理品の扱い

市場回収（改修）にあたって発生するやっかいな問題が、告知前の指摘症状の問い合わせと不具合に該当する修理依頼への対応である。

情報開示前なので、まだ改修対応のことにはふれられないと考えるか、若干の時間差はあっても間もなく改修のことが公になるのだから説明して対応すべきと考えるかである。特に無償保証期限の過ぎている場合には難しい問題である。通常の修理扱いであればカスタマーに修理代費用を負担してもらうことになる。しかし不具合改修の場合、少しの時間差で無償扱いになるので、顧客の理解を得るのは難しい。第5章3節7項で説明したように、購入後一定期間の無償保証期間を設けているのは、「メーカーの出荷前検査でも見つけられない不具合（隠れた瑕疵）が存在する」ことを前提とした企業の自主的保証制度である。

傾向性の不良は、経年劣化にはあたらない製造者責任の問題である。消費者の受け止め心理を考えても、情報開示日をもって機械的に判断するのではなく、率直に説明し、改修と同じ修理を無償で行うのが妥当である。

この場合の説明、Q&Aは次のようになる。

「ご指摘の症状が傾向性を持った不具合であると認識しています。現在、無償改修の準備を進めておりますので、お問い合わせの件につきましては（お預かりしております修理品につきましては）無償改修と同様の扱いでやらせていただきます。詳しくは○○日のHPでご確認ください」。

この対応をどのくらい前から適用するかは、製品特性、業界によっても違うので一概に言えないが、「告知後に消費者が知って納得できるか」が基準であろう。

3　第3段階におけるポイント

(1) 告知・市場回収(改修)の実施

すべての準備作業の完了確認後、社長、担当役員、該当事業部門トップ、

販売部門トップへ直前の報告を行う。関係各署へWebのアップ時間、新聞掲載日、すべての準備項目が予定通り完了した旨を連絡する。この連絡は緊急対策事務局が行う。万全の準備と全員の協力体制が整っていれば、困難な市場対応に対しても不安なく、余裕を持って臨むことができる。

対応時にはさまざまな苦情が発生する。担当者個人で解決するのではなく、会社としての対応であることを正しく理解してもらうように努める。そのために適切な市場対応方針を決め、可能な範囲で迅速に対応しているわけである。

(2) 実施後の状態監視と情報共有

万全を尽くし判断・実施しても、受け止める市場や社会の反応の不確実性は残る。プレス各社の報道の取り扱い、プレスからの問い合わせの有無・内容、特設コールセンターの受付状況、Web掲示板の書き込み状況などの定性的反応情報は重要である。想定の範囲内か、予想外の反応が含まれているか、ネガティブな反応が発生した場合にはその後の推移への予測も必要になる。販売店に負担をかけることもあるので、営業フロントからもたらされる流通の反応把握も大切である。

市場の状態を監視し共有しておくことで、基本的な対応方針を修正する必要が出てきた場合にも迅速に対応できる。これらのモニタリング情報は、サマリー版でトップにも上げておく。

(3) 状況の変化と基本方針の変更

不具合の発生が予測どおりには収斂せず、拡大したり、打った施策に対して市場の反応・評価が著しく芳しくない場合には、対応方針の変更もありえる。

状態監視から得られた各種の定性データで検討する。この場合の判断・判定者は最初の意思決定機関である本社告知判定機関、販売会社の告知判定機関、該当事業部の緊急対策事務局責任者で行う。市場の反応のなかには一定率の不満層が出てくる。これが大多数の消費者の気持ちを代弁しているもの

なのか、一部の個別的反応なのかは見極めが必要である。修正判断をするにしても、リファレンスがないと差異がつかみづらい。事前に会社として許容できる範囲をリスク予測しておく。

(4) 事後評価

　初期の市場改修が一段落した状態で、一連の評価をしておく。
基本方針に誤りはなかったか。対応方針に無理はなかったか。消費者や流通からの反応はどのようなものだったか。具体的な処理方法に問題はなかったか。被害者の救済において、より迅速・適切なやり方はなかったか。コスト面から見て改善の余地はなかったか等である。この一連のレビュー作業の積み重ねが、より良い告知・市場回収（改修）のスキームを作り出していく。

(5) 再発防止のためのフィードバック

　市場対応の適正化は重要だが、同じことを繰り返すようでは市場の良い評価を得ることはできない。「市場対応の適正化」の本質は、迅速・適切な被害者の救済と同時に、会社が悪い評判に陥ることを防止することにある。しかし前向きな良い評価を得るためには、なによりも品質が改善され、不良問題を起こさないようにすることである。
　そのためには起きた事象を検証して、再発防止につなげるフィードバックが大切である。販売部門、告知判定機関からの検証結果のフィードバックが特に必要である。消費者の受けた迷惑度、販売機会損失、セールスマインドに及ぼした悪影響、販売店の不信などサプライチェーン全体での影響を、事業部門、本社スタッフ部門に知ってもらうためである。これも、社内顧客の立場にある販売・マーケティング部門の大切な役割である。
　告知判定機関・CS推進部門は、事案の事実関係、総コスト等をデータベース化し、半期、年度の推移データとして保存しておく。会社の品質がどのような傾向にあるか、別の視点からトップに報告することも重要である。

3 問題の早期把握の手法と体制

　不適合製品が市場に流出してしまった場合、すべての購入者や取引先が特定できる場合を除いて「購入された商品のその後」を把握するのは大変難しい。しかし、さまざまな工夫で早い段階で市場の状態を把握することは可能である。

　「予兆監視体制」を敷き、注意深く市場をモニタリングしていると、ごく初期段階で市場の異変を察知することができる。

　以下に紹介する予兆監視体制の整備は、市場での問題の早期発見と顧客不満の拡大防止に有効である。

　業種、扱い製品の種類によって異なるので数値データとして示すことはできないが、一般的なモニタリングの手法として紹介しておきたい。

1　カスタマー・コール

　お客様からの苦情・クレームのなかには、傾向性を持った不具合の情報も含まれている。肝心なことは、苦情・クレーム情報をデータ・ベース化して、傾向値をすばやくキャッチできる体制にしておくことである。そして、その予兆情報を本社の情報一元化部門にフィードバックできる仕組みを持っていることである。

　同一の不良症状が複数発生した場合の警戒水準ポイントをあらかじめ決めておく必要もある。この閾値(しきいち)は、「市場への感度」ともいえるものである。

　判断にあたっては、数値データだけでなく、関連事業部門との確認、その他サービス部門、販売部門との情報交換も必要である。

　警戒水準ポイントの数値は、年々下げて市場感度を高くしていく必要がある。感度を高くすればするほど傾向不良の発見も早くなり、市場での顧客不満を少なくすることができる。その際には、該当事業部門と合意しておく。

2　Web掲示板

　さまざまな掲示板サイトがある。代表的なものは、「価格.com」「2ちゃんねる」「YAHOO! JAPAN」がある。「価格.com」は投稿の数は少ないが、株主の立場や経営・経済への影響など客観・合理的な内容が多い。

　「2ちゃんねる」は、雑多な意見の表出の場である。このサイトの書き込み内容の理解と活用の仕方には、若干「経験的勘」が必要だ。掲示板の投稿内容には、噂レベルから、コールセンターへの確認済み情報、専門家の分析情報、憶測意見まで広範な内容がみられる。無責任な面もあるが、それだけに一番上流の情報がキャッチ可能である。

　企業がWeb掲示板の情報を利用する場合には、掲示板の書き込みをどう捉えるかといった、しっかりした考え方を持つ必要がある。それなしの断片情報の切り取りでは、過剰反応や心情的反発から無視するなど、建設的な効果はなにも生まれない。雑多なサウンドのなかから、市場からのメッセージが聞こえる。そのサウンドの集合体が、会社をとりまく現下の市場の雰囲気である。

　Web掲示板をどう扱うかについては、「誇張表現や揶揄はあっても、まったく事実無根の内容はない」「火のないところに煙は立たず」という認識を持つべきであろう。あとは、各社がそこからなにを得ようとするかの哲学と、マーケティング・センスの問題である。

　実際の検索・抽出作業には、膨大な時間がかかる。商品名、型式などスレッドの立て方が多様なので、一般的な検索エンジンで機械的に処理するやり方ではうまくいかない。行間を読める経験・素養を持った担当者が必要である。この作業を継続的に行うことで、傾向の変化を見つけ出すノウハウも生まれる。

3　社内通報制度

　自社の製品が食品、消費生活用品等の日用品や、家電品・車などの耐久消費財の場合には、社員も利用者である。一般消費者と違い、社内の情報経路

図表3-3　CS・品質問題 通報制度の運用ポイント

①通報者の守秘義務を厳守すること。通報事務局メンバーへの教育をしっかり行っておく。
②そのため、通報事務局のメンバーは少数に厳選、責任者はCS・品質担当役員等が望ましい。担当役員クラスは経営トップとの接触機会も多い。単に品質問題だけでなく、経営にもたらす影響までふくめて、現状を幅広くフィードバックできる。
③通報された指摘内容に対しては、該当部門に事実関係を確認し、事実の報告と改善策を1週間を目処に返答する（確認に時間がかかる場合には途中経過）。
④通報者は事務局宛は実名、事務局から社内確認の作業は匿名で扱う。
⑤社内通報制度のあること、その意義、事務局へのアプローチ方法の案内は、折りあるたびに全社に周知するよう努める。
⑥よい提案、改善につながった指摘などに対して、表彰制度を設けることなども有効。
⑦公益通報者保護法などによって用意された一般的な社内通報制度と、CS・品質関連の通報制度は事後処理の所轄部門も変わってくる。分けて運用したほうが実際的である。

で躊躇することもないので、早く、適切に指摘が上がってくる利点がある。自社の製品、自社のサービス内容には愛着も責任感もあるので、この通報制度を設けておくことは情報精度の面からも大きな意味がある。

　この通報制度の運用上のポイントをいくつかあげておく（図表3-3）。

　社員の通報によって、製品の品質やサービス品質が改善されていくのが実感できることが、この制度の持続・継続性にとって大切である。

　放置されれば不利益を被るかもしれない消費者への認識と、会社や製品に対する愛情をベースに投稿する風土づくりを醸成することも大切である。この制度の目的と会社としてのねらいは、このサイトの理念としてホームページ上にいつも提示されていることが望ましい。

4　修理履歴

　修理部門で、苦情・クレーム情報のデータシステムを持っていれば直接的に役立つ。このような仕組みを持っていなくても、経理処理システムが予兆監視に役立つ。修理サービス部門には、事業部門への費用請求用システムがある。これを品質不良の定性・定量データとして活用するのである。

これを利用するメリットは、修理履歴のなかから疑わしい同一修理をソーティングして、傾向性の故障か単発不良か、修理内容を数値的に把握できる点である。またもう1つ、修理に使用された部品の詳細がつかめることである。

リペア・パーツリストは膨大になるので、網羅的に監視するのは現実的でない。やはり他の情報から得られた疑わしい製品、疑わしい修理部品に着目し、スポット的にその部品の消費傾向をつかむのが実際的である。「この症状には、この修理内容、それにはこの部品が使われる」という事実に着目して、予兆監視の裏づけとして利用するものである。過去に遡って、直近数カ月の消費量と比較して、著しく消費量が増大し、その傾向が複数月続いて上昇しているようであれば要注意のシグナルである。修理現場では、同一商品を複数扱うことは稀なので、全体像はつかめない。全国の集積データのなかからマイニングすることで傾向値をつかむことができる。修理部門の本社、または品質監査部門など、センター組織の役割である。

5　内部検証

出荷（QA）検査で検出できなかった不具合が、社内の別の部門、別の機会に発見されることもある。次の製品開発時に前モデルと同じ部分を流用することは多い（特にソフトウエア）。その開発段階で発見される場合である。また他部門が、製品接続検証をやっていて発見する不具合もある。マーケティングやセールス部門が、展示やカタログ制作のため機能テストをしていて見つけることもある。

いずれの場合であっても、その事実が該当事業部門や市場対応関連部署に迅速にフィードバックされることが重要だ。その際に、担当者同士の会話で終わらせてはならない。このような問題には、会社として市場対応を必要とされる問題を含んでいる場合があるからである。本社のCS・品質部署へ連絡し、会社としての対応判断をしなくてはならない。

セールス現場からの報告もないがしろにしてはいけない。ISO-9001では、販売部門は社内カスタマーに位置づけられている。お客様からの申し出と同

図表 3-4　自然発生的情報ルート

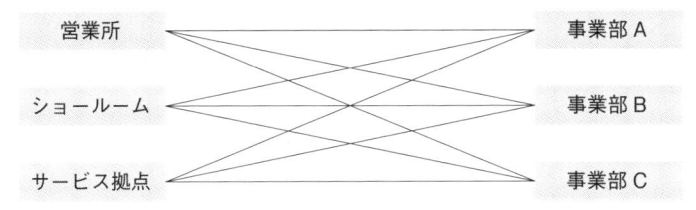

営業所 ─┐┌─ 事業部 A
ショールーム ─┼┼─ 事業部 B
サービス拠点 ─┘└─ 事業部 C

図表 3-5　一元化された情報ルート

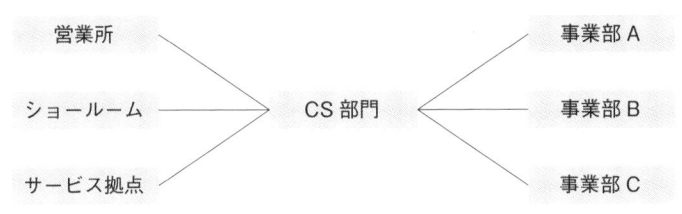

営業所 ──┐　　　　　　┌── 事業部 A
ショールーム ──┼── CS 部門 ──┼── 事業部 B
サービス拠点 ──┘　　　　　　└── 事業部 C

様に扱わなければならない。

　以上述べた5つの予兆監視項目を単体で利用するのには限界がある。得られる情報の特性をよくわきまえ、総合的・立体的に判断することがポイントである。

6　社内のフィードバック体制

　組織が大きくなり機能・役割が細分化されてくると、自然発生的な情報のやり取りでは効率よく情報伝達することが難しくなってくる。
そのため、どうしても情報を集約し一元化する仕組みが必要になる。この体制を整備しないと、図表3-4のような複雑なコミュニケーションルートが発生してしまう。この場合の弊害は大きい。

　①問題を伝えるべき相手が、すぐには分からない（伝達の遅延）。
　②事実関係のみのやり取りになって、問題として可視化されない可能性がある（問題の非顕在化）。

③事実を把握する部署はフロント業務の場合が多い。彼らにとって報告後の対応は本来ミッションでないので報告の後のフォローまで意識が回らず、報告しただけで終わる可能性が高い（ワンウエイの情報伝達）。

　フィードバック情報を適切に伝え（相手、内容）、事後のフォローを責任持ってトレースできる集約部署（CS・品質監視部門）が必要である。
　この部署は、情報の一元化と、情報のさばき、問題の可視化、結果の判断を組織ミッションとしているので、責任ある処理が期待できる。
　情報のトポロジー（網）は、シンプルなほど迅速、適格に処理できる（図表3-5）。
　本社のCS部門は、各事業部門はもちろん販売部門、サービス部門、ショールーム、コールセンター等と組織的につながっているのが望ましい。連絡書やe-mailだけでは実効性は確保されない。お互いに「顔」がつながっていることが大切だ。この前提があれば、連絡がe-mailでも問題はない。CSに関するグルーピングを行い、全体的な社内イベントや、研修会、事例発表会などを通じて、常日ごろからリアルなコミュニケーション関係を築いておく。ML（メーリングリスト）も組織改変、人事異動にあわせ、常にリバイスしておく必要がある。

4　CS・品質監視部門の位置づけと意義

　企業は、相互に関係する組織が連携をもって事業を推進している。
　製品不良問題においても、これら関係している部門が該当の事業部門に対して、是正措置の進言をすることが一番直接的で、手早く対処できる。しかし、組織間の利害関係、力関係、ヒューマン・ファクターなどが障害となって進まないことも多い。
　この項では、組織間に働くメカニズムの本質を考え、CS・品質監視部門のあるべき位置づけと、その存在意義を考えてみたい。

図表 3-6　構造的な相関メカニズム（Ⅰ）

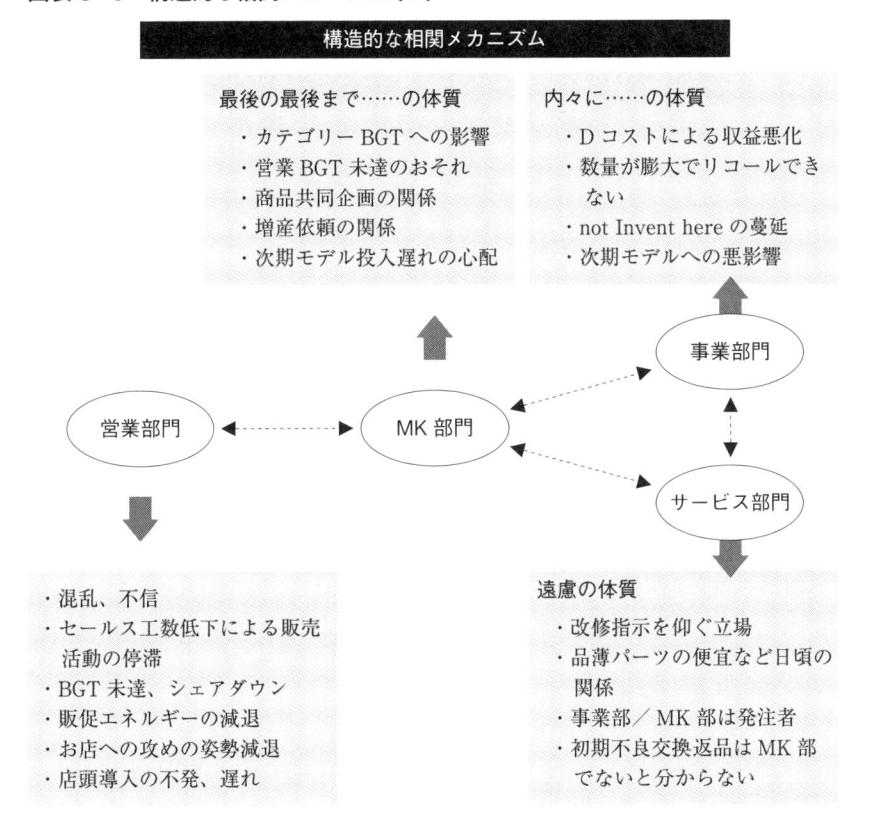

構造的な相関メカニズム

最後の最後まで……の体質
- カテゴリー BGT への影響
- 営業 BGT 未達のおそれ
- 商品共同企画の関係
- 増産依頼の関係
- 次期モデル投入遅れの心配

内々に……の体質
- D コストによる収益悪化
- 数量が膨大でリコールできない
- not Invent here の蔓延
- 次期モデルへの悪影響

```
営業部門 ←→ MK 部門 ←→ 事業部門
                ↕       ↕
              サービス部門
```

（営業部門からの下向き）
- 混乱、不信
- セールス工数低下による販売活動の停滞
- BGT 未達、シェアダウン
- 販促エネルギーの減退
- お店への攻めの姿勢減退
- 店頭導入の不発、遅れ

遠慮の体質
- 改修指示を仰ぐ立場
- 品薄パーツの便宜など日頃の関係
- 事業部／MK 部は発注者
- 初期不良交換返品は MK 部でないと分からない

1　構造的な相関メカニズム

　図表3-6は組織相関を分かりやすく図式化したものである。事業部門、サービス部門、マーケティング部門（以下、MK 部門）、営業部門の4つに分類して、その相互関係とその組織が内包する体質を枠囲いのなかに示してある。

　枠内のタイトルは、組織が持ちがちな体質を象徴的に表現したものである。この図は、それぞれの組織が持つ本来ミッションの裏側、品質問題の発生したときのように守りの状態になったときに出やすい体質を表現してい

る。図中、組織間の破線矢印は、本来実線で結ばれ、影響力を行使しなければならない関係である。破線で表現している理由が、各組織の見出しタイトルと枠内の説明である。この図をよくみていただければ、説明は要しないであろう。

　事業部門は内々で処理したい、大げさにしたくないという体質を持ちがちだ。相方の商品担当のマーケティング部門も、セールス部門にバジェット未達の口実を与えたくないという理由から、結局事業部門と同様に「大げさにせずに」の力学が働くことになる。最終的には社内の下流にある営業部門が被害をうけ、売り上げ達成に支障がでる。会社として売り上げが下がることになる。

　相互に連携している組織においては、このような「裏面の交流」が発生し、本来的に描かれたチャート上の機能が発揮しきれないのである。あるときは、事業遂行のパートナーとしてコミュニケーションを深め、信頼関係を築き、一旦品質問題が発生したときには厳しい判定を突きつけるといった、いわば一人二役はできにくいということである。

　リコール隠しで社会的問題になったM自動車工業の例でも、営業や販売店、修理部門から欠陥による事故報告は上がっていた。しかし事業部門は、にぎりつぶしていたという。力関係という相関メカニズムが働き、まさにこの図のような組織体質が現れ、品質事故を社会問題にまで発展させてしまったのである。

2　位置づけと意義

　このような組織間に働くメカニズムを踏まえたうえで、市場対応の適正化を担うCS・品質監視部門の位置づけと意義をどう考えたらよいだろうか。図表3-7を見てみよう。

　ラインの3部門に対して、スタッフ部門であるCS・品質監視部門は、事業部門、マーケティング部門、サービス部門と同時並行的に係われる位置にある。この3部門に係わることで、マーケティング↔事業部門、サービス↔事業部門、マーケティング↔サービス部門それぞれの関係のなかで、お

図表 3-7　構造的な相関メカニズム（Ⅱ）

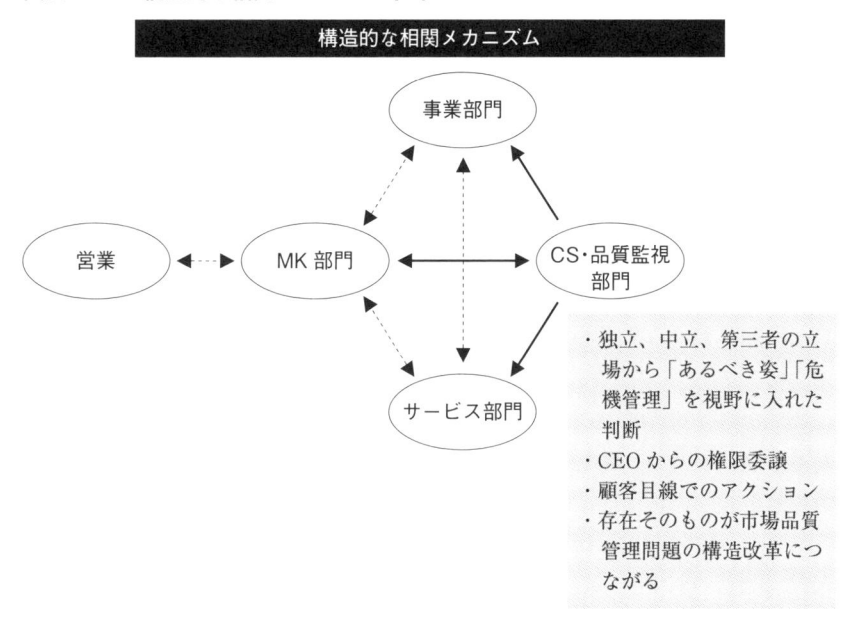

構造的な相関メカニズム

（図：事業部門、MK部門、営業、CS・品質監視部門、サービス部門の相関関係図）

- 独立、中立、第三者の立場から「あるべき姿」「危機管理」を視野に入れた判断
- CEOからの権限委譲
- 顧客目線でのアクション
- 存在そのものが市場品質管理問題の構造改革につながる

　互いに正しい力学の働きにくい部分を補完することができる。マーケティング部門もサービス部門も、事業部と直接の利害関係のないスタッフ部門に自分達の本音を伝えてもらうことが期待できる。ミラー効果（反射効果）のようなものである。MK部門・サービス部門は、市場に一番近い立場として直接事業部門に意見を表明しなければならないが、第三者としてCS・品質監査部門が行事役でいてくれることで効果的に意見反映ができるようになる。

　CS・品質監査部門は、ライン業務として各部門と直接的な利害関係はない。また、上下関係、評価関係もない。しかしというか、だからというか、「独立」した「中立・第三者」の立場で考え判断することができる。純粋に顧客満足、危機管理の視点に立ち、部門の利益ではなく、会社としてのあるべき判断、とるべき行動をトップに具申できるのである。

5 告知・市場改修の実例——ソニーの失敗と成功

　第1章（告知）、第2章（告知基準）および本章（市場対応）のまとめとして、著者が在職中に携わった実例を題材に供し、課題となる点を一緒に考えてみたい。

　ソニーでは年間少なからぬ数の告知・市場改修を行っている。これは家電業界では多い部類に入る。告知・市場改修は、品質事故を除き各社の方針、自主判断に委ねられており、発売商品数の多寡にもよるので一概に横並びの比較はできない。ソニー内で比較すれば、2002年以降急増している。2002年以降の告知の急増は、それまで拡大被害（品質事故）中心に行っていた告知を、2002年以降、それ以外の一般の製品不具合（品質問題）にまで拡大したことが一番の理由である。製品不具合の増加要因としては、ソフトウエアによるものが全体の半数近くにのぼっている。この傾向は同業他社において同様である。

　ここ数年の告知対応案件のなかで、初期対応に間違いのあった事案、比較的迅速・適切に対応できた事案を紹介する。対比しやすいように、同一カテゴリーの商品を取り上げてみた。

　業種・業態によって商品や流通事情は違うが、製造業共通の教訓が含まれていると思うので参考にしていただきたい。

1　「デジタルカメラの電池切れ」

　2001年、特定のデジタルカメラで、満充電表示がされているのに直ぐ残量ゼロになり使用できなくなったり、充電できないなどの不具合症状が報告された。発生すれば、肝心な撮影チャンスを逸してしまい貴重な思い出や記録を残せないなどの逸失損害につながる。逸失損害・機会損失は、生命・身体、家財の損傷というPL事故ではないが個人にとってかけがいのないものの価値毀損につながるものとして、品質問題（不具合）のなかでは最重要問題に位置づけられるものである。

この事例は、原因の特定と改善対策に時間がかかり、対応策を決めかねているうちに消費者の不満を増幅させてしまったものである。初期の対応が不適切で、その後の対応も後手にまわった。真因が分かってから事業責任者はじめ関係者が徹底した救済措置をとったが、残念ながら市場の厳しい評価を招いてしまった。

　該当製品は2000年10月20日に発売された。約1年ほどして、機能不全の苦情が発生し始めた。温度依存性を持ち、冬場だけに発生した。この不良は2002年の冬に顕著になった。事業部門は原因の特定に努めたが決め手を欠いた。ようやくACアダプターのDCプラグの酸化による汚れと、デジタルカメラ本体側ジャックの接触圧ゆるみなどの複合要因であることを突き止めた。しかしこの時には、コールセンターに寄せられる苦情、Web掲示板への書き込みはピークを迎えてしまっていた。

　複数の原因が特定され有効な改善策も打てる状態となったため、会社として正式に情報開示し説明責任を果たすことになった。部品の調達、特設コールセンターの準備、告知文の準備などを考慮し、2003年4月中旬に告知すべく急ピッチで作業を進めた。しかし、告知直前にビジネス月刊誌がこの問題の特集記事を掲載した。残念ながらWeb掲示板には、雑誌に取り上げられてから重い腰を上げたとの指摘が出た。事実はそうではないが、結果として会社の市場対応が遅すぎたのである。4月中旬、予定どおりホームページ【重要なお知らせ】で告知を行った。図表3-8が告知の全文である。

　例年行われているビジネス雑誌のカテゴリー別顧客満足度調査では、2002年に1位であったソニーのデジタルカメラ評価が、翌2003年の調査では最下位の9位と急落してしまった。市場評価にこの問題への顧客不満が反映されていたことは明らかである。市場からのペナルティーとして受け止めざるをえないのである。

　この事案から得た教訓は次のとおりである。

【反省と教訓】
・不良の発生メカニズムからみて、長期信頼性に係わる周期性などの指数

図表 3-8 デジタルカメラ電池切れの告知文

デジタルスチルカメラ「DSC-P1」無償点検・サービスのご案内

　日頃よりソニー製品をご愛用いただき、誠にありがとうございます。

　さて、弊社デジタルスチルカメラ"サイバーショット"「DSC-P1」ご使用の一部のお客様より、「フル充電表示されているが、実際は十分な充電が出来ていない」「充電してもすぐに電源が切れる」等の症状があるというご指摘をいただいておりました。
　弊社では、お客様の使用環境・保管状況の違い等により起こる事象と捉え、これまで個別の対応を行っておりました。あわせて、お客様のご指摘の症状及びサービス対応させていただいたカメラシステムの解析を続けてまいりました。
　その結果、ご指摘の症状は上記要因に加え、本機固有の諸要因の組合せで起こる可能性の高いことが判明し、
　（1）カメラ本体の電源供給用端子の改善
　（2）充電用 AC アダプター（AC-LS1A）の電源供給用端子の改善
　（3）新品同等のバッテリーパック（NP-FS11）の使用
　（4）カメラ本体のソフトウエア変更
を同時に行うことで、ご指摘の症状が改善することを確認しました。
　つきましては、お客様には大変ご不便をおかけすることとなり誠に申し訳ございませんが、お手持ちのカメラ本体、充電用 AC アダプター（AC-LS1A）、バッテリーパック（NP-FS11）を同時にお預かりし、無償で点検・修理させていただきたく、下記までご連絡下さいますよう、お願い申し上げます。

平成 15 年 4 月 15 日
ソニー株式会社

　　対象製品：デジタルスチルカメラ「DSC-P1」
　　ご連絡先：ソニーデジタルスチルカメラ「DSC-P1」コールセンター
　　　　　　　0120-667-415
　　受付期間：平成 15 年 4 月 15 日より平成 16 年 4 月 14 日まで
　　（受付時間：月～金曜日 午前 9 時～午後 8 時、土・日・祝日 午前 9 時～午後 5 時〈年末年始除く〉）
　　※点検・サービスに関しましては、WEB での受付も開始いたしました（2003 年 5 月 7 日より）。
　　WEB 受付ご希望のお客様は、下記 URL をクリックし、受付ページにお進みください。
　　http://www.sony.co.jp/dscp1/

を適切に把握しておくこと。1年間のデータでは季節性や周年性は分からない。2年のデータで3年目の発生予測はつく。
・情報公開、説明責任が後手に回ると、せっかくの企業判断や対応の効果が半減してしまう。顧客不満の解消の面からも、スピーディーな対応が何よりも重要である。

2　「デジタルカメラの塗装はがれ問題」

　2005年5月ゴールデンウイーク明けの朝一番に、マーケティング担当課長から、店頭展示品においてデジタルカメラのキャビネット塗装が剥がれるという報告を受けた。店頭で販売応援していた営業担当者からの一報を受けてのアクションである。同様の塗装剥がれの報告が数件あったことが確認され、傾向不良のおそれがあると判断した。展示品は多くの人に触られ過酷な取り扱いを受けるにしろ、発売展示から1週間ほどで外筐に塗装剥がれが起きることなどは通常考えられない。その日のうちに事業部門と事実確認と対応のミィーティングをもった。早急に原因の特定と改善策を検討することになった。

　技術部の追実験で、数ミリ程度の塗装の剥離が確認された。原因は、この新製品開発にあたって新規に採用した塗装方法に問題があった。塗装の深いところでにぶく光るようにした多層塗装が、ベース面との親和性が悪く、鋭角な物理的衝撃によって剥離を起こしたのである。数日後、技術陣が質感的に近い味わいを出せる別の塗装方法で急遽試作品を造った。しかし微妙な質感が出せず販売サイドはOKを出さなかった。再度試作を試みることになったが、これには時間がかかる。

　せっかく購入されたお客様は、買ったばかりなのに傷がつくという予想だにしていなかったことに遭遇する可能性がある。デザインと性能、小型軽量を評価してソニーを選定してくれたはずである。期待を裏切ることはできない。急ぐ必要があった。

　事業部門と本社CS部門、マーケティング部門、私の部署は次のような基本方針を決めた。

①新製品の販売を一時中止する。
②販売店の展示品、商品在庫をすべて引き上げる。
③出荷対象2万台、すべての既購入者（予想実販数7,000人）に対して改善品をもって交換する。
④今起きていること並びに販売を一時中止する旨の告知を行う。
⑤販売の一時中止の告知文に、正式対応に関して近々告知する旨を予告。
⑥購入者への対応、再販売に関する情報提供するために、可能な限り早急に2回目の告知を実施する。
⑦改善方法として「A：塗装強化対策」か「B：新色で新機種に変更」するか技術判断して決定。その際、販売サイドが最終の官能評価を行う。
⑧確実性を担保したうえで、可能な限り早急に販売の再開を行う。

　店頭応援の営業社員による不良の発見から1週間目の5月14日に、ホームページ上で第1回の告知を行った（図表3-9）。営業部員による販売店在庫の回収、特設コールセンターでお客様への問い合わせ対応を開始した。技術・製造部門では代替の塗装方法の検討に入った。

　再度の告知の準備、試作品の評価などを同時進行で行った。正式な販売再開決定と既購入者への交換商品の準備などを整え、5月28日、2回目の告知を行った。1回目の販売の一時中止の告知から2週間目、市場不良発覚から3週間目であった。この2回目の告知が既購入者への正式な問題解決の提示であり、購入予定者に対しての購入可能時期の情報公開となる。お客様にとって色調の同一性は気になる。電子印刷の限界はあるものの、比較カラー写真も掲載した（図表3-10）。販売店の協力、営業部員の迅速な対応で回収作業は順調に進んだ。新しく生産した商品との交換作業もコールセンターの丁寧な対応で混乱もなく運んだ。

　ほとんどの購入客は、塗装剥がれを経験する前に適正品と交換したことにより無事原状回復を実現できた。剥離症状が出ていなかったお客様の製品も、時間の経過とともにいずれ傷が表面化したであろう。全員の迅速な対応によって顧客不満足な状態を最小にとどめ、ブランド毀損を最小に防ぐことができた。

図表 3-9　デジタルカメラ塗装はがれ　1 回目の告知文

2004 年 5 月 14 日

デジタルスチルカメラ「DSC-T11」販売一時停止のお詫びとお知らせ

ソニー株式会社
ソニーマーケティング株式会社

日頃よりソニー製品をご愛用いただき、誠にありがとうございます。
　4 月 29 日に発売いたしました弊社デジタルスチルカメラ"サイバーショット"「DSC-T11」におきまして、本体の表面に金属や硬いものが接触したり、こすれたりした場合にできる傷等から塗装が一部はがれる症状を確認いたしました。現在、原因の調査および対応について検討しておりますので、その間、販売を一時停止させていただきます。なお、本体の機能および操作には支障ございません。

　販売の再開および、すでにご購入いただきましたお客様への対応につきましては 5 月末を目処に改めてご案内申し上げます。
　お客様にはご迷惑をお掛けして申し訳ございませんが、ご理解、ご協力の程よろしくお願い申し上げます。
　なお、本件に関してのお問い合わせにつきましては下記コールセンターまでご連絡くださいますようお願いいたします。

　　ご連絡先：ソニーデジタルスチルカメラ「DSC-T11」コールセンター
　　　　　　　0120-627-155（携帯・PHS からもご利用になれます）
　　　　　　　受付時間：月～金曜日　　午前 9 時～午後 8 時
　　　　　　　　　　　　土・日・祝日　午後 9 時～午後 5 時

図表3-10　デジタルカメラ塗装はがれ　2回目の告知文

デジタルスチルカメラ「DSC-T11」無償交換と販売再開のお知らせ

2004年5月28日
ソニー株式会社
ソニーマーケティング株式会社

日頃よりソニー製品をご愛用いただき、誠にありがとうございます。

　弊社デジタルスチルカメラ"サイバーショット"「DSC-T11」において、塗装が一部はがれる症状により、販売を一時停止させていただいておりますが、調査の結果、原因が判明し対策が決まりましたので、改良品の生産を開始することにいたしました。
　つきましては、「DSC-T11」をご購入いただきましたお客様には、6月22日（火）より無償で改良品に交換させていただきますので、下記窓口までご連絡くださいますよう謹んでお願い申し上げます。なお、塗装の変更によりカメラ本体の光沢などに多少の違いがございます。
　また現在、一時停止しております販売につきましては、7月上旬を目処に再開させていただきます。お客様にはご迷惑をお掛け致しますことを、深くお詫び申し上げます。何卒ご理解とご協力のほど、宜しくお願い致します。

【現行品】　　　　　　　　【改良品】

〈交換方法〉
　●対象製品
　デジタルスチルカメラ"サイバーショット"「DSC-T11」製造番号3010001から3033050までが対象となります。

機種名と製造番号は製品の底部に貼り付けられたシールに記載されています。
（以下　●ご連絡先、受付期間、個人情報の規定については省略）

後日談であるが、同業他社が同様の塗装問題を起こした際に、情報公開しない企業姿勢がWebで批判されたことがあった。前例となったソニーの対応との比較である。また別のデジタルカメラメーカーが、この数カ月後に同じ塗装の問題で告知を行っていた。ソニーの告知が1つの業界標準になったかどうかは分からないが、消費者に対してとる企業行動としては良い傾向になっていると感じる。

　外筐塗装は、製品の機能そのものではない。しかし、デザインも塗装も機能美であり、購入者の重要な選択基準である。所有満足は、いまだに人間の基本的な欲求である。この顧客心理を大切にしなくてはいけない。

【問題の原因と反省】
　①直接の原因は、塗装の協力会社がソニーの技術基準の強度を守っていなかったことにある。
　②ソニーも、強度基準違反を事前に確認・チェックすることを怠っていた。
　③品質検査基準の塗装強度チェック項目が、新しい塗装技術に対しては不十分であった。
　④新しい塗装方法を試みたチャレンジ自体には問題はない。その場合の変化点管理に抜かりがあった。

　言い古されたことではあるが、不具合や事故は部品の変更や製造方法、製造所など今までのやり方を変えたときに発生の確率が高くなる。新技術の採用、原価率削減、調達部品の入手事情など、変更要因は数多い。トヨタが、設計変更・部品変更にあたって、製造所の責任者がGOサインを出さないと変更許可をださないコンカレント・エンジニアリング方式を採用したのも、このような事情からであろう。十分な備えのない変更はリスクそのものである。

【迅速に市場対応できた理由】
　①2002年から積み上げられてきたスピーディーな対応を実現する会議体、

連絡方法、承認ルールなどの業務上の改善と工夫が、すべてをスピーディーに処理することを可能にした
② 「外筐の傷」を顧客満足上の問題、製品ブランドの問題、その後の対応のあり方が企業姿勢そのものであると気がついていた関係者全員の意識。
③ 2年半前のデジタルカメラ電池切れ問題の初期対応の反省から、該当の事業部門、マーケティング部門、CS部門全体が「迅速で適切な市場対応」をコモンセンスにしていた学習効果と事業風土。これが、意思決定の早さ、その後の迅速な実務対応すべてにつながっていった。

以上のように、事業部門、マーケティング部門、品質・CS部門が同じ意識のもと、一体となって事後対応したことが大きい。

結果的に、最小のコストで、陥るネガティブな事態を回避することができた。これは終章で解説したリスク・マネジメントと危機管理の成功例といってよい。

機能、性能といった製品本体の不具合でもないのに告知・市場改修する必要があるのか、という疑問を持つ人がいるかもしれない。商行為のなかでキズものを販売することも一般にはある。しかしその場合には、「キズものセール」と謳って販売するし、その分大幅な値引きをしている。価値を減じたものには、それ相応の価格反映がなされるという原則が働いている。製品の市場不良の場合、消費者が購入した後に発生する不良については後の値引きも返金も現実的にはできない。購入した後に通常より著しく短期間でキズが生じる場合には、品質保証の考え方に基づき、本来のあるべき姿に戻す処置がメーカーのとるべき行動である。

【注】
★01 品質事故の場合は、社長、監督官庁へ第一報【本社CS部門、事業部門】。

内閣府の「製品の回収措置に関する情報の利用状況についての調査研究」報告

　本調査研究は、内閣府が2006年8月1日公表したものである。「消費者基本計画」で示されたリコール制度の拡充策にある「リコール情報に関するポータルサイトの設置」のための事前調査である。消費者の身の回りにある危険な製品を排除するための情報提供のあり方を検討する目的である。

　ACAP（消費者関連専門家会議）が受託業務として、一般消費者（4,100人、有効回答数1,823人、44.6%）、ACAP会員企業（437社、有効回答数135社、30.9%）にアンケート形式で行った。なお、回答企業から12社を選定して、訪問・面談によるヒアリング調査も併用している。

　本稿では、報告書の概要から検討課題の第2章の要旨を抜粋して転載紹介する。

　データ編ともいえる第1章は次のURLから検索・参照いただきたい（http://www.consumer.go.jp/seisaku/cao/anzen/file/0731houkokushodoc.pdf）。

　読者の皆さんの実感と比較し読んでいただきたい。得られたデータの行間を読むと、より深い内容が読み取れると思う。

　本調査研究報告書第2章では、調査結果を踏まえ、1項で「調査から浮かび上がった課題」「製品回収率の向上に向けた課題と今後の検討の方向性」、2項では、この調査の目的である「ポータルサイトあり方についての検討の方向性」について具体的な検討の必要性を示し、いくつかの案を例示をしている。

　「調査から浮かび上がった課題」では、

「家庭で所有の製品が回収対象であることを知った消費者のうち、製品回収措置を受けなかった人が17%いた。一方、事業者の66%が過去5年間に製品回収措置を行なった経験があった。回収措置を実施した製品の回収率は、平均で60%で、そのうち危険な製品の回収率は63%であった。回収率の結果については、事業者の35%が満足せず、"満足していない"事業者の満足できる回収率は、平均で92%であった。また事業者は、回収措置を実施した製品の72%については、90%以上の回収率を達成したいとしている。なお、"満足している"と答えた事業者の平均値は75%であった。」

「以上を踏まえれば、社会全体として、製品回収率の向上を追求していくことが必要である」としている。

　「製品回収率の向上に向けた課題と今後の検討の方向性」のなかでは、

「（1）製品回収情報自体の周知

消費者教育での展開の検討、対象別の周知方法の検討。
(2) 最も効果的な情報提供手段は、個人への直接的な伝達
　①個人に直接、的確に情報を伝達するための仕組み作りの検討
　　　製造業者による購入者カードや製品の保証書、販売時の顧客情報が得られる方策の検討の他、流通、販売業者、金融関係、その他の方法の検討。
　②流通・販売店舗等を活用した情報発信の検討
　　　POS管理システムを活用した販売済みの危険な製品の販売店舗識別、流通業界の社会的責任として、店舗を通じて、危険な製品の情報を顧客に提供する効果的な手段の検討の必要性。
　③製品回収専用のメールマガジンの検討
(3) 従来型の伝達方式『新聞社告』の改善
　　消費者の視点から見て、誰にでもわかりやすいような新聞社告を作るための事業者の社告作成マニュアルの必要性、事業者からも要望の多かったマスコミの協力要請。
(4) 時代にあった伝達方式『インターネット』の活用
　　公的機関、事業者ともにホームページの存在のPR、各種検索サイトにリンクを張る、見やすいホームページ作成のマニュアルの必要性、ホームページの周知徹底の検討等。
(5) 回収率向上につながる伝達内容への改善
　　消費者が社告等の製品回収情報に接したときに、その重要性や危険の内容、危険度等を見分けることができるようにするために、わかりやすい危険状況の表示や危険度のランク付けの可能性等の検討。
(6) その他
　　回収率の公表については消費者側の要望が強いことから、特に危険な製品（死亡事故等が既に発生している）の回収については、事業者の説明責任として、回収の進捗状況についての情報提供のあり方について検討。」

2項の「ポータルサイトあり方についての検討の方向性」では、

「(1) ポータルサイト構築の基本的考え方
　　製品分野を超えて、全ての危険な製品の回収情報が一覧できることを目指す。また、既存の国や独立行政法人、自治体の製品回収のHP、及び当該事業者の製品回収のHP等にリンクし、容易にこれらも見られるようにし、また逆からも容易にこれらも見られるようにする。
(2) ポータルサイトでの提供内容の例

特に危険な製品については、統一的なフォーマットにて、消費者にとって見やすく分かり易い内容として製品の回収情報リストで掲載する。
　　　公的機関の情報サイト、事業者のホームページ、当該製品回収のページ、業界団体のホームページ等のリンク集、製品回収や事故関連のニュース記事、事業者の記者発表記事の同時掲載等消費者への情報提供サービス、製品回収専用のメールマガジンや電子掲示板等のサービス提供、製品回収の新聞社告作成マニュアル、フォーマット、ホームページ作成マニュアル等の事業者サポートページ
　（3）ポータルサイト運営の課題
　　　効果的に活用されるようにするためには、具体的な運用について、今後、以下のような様々な課題の検討が必要である。
　　　・ポータルサイトの信頼性を担保するための運営主体、運営方法の検討。
　　　・ポータルサイトでの提供内容の詳細な検討。
　　　・事業者が情報発信しやすくするための製品回収情報の入力方法の検討（登録、パスワードの発行、自主的入力、管理など）等。
　　　なお『製品回収』は一般に、『製品改修』『リコール』『無償修理』等も同じ意味で使用されている。このことからパソコンによる検索の際、これらのどの言葉を入力しても当ポータルサイトが検索されるようにしておくことも肝要である。」

　告知の判断や告知内容は企業に任されてきていた。
　しかし、相次ぐ一連の重大な品質事故をめぐる不適切な企業対応によって、消費者団体や関連団体が「消費者の立場からみた社告のあり方」を策定している。こうして国が、告知のポータルサイトの設置に向けて動き出している。企業は、そのような状況を真剣にとらえ、あるべき情報公開・説明責任の履行の姿を、自ら確立しなければならない。
　本書では、第1章「告知」、第2章「告知基準」、第3章「市場対応」で、危害などの重篤な問題はもちろん、品質問題一般の不具合も含めて告知・市場対応のあり方を述べている。
　危険な事故以外はあまり力を入れなくてもよいということではない。
品質事故の被害者の救済と同時に、顧客不満の発生、ブランドイメージ、レピュテーション（評判）の毀損につながるものに対しても、同様の対応が必要である。

第Ⅱ部

消費者保護法制の整備と求められる企業対応

第4章 消費者基本法から消費者団体訴訟制度——消費者政策の大転換

　企業が消費者と向き合ううえで、国の消費者行政を正しく理解することが大切である。2004年以降の一連の消費者関連法の制定・改正は、企業に一層の自主的で透明性と誠実性のある経営を求め、一方で消費者には自立した賢い市場の主体者としての役割を期待している。国は消費者政策のスタンスを大きく変えたのである。

　本章では、この大きな流れに影響を与える消費者基本法から消費者団体訴訟制度にいたる一連の法制度を詳細にみていく。

1　国の消費者政策の大転換

　2004年6月に「消費者基本法」が制定された。

　「消費者保護基本法」を36年ぶりに改正、法律の名称からも「保護」という言葉をとり、新たに制定されたものである。

　「消費者基本法」は、消費者と事業者（企業）の関係を規定する理念法である。既存の消費者関連法すべてに影響を与えるという意味で、今後の消費者政策において大きな影響力を持ってくる。

　各種の規制や行政措置によって保護されるべき対象とされていた消費者は、自立した主体として市場に参画し、積極的に自らの利益を確保するように行動することが期待されている。

自立のためには、前提となる権利が付与されていなければならない。「安全を確保される権利」「知らされる権利」「救済される権利」「正しい選択を行う権利」など消費者の6つの権利が、この消費者基本法で初めて明文化された。欧米に遅れること半世紀であるが、国の消費者政策の大転換である。
　「消費者基本法」施行に基づき2005年4月に閣議決定された「消費者基本計画」のなかで、「安全・安心の確保」は消費者政策の最優先課題として示されている。またリコール制度の拡充、企業横断の告知ポータルサイトの用意など、国は企業の対応に先駆けて動こうとしている。
　市場メカニズムに基づいた規制緩和の流れのなかで、原則自由、事後罰則に即応した企業の自主的で適正な行動が求められているのはいうまでもない。
　この「消費者基本法」誕生の前提となった、国民生活審議会の提言「21世紀型消費者政策の在り方」に含意されていた公益通報者保護法と消費者団体訴訟制度のうち、「公益通報者保護法」（内部告発者保護法）は、消費者基本法と同じく2004年6月に公布され2006年4月に施行された。また「消費者団体訴訟制度」は、2006年の通常国会で5月31日成立し、2007年6月に施行された。この2つは、「消費者基本法」に謳われた理念の実効性を担保するものと位置づけされている。
　「消費者基本法」の制定は、歴史的に大きな意義を持っている。
　行政、消費者関連団体は、積年の消費者問題解決に向けて大きく前進したものとして歓迎している。製品事故による被害者の迅速な救済や、悪徳業者による消費者被害の拡大防止につながる関連法令の改正に足場を与えることになるからに他ならない。
　関連諸法の新設・改正、運用強化、新しい仕組みの制度設計、自治体条例への反映、業界団体・企業への浸透など消費者基本法の影響は、今なお進行中である。
　基本法の理念をさまざまな具体策に落とし込むことが、その実効性を担保することにつながる。国は、その影響・効果を早めるため、猶予期間を設けず公布日と施行日を同一日としている。

この一連の動きは、本著のなかでも骨格の1つとして位置づけ、本章でも相当の紙数をさいて紹介し解説したい。読者のみなさんはこの章を読むにあたって、自分たちの日々の活動と上流にあるこの流れを身近に引きつけて読み、理解を深めていただきたい。

　特に、消費者対応にあたるCS部門や、フロントから上がってくる苦情やクレーム問題に民法や製造物責任法などで会社の対応方針を決めるコンプライアンス部門の人たちは、基本法が生まれてきた歴史的背景、消費者問題の構造的な側面についても認識を深めておくべきである。基本法が持つ理念、すなわち消費者と企業がともに健全な市場を形成していくべきこと、また、基本法がこれからの消費者政策の根幹をなし、既存法の改正や個別法のなかで運用の厳格化が進んでいくことを正しく洞察しておく必要がある。

　もの造りに携わる技術系の関係者も、製品安全に関する法令や不具合情報のディスクロージャーに対する消費者団体の開示要求がますます強くなっていく時代であることを踏まえ、万一の不具合問題の発生に際しては、正しく情報開示して迅速に被害者の救済措置を行うよう心がける必要がある。そして、それが会社に対する社会の評価を決め、会社の評判（コーポレート・レピュテーション）を形成していくことを知っておかなければならない。

2　前史としての「消費者保護基本法」制定と背景

　2004年の「消費者基本法」の制定から遡る36年前、1968年に「消費者保護基本法」が制定されている。旧法「消費者保護基本法」は、国の消費者政策と消費者問題の流れを知るうえで重要である。

　終戦直後の壊滅的経済状態から復興を遂げたわが国は、長期にわたる急速な経済成長を達成し、モノに満ち溢れた「ゆたかな社会」を実現した。

　しかしその一方で、過密化した都市環境の悪化、過疎化した農村の荒廃、急激な工業化による大気や河川の汚染という公害問題が深刻化した。

　科学技術が生み出した新しい製品が消費者の安全を脅かすなど、「ゆたか

な社会」の歪みの部分が顕在化してきたのである。

　頻発・拡大する消費者問題も、人々の物質的な豊かさや、便利さを支える現代経済の仕組みと無関係ではない。

　科学技術の進歩が安全性に不安のある新製品を多数生み出し、流通の寡占化、広域化が広範な被害をもたらす。また、商業の高度化が取引を複雑化させ、取引や契約にかかわる被害を増大させた。

　産業優先主義的な政策への反省と、経済発展の目標が、物心を含めた真の豊かさであることが認識されるようになった。「消費者保護基本法」は、日本の経済と人々の生活のあり方をめぐる大きな政策転換の議論のなかで制定された。

　当時の社会状況のなかでは、消費者保護のため、政府が積極的に市場介入することが求められた。消費者の権利の実現というより、弱者である消費者を保護することが政府の重要な役割であった。

　ケネディ大統領の「消費者の4つの権利宣言」★01の影響を受けて制定された「消費者保護基本法」は、消費者政策に関して初めて制定されたものとして、また、各自治体の消費者条例の制定など、波及効果をもたらした点で歴史的意義を持った。

　ただ、他法との関連、司法的な救済なども十分に仕組み化されておらず、その実効性は十分なものではなかった。

　その有効性は、1990年代後半からの特定商取引法など一連の個別業法の改正や、PL法、消費者契約法の制定まで待たなければならなかった。

　「消費者保護法」制定の時にも、消費者を「保護の主体」ではなく「権利の主体」として明文化すべきとの活発な議論はあったが、時期尚早であるとして保護政策重視の流れになった。

　消費者の権利が法律に明文化され、国、地方自治体、企業の主要な責務が消費者の権利の擁護と自立の支援にあるとされるのは、2004年の「消費者基本法」まで待たなければならなかった。

図表 4-1　消費者被害の特徴

特徴1：「普遍的に発生する」。消費者被害が大量生産・大量販売という経済システムの確立に伴って発生している。たまたま発生しているのではないし、財やサービスの品質よりも経済的効率が優先され、新技術や新素材を使った新製品も、安全性の確認が十分に行われていない。

特徴2：「被害が広範囲に波及」。大量生産・大量販売によって発生するものであるから、いったん問題が起きると、同じ問題が全国あちこちで起きる。そのために、被害救済も遅れ、被害を拡大させる。

特徴3：「被害原因の究明が困難」。高度な技術と新素材を駆使して生産・販売されたものは、製品自体が複雑で高度であるために、被害を起こした原因を、消費者が明らかにすることはまずできない。さらに、製造段階から消費者の手に渡る流通過程が複雑であるために、原因究明ばかりでなく、責任の所在も明確にしにくい。

特徴4：「深刻な消費者被害の発生」。上記3つの特徴から分かるように、いつ生命・身体に危害を及ぼすような事故を起こすかわからない。いったん発生すると、多くの被害が発生するだけでなく、原因の究明が難しく、被害救済が遅れ、一層深刻さを増すことになる。

出所：経済企画庁「消費者被害の救済」1975年

3　「消費者問題」とは

「消費者問題」という言葉を正しく理解してもらうために、行政サイドで語られている概念を紹介しておこう。「消費者問題」とは、「消費者が企業から購入する財・サービスから受ける、またはその取引に関連して受ける肉体的被害、経済的被害、または不利益」といわれている。

経済の発展とともに、人々は誰でも市場に全面的に依存しなければ生活を営めない社会になっている。市場においては、対等な関係にあるべき消費者と事業者の間には、情報力・交渉力・組織力・資金力・市場支配力・専門性等に関し、大きな格差が歴然として存在している。この市場における非対称性が、消費者問題を発生させる基本的構造であるといわれている。

消費者被害が大きく問題となった1970年代半ばの経済企画庁の資料から、

「消費者被害の特徴」を図表4-1に紹介しよう。

この報告の内容は40年以上も前のものだが、消費者問題が現代経済のシステムのなかで発生し、消費者と事業者の間にあるさまざまな格差の存在が生み出す構造的な問題であることが読み取れる。

製造物を主とした消費者問題であったが、これらの事情は現在においても少しも変わっていない。むしろ、現在の状況のほうがより深刻化しているともいえる。サービスに関連した消費者被害の新たな発生と急増である。

大量生産・大量販売に加え、消費者までも含んだ大量消費・大量廃棄の問題が、土壌汚染、水質汚染、エネルギー問題という地球規模の問題も生み出している。消費者も環境や有限な資源に対しては加害者の立場になったといえよう。

一方で、消費者を無視した企業行動は、消費者の持つ「市場における選択力」によって、市場から撤退させられるようにもなってきた。

4　答申「21世紀型消費者政策の在り方」

前述の「消費者保護基本法」が制定されたものの、その後の経済の発展による製品の高度化・サービスの複雑化、少子高齢化、核家族化、ITネットワークの普及などの変化によって、消費者の被害は急増し深刻化している。

消費者苦情（トラブル）という点からみても、サービスに絡んだものが製品関連のトラブルよりも圧倒的に多く、取引、契約をめぐるトラブルが急増している。

問題は、経済社会の大きな変化にもかかわらず、消費者問題の基本的構造は変わっておらず、現代社会の生産性の高度化、システムの複雑化などにより一層拡大されているともいえる。

現在は、1960年代後半当時と同じように消費者のための政策の根本的な転換が求められていた。

2003年5月、国民生活審議会から「21世紀型消費者政策の在り方」が答申

された。

消費者政策の根本を変えるもので、60ページを越える答申書には以下の内容が提言されている。

・自立する消費者とその自立の支援
・「消費者保護基本法」を改正し、消費者の権利を明記すること
・内部告発者（公益通報者）を保護する法律・制度を整備すべき
・消費者団体訴訟制度の整備

従来は、市場の外部（政府や行政）から事業者に対する規制や、消費者に対するさまざまな保護が行われるべきとされてきた。一方、「ゆたかな社会」を実現してきたのは、市場メカニズムに基づいた経済である。

21世紀型に求められている消費者政策は、国家が、権力的に市場介入するのは極力控え、市場の当事者である消費者と事業者がそれぞれの役割と責任を十分に発揮することにより、市場本来の姿を実現することにあるとされている。

それは「市場メカニズム重視の経済社会への転換」という構造改革の流れのなかで捉えられる。

この答申では、消費者の自立と、国、自治体、事業者がその自立を支援すべきこと、また、消費者が「自立」するためには、その前提となる「権利」が法律上明確に示されていなければならないことが述べられている。

消費者問題が拡大する前に、いち早く事態を知っているのは企業の関係者である。事業者の不正が内部から明らかにされるための通報制度と、不正による被害が拡大しないように、強制力を持って抑止する制度の用意が必要であると提言されている。この答申の骨子が、「消費者基本法」「公益通報者保護法」「消費者団体訴訟制度」というまったく新しい消費者政策に引き継がれていく。

5　消費者基本法

1　新たな制定と概要

　市場での自由な自己決定を最大限に保障することは、一方で、決定の結果に対しては自己責任が厳しく問われることになる。「消費者の自己責任」が強調されるためには、「消費者の権利」が実現されていることが前提としてなくてはならない。

　2004年6月に施行された「消費者基本法」は、前述の「21世紀型消費者政策の在り方」の答申を法的に具体化したものである。

　新しい基本法の焦点は、基本理念において「消費者の6つの権利」を明記し、消費者政策が消費者の権利を実現するための政策、消費者の自立を支援するための政策として規定されたことである。まず

　①消費者の位置づけを、「保護される弱者」から「自立する主体」へと転換し、
　②基本理念のなかで、消費者の権利が尊重されるべきことを明示し、
　③行政、事業者、消費者の主要な責務と役割が、消費者の権利を実現すること

にあると規定した。

　国や自治体に対しては、基本理念に示された消費者の権利の実現と消費者の自立の支援のための政策を展開する責務を規定した。

　事業者（企業等）には、消費者の安全や取引の公正の確保、消費者への明確かつ平明な情報提供、消費者の知識・経験・財産状況などへの配慮、苦情処理体制の整備などを求めている。

　消費者には、消費生活に関する知識の修得、自主的・合理的な行動の努力、環境保全、知的財産権に配慮するよう努力することを求めている。

　事業者団体（業界団体）は、事業者の自主的な取り組みの尊重、事業者―消費者間の苦情処理体制の整備、事業者が遵守すべき規準の作成の支援、消費者の信頼を確保するための自主的な活動に努めるとされている。

消費者団体は、情報の収集と提供、消費者の立場からの意見の表明、消費者啓発・教育、消費者被害の防止・救済にかかわる活動に努めるとされている。

　新しい基本法は、消費者（消費者団体）と事業者（事業者団体）に対して市場の当事者としての役割とともに、新しいルールづくりに取り組む積極的な役割も期待している。

　また国は、この法律の理念を実現するために、「消費者基本計画」の策定を義務づけられた。

　消費者政策の内容にもまして、消費者政策を展開する「手法」を大きく転換するということが注目すべき点である。すなわち

　①事業者への事前規制を中心とする手法から、事後チェック体制を強化する手法へ転換
　②市場の当事者（消費者・事業者）の行動の自由と責任を強化、透明かつ一般的な市場ルールを整備することによって、政府などが逐一監督指導することを避けるような手法へ転換
　③消費者政策における多様な手法の総合的展開

などである。

2　消費者の権利の擁護と自立の支援

　消費者基本法は、理念法ゆえエッセンスのみが紹介されることが多いので、一般にはどうしても現実感が乏しい。また、法律文固有の分かりづらさと基本法なるがゆえの抽象的表現となっており、その意図するところを読み解くのが難しい。

　以下引用が長くなるが、原文を掲載し逐条的に解説を加えることによって、この法律の意図していることを明らかにしてみたい。

　まず、第一章「総則」で消費者基本法の目的と理念が述べられている。

　　「この法律は、消費者と事業者の間の情報の質及び量並びに交渉等の格差にかんがみ、消費者の利益の擁護及び増進に関し、消費者の権利の尊重及びそ

の自立の支援その他の基本理念を定め、国、地方公共団体及び事業者の責務等を明らかにするとともに、その施策の基本となる事項を定めることにより、消費者の利益の擁護及び増進に関する総合的な施策の推進を図り、もって国民の消費生活の安定及び向上を確保することを目的とする。」（第一条「目的」）

消費者が、自らの利益の擁護および増進のため自主的かつ合理的に行動することができるためには、国、地方公共団体、事業者が、消費者の自立を支援することが基本であると定めている。

「消費者の権利の擁護及び増進に関する総合的施策（以下「消費者政策」という）の推進は、国民の消費生活における基本的な需要が満たされ、その健全な生活環境が確保される中で、消費者の安全が確保され、商品及び役務について消費者の自主的かつ合理的な選択の機会が確保され、消費者に対し必要な情報及び教育の機会が提供され、消費者の意見が消費者政策に反映され、並びに消費者に被害が生じた場合には適切かつ迅速に救済されることが消費者の権利であることを尊重するとともに、消費者が自らの利益の擁護及び増進のため自主的かつ合理的に行動することができるよう消費者の自立を支援することを基本として行われなければならない」（同第二条１項「基本理念」）

法律で消費者の権利が明確にされた日本で初めての歴史的な条文である。消費者の６つの権利が尊重されなければならないことが謳われている。

６つの権利は、上記の条文のなかに記載されているが、次の６つである★02。

① 安全の確保
② 正しい選択の機会の確保
③ 必要な情報の提供
④ 教育の機会の確保
⑤ 意見の反映
⑥ 被害の救済

> 「消費者の自立の支援に当たっては、消費者の安全の確保等に関して事業者による適正な事業活動の確保が図られるとともに、消費者の年齢その他の特性に配慮されなければならない」（同第二条２項「基本理念」）

　事業者が安全・安心を基本に事業の推進を行うことはもちろん、勧誘・契約にあたっても、年少者や高齢者への配慮が必要であると述べられている。表示・契約書の適正化の促進や、収入や財産に配慮した貸付・契約行為が必要であることなど、また、年少者や高齢者でも使えるような製品上の配慮（ユニバーサル・デザイン等）も含まれてこよう。
　次に６つの権利が企業にとってどのような意味を持つのか、かみくだいて解説する。

3　消費者の６つの権利

(1)「安全の確保」

> 「国は、国民の消費生活における安全を確保するため、商品及び役務についての必要な基準の整備及び確保、安全を害するおそれがある商品の事業者による回収の促進、安全を害するおそれのある商品及び役務に関する情報の収集及び提供等必要な施策を講ずるものとする。」（第十一条）

　文字通り、製品や食物が安全を脅かすことのないよう、それらの品質の向上、安全の確保が企業側に求められる。行政は安全が確保される社会確立のために、各種の施策を講じなければならないとされている。
　「……安全を害するおそれがある商品の事業者による回収の促進、……」とあるのは、リコール制度の拡充を意味している。「……、安全を害するおそれのある商品及び役務に関する情報の収集及び提供等必要な施策」に関しては、現在、内閣府により、各企業の告知・市場改修情報の横断的なポータルサイト設置の準備作業が進められている。その下調査としてACAPが業務を請負い、各企業に「告知」（社告）に関するアンケートを行っている（結

果報告については、第3章章末のコラムで紹介)。

　経済産業省が主婦連合会に「消費者の立場からみた社告のあり方」の策定を業務委託していることも、これらの流れのなかにある。

(2)「選択の機会の確保」

　正しい選択のための「表示の適正化」についても、第二章「基本的施策」においてふれられている。

> 「国は、消費者が商品の購入若しくは使用又は利用に際しその選択等を誤ることがないようにするため、商品及び役務について、品質等に関する<u>広告その他</u>の表示に関する制度を整備し、虚偽又は誇大な<u>広告その他</u>の表示を規制する等必要な施策を講ずるものとする。」(同第十五条「広告その他の表示の適正化等」)

　表示の適正化が、購入に際しての正しい選択の前提であることが記述されている。下線部の6文字が旧消費者保護基本法になかった部分である。

　旧「消費者保護基本法」時代には、商品本体やパッケージの表示を想定していたと思われる。新法では、購入検討の事前情報となる放送や新聞、Web等のマス媒体、カタログなど広告表示物が対象となることを明確にした。

　業界や対象商品を限定せず、誤認を与える表示、誇大な表現を規制する公正取引委員会管轄の「景品表示法」の適用の厳格化、改正などが予想される。

(3)「必要な情報の提供」

　国民の知る権利で、知らされる権利ともいえる。

　このことは、事業者の責務のなかで規定されている。

> 「二　消費者に対し必要な情報を明確かつ平明に提供すること。」(第五条「事

業者の責務」)

　購入前の正しい情報の提供という意味では、「選択の機会の確保」で述べたカタログ、製品パッケージ、Web情報などの表記・表現が該当する。また、購入後では、取扱説明書の記載内容（機能、操作説明、注意・警告）や、発売後の機能向上の案内（バージョンアップのお知らせ等）などの適切な情報提供が求められる。
　「……明確かつ平明に提供すること」とは、一般には理解できない専門用語や、読めないような細かな文字での重要事項の説明、制限事項、免責事項の記載などを戒めている。デジタル・デバイド（情報弱者）問題への対応、子供や高齢者の被害増大への対応である。
　製品不具合や契約内容、提供サービスの運用上のミスなどにより消費者の救済が必要になった場合の「告知」（社告）も「必要な情報の提供」であり、消費者の立場に立って行わなければならないということである。

(4)「教育の機会の確保」

> 「国は、消費者の自立を支援するため、消費生活に関する知識の普及及び情報の提供等消費者に対する啓発活動を推進するとともに、消費者が生涯にわたって消費生活について学習する機会があまねく求められている状況にかんがみ、学校、地域、家庭、職域その他の様々な場を通じて消費生活に関する教育を充実する等必要な施策を講ずるものとする。」（第十七条）

> 「地方公共団体は、前項の国の施策に準じて、当該地域の社会的、経済的状況に応じた施策を講ずるよう努めなければならない。」（同条2項）

　消費者教育を受ける権利は、1962年のケネディ大統領の「4つの権利宣言」（消費者保護に関する特別教書）の後、フォード大統領が5番目の権利に位置づけたものである。

商品形態の変化が大きくなるなかで、消費者自身、従来の生活経験だけに頼っていては消費生活の合理性はほど遠いものになる。近年のように、金融やサービス商品が多岐多様で複雑になっている状況では、商品に関する科学知識だけでなく、期待される利益に対するリスクの存在やサービスの仕組みの理解も必須である。このことは、「貯蓄から投資へ」の流れのなかでますます重要になっている。

　よく教育され啓発された消費者は、批判的思考力と意思決定能力を身につけ、個人としての合理的購買行動が可能になる。さらには、悪質な企業の存在を許さないさまざまな消費者行動（不買運動、告発運動など）、国や地方公共団体の消費者政策への積極的参加により、消費者の権利主張の展開も可能にする。

　今回の基本法では、子供から高齢者までの生涯教育の視点を重要視している。

　本基本法では、第八条「消費者団体の努力規定」、第二十五条「国民生活センターの役割」で、消費者団体、行政機関に対して消費者教育に関する積極的な役割が期待されている。

　　「消費者団体は、消費生活に関する情報の収集及び提供並びに意見の表明、消費者に対する啓発及び教育、……自主的な活動に努めるものとする。」（第八条）

　　「独立行政法人国民生活センターは、国及び地方公共団体の関係機関、消費者団体と連携し、……消費者に対する啓発及び教育等における中核的な機関として積極的な役割を果たすものとする。」（第二十五条「国民生活センターの役割」）

　当然であるが、消費者自身の「自己啓発」も求められている。

　　「消費者は、自ら進んで、その消費生活に関して、必要な知識を修得し、及び

必要な情報を収集する等自主的かつ合理的に行動するよう努めなければならない。」(第七条)

企業については、教育に関して直接的に定められているものはないが、

「五　国又は地方公共団体が実施する消費者政策に協力すること。」(第五条)

と、包括的な協力項目としてふれられている。企業の消費者教育は、従来の「経営目的達成の手段としての情報提供」から、「コンシューマリズム・メイクス・マネー」の概念への転換が求められている。そのほうが長い目で見て、企業の利益につながるという考え方である。

(5)「意見の反映」

第二条の基本理念に述べられている「……消費者の意見が消費者政策に反映され、……」である。また、第十八条で国の責務として、第八条で消費者団体の努力義務としてふれている。

「国は、適正な消費者政策の推進に資するため、消費生活に関する消費者等の意見を施策に反映し、当該施策の策定の過程の透明性を確保するための制度を整備する等必要な施策を講ずるものとする。」(第十八条「意見の反映及び透明性の確保」)

「消費者団体は、消費生活に関する情報の収集及び提供並びに意見の表明、……自主的な活動に努めるものとする。」(第八条)

この消費者基本法の誕生のもととなった国民生活審議会の「21世紀消費者政策の在り方」の答申策定にあたっても、審議会メンバーに消費者団体の関係者も加わり消費者利益の反映を実現している。また、後述する公益通報者保護法、消費者団体訴訟制度の審議においても同様に意見反映がなされて

いる。

　このように消費者団体、企業の消費者対応部門のメンバーが参画することにより、間接的ではあるが消費者の（または消費者の立場に立った）意見が反映されてきているのである。また、「施策の策定の過程の透明性を確保するため……」の具体化として、内閣府や主管省庁のホームページ上で審議過程における議事録も公開されている。

(6)「被害の救済」

　この権利に関しては、最も直接的な消費者救済項目であり、この法律の全編がこれにあてられているといっても過言ではない。しかし、直接的な問題解決に関しては、当事者が企業と消費者という民事の問題であるから、民法を中心とした民事ルールで解決されるべきものである。このため、本法律では、被害の発生を抑止・未然防止することを中心としている。

> 「事業者は、その供給する商品及び役務に関し環境の保全に配慮するとともに、当該商品及び役務について品質等を向上させ、その事業活動に関し自らが遵守すべき規準を作成する等により消費者の信頼を確保するよう努めなければならない。」（第五条２項「事業者の責務」）

　環境への配慮、消費者被害を出さないための品質の向上、そのために守るべき種々の社内基準を設けるよう促し、企業行動の透明性と消費者からの信頼を確保するよう求めている。

　例えば、企業行動憲章、倫理規定、品質基準、そして本書の中心テーマである「告知」や「市場対応」に関する判断基準などが該当するだろう。

> 「消費者団体は、……消費者の被害の防止及び救済のための活動その他の消費者の消費生活の安定及び向上を図るための健全かつ自主的な活動に努めるものとする。」（第八条）

この条項は重要である。「被害の防止及び救済のための活動」を定めた条項はこの項だけである。前述した「21世紀消費者政策の在り方」で提言され、この法律の2年後の2006年に立法化された「消費者団体訴訟制度」（本章第9節参照）が予定されていたからである。一定の消費者団体に差止請求権を認め、迅速な被害の拡大防止を志向しているのが読み取れる。

　国に対しては、

> 「この法律の目的を達成するため、必要な関係法令の制定又は改正を行わなければならない。」（第十一条「法制上の措置」）

として、この法律施行後の新法の制定、既存法の改正強化など被害の抑止・未然防止・拡大防止に必要な措置を講じなければならないことを定めている。

　必要な関係法令の制定には、上記の「消費者団体訴訟制度」や、「公益通報者保護法」「金融商品取引法（投資サービス法）」の制定が含まれてくる。また、被害発生の抑止・未然防止策に関して、第二章基本的施策で各論を展開している（項目のみを列記）。

　「安全の確保」（第十一条）、「消費者契約の適正化」（第十二条）、「計量の適正化」（第十三条）、「規格の適正化」（第十四条）、「広告その他の表示の適正化」（第十五条）、「公正自由な競争の促進等」（第十六条）、「国際的な連携の確保」（第二十一条）、「試験、検査等の施設の整備等」（第二十三条）。

4　国と自治体の責務

> 「国は、経済社会の発展に即応して前条の消費者の権利の尊重及びその自立の支援その他の基本理念にのっとり、消費者政策を推進する責務を有する。」（同第三条「国の責務」）

> 「地方公共団体は、第二条の消費者の権利の尊重及びその自立の支援その他の

基本理念にのっとり、国の施策に準じて施策を講ずるとともに、当該地域の社会的、経済的状況に応じた責務を有する。」（同第四条「地方公共団体の責務」）

「政府は、消費者政策の計画的な推進を図るため、消費者政策の推進に関する基本的な計画（以下「消費者基本計画」という）を定めなければならない。」（同第九条「消費者基本計画」）

　消費者の権利を法律に明記し、その擁護を謳う一方で、単に消費者保護の規制を強化するだけでなく、消費者自身の自己責任による自立した行動を求めている。しかし、事業者に比べ、あらゆる面で格差のある消費者が自立するのはそう簡単なことでも短期間に実現できるものではない。そのため、国、地方公共団体、事業者の責務が、消費者の自立を支援することにあると定めている。

　消費者の権利を保証するための施策と、自立を支援する施策の両面で政策推進するため、国に対しては、国のアクションプランである「消費者基本計画」の策定を期限を定め義務づけたものである。

　この実行計画（消費者基本計画）は2005年4月に閣議決定され、内閣府が主管となり関係省庁横断の全体計画として実施されている。

　また地方公共団体は、国の政策に準じる形で、より実際的な消費者政策を実施することが義務づけられた。都道府県の自治体条例である消費者保護条例、消費生活条例のなかで、喫緊の消費者被害の予防・救済・拡大防止のための施策が織り込まれている。これらの消費者関連条例は、消費者基本法を根拠法として制定されている。

　自治体条例と国の法律の関係では、「健康増進法」を根拠法として、自治体条例による各地の公共施設での禁煙や、東京千代田区の歩行禁煙条例などの実施が身近な例である。

5　事業者の責務

「事業者は、第二条の消費者の権利の尊重及びその自立の支援その他の基本理念にかんがみ、その供給する商品及び役務について、次に掲げる責務を有する。」（同第五条１項「事業者の責務等」）

要約して示すと、以下の５項目である。

一　消費者の安全及び消費者との取引における公正を確保すること。
二　消費者に対し必要な情報を明確かつ平明に提供すること。
三　消費者との取引に際して、消費者の知識、経験及び財産の状況等に配慮すること。
四　消費者との間に生じた苦情を適切かつ迅速に処理するために必要な体制の整備等に努め、当該苦情を適切に処理すること。
五　国又は地方公共団体が実施する消費者政策に協力すること。

　企業は、消費者の権利を尊重するとともに、その自立の支援の理念実現に努力することが義務づけられている。そのために、上記の具体的な５つが責務として定められた。
　一の、「取引における公正の確保」は、営業時の適正な勧誘行為、契約にあたっての適切な行為（重要事項の事前説明、実態にない内容の虚偽の説明等の禁止）を示している。
　二の、「必要な情報を明確かつ平明に提供すること」は、カタログ、契約書において、誰にでも分かる表現、高齢者でも読める大きさの表記、企業にとってネガティブな内容でも、消費者にとって必要な情報は、分かるような表現・位置で表記するなどである（デメリット表示）。
　三の、「取引に際して、消費者の知識、経験及び財産の状況等に配慮する」とは、デジタル・デバイド（情報弱者）への配慮や、年金収入しかない高齢者へ過剰な貸付や、過大なクレジット契約を禁じるなどのことをいってい

る。

　四の、「苦情を適切かつ迅速に処理するために必要な体制の整備等に努め、当該苦情を適切に処理する」は、お客様対応部門の充実、苦情やクレームへの受付窓口の設置とその情報提供、受け付けた苦情はたらい回しなどせず、迅速・適切に処理するなどを促している。

　五は、国、地方公共団体の主催する消費者教育への参画、各種催しへの協力、消費者政策の立案・実施への積極的な参画を期待している。

　第五条2項では、大気、土壌、海洋湖水等の環境汚染、製品に含有される有害物質の排除など関連法令を遵守し、安全・安心の確保に努めるとともに、自然環境の保全への配慮も求めている。

> 「事業者は、その供給する商品及び役務に関し環境の保全に配慮するとともに、当該商品及び役務について品質等を向上させ、その事業活動関し自らが遵守すべき規準を作成すること等により消費者の信頼を確保するよう努めなければならない。」（同五条2項）

　欠陥品や消費者苦情につながる不良品を出さないよう、製品品質やサービス品質の向上を求めている。そのため企業行動基準や品質基準などを定め、社会に公表することが望ましいとしている。

6　消費者の責務（努力規定）

　消費者自身の責務も努力規定の位置づけで述べられている。

> 「消費者は、自ら進んで、その消費生活に関して、必要な知識を習得し、及び必要な情報を収集する等自主的かつ合理的に行動するよう努めなければならない」（同第七条）

> 「消費者は、消費生活に関し環境の保全及び知的財産権等の適切な保護に配慮するようつとめなければならない。」（同八条2項）

七条は、消費者の自立を求めている条項である。市場における適正な関係構築には、事業者ばかりでなく消費者自身にも積極的な情報収集、製品やサービス関する学習など、自主的で合理的な消費者行動を求めている。

八条は、電池や家電廃棄等、法や自治体条例で定められている適切な処理方法を遵守して、消費者による環境汚染のなきよう促している。パソコンのソフトウエアや映像・音響のコンテンツなど、知的権利の侵害行為となる海賊版の購入や違法コピーの戒めの条項である。消費者の項に関しては、責務とするのは時期尚早であるとして、努力規定となっている。

7　苦情処理と紛争解決

苦情処理と紛争解決に関しては、事業者、事業者団体、消費者団体、地方公共団体、国民生活センター、国、それぞれに苦情・クレーム体制の整備と苦情・紛争解決へ向けた積極的な取り組みを求めている。

> 「四　消費者との間に生じた苦情を適切かつ迅速に処理するために必要な体制の整備に努め、当該苦情を適切に処理すること。」（第五条「事業者の責務」）

消費者対応部門の設立・充実を促し、適切な消費者対応の履行を定めている。

> 「事業者団体は、……事業者と消費者との間に生じた苦情の処理の体制の整備、……その他の消費者の信頼を確保するための自主的な活動に努めるものとする。」（第六条）

業界団体の機関である各PLセンターなどに、後述するADR（裁判外紛争解決）の一層の役割促進を求めている。

> 「地方公共団体は、商品及び役務に関し事業者と消費者の間に生じた苦情が専門的知見に基づいて適切かつ迅速に処理されるようにするため、苦情の処理

のあっせん等につとめなければならない。この場合において、都道府県は、市町村（特別区を含む）との連携を図りつつ、主として高度の専門性又は広域の見地への配慮を必要とする苦情の処理のあっせん等を行なうものとするとともに、多様な苦情に柔軟言かつ弾力的に対応するよう努めなければならない。」（第一章　同十九条「苦情処理及び紛争解決の促進」）

「独立行政法人国民生活センターは、国及び地方公共団体の関係機関、消費者団体と連携し、……事業者と消費者との間に生じた苦情の処理のあっせん及び当該苦情係わる相談、消費者からの苦情等に関する商品についての試験、検査等及び役務についての調査研究等、……積極的な役割を果たすものとする。」（第二十五条「国民生活センターの役割」）

「国及び都道府県は、同上の苦情処理が適切に処理されるようにするため人材の確保と資質の向上のための必要な施策を講ずること」（同２項）

　地方公共団体においては、都道府県、区市町村の苦情処理委員会の活性化、消費生活センターでのADR機能の発揮が求められている。
　これを具現化するために各都道府県の「消費生活条例」が改正されてきている。
　国の消費生活センターともいえる独立行政法人国民生活センターには、消費者対応機関の中枢として、一層のイニシアチィブの発揮が求められている。

8　自立する消費者の支援基盤——透明な市場ルールの整備

　新しい消費者政策の当面の目標は、市場の当事者である消費者と事業者の自由な判断に基づく行動を保障し、当事者が選択した行動がもたらした結果に対する責任を明確にすることである。当事者が、責任のある行動をとれるためには、当事者からみて、自ら選択した行動と行動の結果に対する責任の関係が、明確で分かりやすいこと（透明であること）が何よりも重要だ。

政府や行政が個別的・業種別に事業者を規制することを可能な限り少なくし、当事者に透明で包括的な市場ルールに基づいた自由な行動を期待し、市場メカニズムの自立的な機能により多くの問題解決を委ねなければならない。
①市場ルールの違反に対する国の厳しい事後チェック、事後罰則
②民事ルールである民法の整備・拡充（消費者契約法、製造物責任法、成年後見人制度／任意後見法）、独禁法、景表法の改正・運用の強化
③牽制・抑止力、即効性のある差止請求権の拡充（消費者団体訴訟制度）
④公益通報者保護法などによる内部通報者の保護
⑤司法による迅速な消費者救済措置（少額訴訟制度、法テラスの整備）
⑥迅速・簡便な裁判外紛争解決手段（ADR）の機能拡充（PLセンター、消費生活センターなど）
⑦消費者団体、NPOによる市場監視・消費者運動の活発化
⑧事業者団体による「自主規制ルール」「ガイドライン」づくり
⑨生涯学習による消費者教育の充実（小〜大学、成人・高齢者教育、企業教育）
以上が、21世紀型消費者政策の実現を支える重要な柱である。

6 消費者基本計画

1 消費者基本計画とは——省庁横断の行動計画

消費者政策の目標は、消費者の権利を尊重し、消費者の自立を支援するという消費者基本法の理念を実現していくことにある。

この実現性を具体的に担保するために、2005年4月「消費者基本計画」が閣議決定された。消費者基本法のなかで、国が策定を義務づけられていたものである。この行動計画は以下を特徴としている。
①2005〜2009年までの長期を踏まえた消費者政策の指針となること
②3つの基本的方向性と9つの重点的な取り組み課題が示されたこと

③いつまでに何をやるという実施時期と、実施する責任省庁を明確にしたこと
④内閣府（消費者政策会議）によって策定された、関係省庁横断の具体的な行動計画であること

2　行動計画の概要──3つの重点施策と今後5年間の重点的取り組み

国の最重要課題として、次の3つの基本的方向性が示された。
①消費者の安全・安心の確保
②消費者の自立のための基盤整備
③緊要な消費者トラブルに対し、機動的・集中的な対応
また、今後5年間の重点的取り組みに関しても以下の行動計画が示された。
①リコール制度の強化・充実：自動車メーカーへ定期的な安全情報の義務づけ、問題メーカーへの集中的監査の実施、必要があれば現車確認、試験の実施。消費生活製品など製品の危害・危険情報の行政への報告制度の検討。社告など製品回収情報の一覧ポータルサイトの設置
②リスク・コミュニケーションへの消費者の参加促進：食に関する情報の積極提供と計画的に意見交換の場を設け、その評価・検証も実施する。
③食の安全・安心分野におけるトレーサビリティー・システムの普及促進：「生産情報公表JAS規格」の対象品目の拡大。「牛肉トレーサビリティー法」が確実に実施されているかの検査、指導、表示内容の確認。
④分野横断的・包括的な視点に立った取引ルールづくり：金融分野における投資サービス法制の検討。貸金業制度の将来的なあり方を含め、消費者信用全体の観点から検討。迷惑メールを抑止・防止するための方策検討。
⑤消費者団体訴訟制度の導入：消費者契約法を基本として検討、2006年立法化、2007年6月施行予定。将来、独禁法、景表法への団体訴権の導入検討。
⑥学校や社会教育施設における消費者教育の推進：内閣府・文部科学省間の連携強化、地方公共団体との意見交換、消費生活センターと教育委員

会の連帯強化、ネットワークづくり。消費者教育の体系化、推進方法の検討。
⑦環境に配慮した消費者一人ひとりの取り組みの促進：3Rなどの普及・啓発など環境教育の推進。NPO／消費者団体の省資源・省エネ実践活動の支援。化学物質の環境リスクに関する情報提供。
⑧消費者からの苦情相談情報の活用：国民生活センターは全国から寄せられる苦情相談情報、危害、危険情報を分析、政策提言を行い、政府はそれを参考に消費者トラブルの防止にあたる。消費生活センターと日本司法支援センター（法テラス・新設）、関係機関とのネットワークのあり方を検討。国際的な消費者トラブル情報サイトを整備、法執行機関等との国際連携を図る。
⑨緊要な消費者トラブルへの対応：架空請求・不当請求を排除するため取り締まりの強化、トラブル情報の金融機関への提供。プリペイド式携帯電話の契約者本人確認の徹底。偽造キャッシュカードによる被害の防止、救済。フィッシング取り締まり対策強化。外為証拠金取引に金融先物取引法を厳正に運用。

3　消費者基本計画の意義

消費者基本計画の意義については、以下の4点が挙げられる。
①長期的視点に立ち、担当省庁が明確になって具体的アクションプランとなっており実効性が担保されている。
②計画立案者である消費者政策会議★03（議長は内閣総理大臣）には消費者、事業者、学識経験者から構成される国民生活審議会の意見が反映される仕組みとなっており、パブリックコメントの募集など消費者の意見の反映の場が用意されたこと。
③従来、各省庁が後追い的に対応を進めるという構図になっていたが、今後はこの消費者基本計画を基に、各省庁の専門部局が戦略性を持って取り組むことが可能となった。
④この基本計画をふまえ、現在、各地方自治体では、消費者生活条例の見

直し、改正作業に入っている。

　現実には、「改正消費生活用製品安全法」の施行に見られるように、当初策定された計画以上に踏み込んだ内容で実施されている例もある。国民の安全・安心を脅かす現実が多発・深刻化しているためといってよい。

　一方で、以下の2点が課題として指摘されている。
①消費者団体訴訟制度の導入検討が特定商取引法について盛り込まれなかったこと、また差止請求権は認められたが、損害賠償請求権は今回見送られた。
②個人情報保護法にかかわる個別法の検討が取り上げられなかったこと。

　なお、計画を実効性あるものにするために、消費者政策会議★03は毎年、計画の進捗状況について検証、評価、監視を行い、その結果を公表すると同時に必要な見直しを行うことになっている。また、計画の内容や進捗状況を消費者、事業者に情報発信する、関係諸団体との意見交換など連携を強化する、新たな問題発生時には消費者政策会議★03を機動的に開催し迅速に対応するなどとしている。

7　「消費者基本法」施行の影響

1　個別法、条例への影響

　「消費者基本法」は、消費者と事業者（企業）の関係を規定する理念法である。

　すでに述べたとおり、消費者関連の既存法のすべてに影響を与えるという意味で、計り知れない影響力を持っている。

　しかし、基本法なるがゆえに、企業にとってはその間接的かつ底流的影響に気がつかず、企業活動への直接の影響を予見しづらい面がある。コンプライアンス経営や企業統治、CSRをサポートすべき法務部門や弁護士、CS経営をサポートするCS部門やお客様対応部門といったスタッフの人たちの中

でも、認識が薄いのが実態であろう。
　この法律の実効的威力は、それぞれの分野の既存の個別法や自治体の条例のなかで、改正や適用の厳格化を通じて着実に活かされてくることにある。また、必要な新法の制定も予定されている。
　制定された基本法の条文のなかで、このことが示されている。

　「国は、この法律の目的を達成するため、必要な関係法令の制定又は改正を行なわなければならない。」（第一章　第十条「法制上の措置等」）

　「地方公共団体は、……消費者の権利の尊重及びその自立の支援その他の基本理念にかんがみ、国の施策に準じて施策を講ずるとともに、当該地域の社会的、経済的状況に応じた責務を有する。」（第一章　第四条「地方公共団体の責務」）

　「国及び都道府県は、商品及び役務に関し事業者と消費者との間に生じた紛争が専門的知見に基づいて適切かつ迅速に解決されるようにするために必要な施策を講ずるよう努めなければならない。」（第二章　第十九条3項「苦情処理及び紛争解決の促進」）

(1) 既存法の改正

　既存法の改正のなかでもっとも重要なものは、消費者団体訴訟制度の導入である。この制度は、消費者に代わり消費者団体が不当な契約や勧誘行為を行っている事業者を裁判に訴えることができるようになるものである。
　その意味では、新法の制定といってよいが、法の一元性の観点から2001年に制定された「消費者契約法」のなかに盛り込まれ、「改正消費者契約法」として2006年5月31日に制定された。施行は2007年6月である。このことについては後述の「消費者団体訴訟制度」（本章第9節）で詳細を紹介・解説する。
　消費者団体訴訟制度は、将来の更なる強化に向けて訪問販売や通信販売、

電子商取引を規制する「特定商取引法」、また、「独禁法」「景品表示法」のなかでの適用も検討されることになっている。

窮地に陥っている借り手に、高率の利子で貸し付ける貸出金利の適正化が問題になっている。いわゆる金利のグレーゾーン問題である。

貸出金利の上限を定める法律としては、利息制限法と出資法があり、貸出金額によって15〜20％、〜29.2％と、それぞれ上限が決められている。

しかし、利息制限法の上限金利20％を超える金利で貸し出したとしても出資法の29.2％を超えなければ刑罰の対象とならない。そのため貸金業界では、この制限を超える利率の契約が行われることが多かった。これは、貸金業者を規制する「貸金業規制法」の「任意に支払った場合のみなし弁済」という重大な例外規定があり、これを多用しているものである。自殺者を出すなど過剰貸付け、不当なとりたて行為と併せ、「貸金業規制法」見直しの検討が進んでいる。2006年秋の臨時国会で法案提出され、2007年の施行が予定されている。すでに銀行系の消費者金融が改正法の施行を先取りする形で貸出金利の引き下げに動いている。

その他、現在、薬事法、道路運送車両法のみに義務づけられているリコール制度を、食品や家電製品にも拡充させることも将来の課題として検討されている。

経済産業省は、石油温風暖房機、ガス瞬間湯沸かし器による重篤な人身事故拡大の反省にたち、「消費生活用製品安全法」の改正による重大な事故の届出義務化と公表制度を実現させた（第5章4節6項参照）。

国土交通省は、エレベータへのリコール制度の導入を検討している。

これら制度導入の背景には、外資系企業のエレベータ事故、ガス器具メーカーの瞬間湯沸かし器事故にみた、メーカーの製造責任とメンテナンス会社の保守責任の不透明さや、不可解な関係など、諸々の問題があった。すくなくとも、利用者不在の現実だけは確かなことである。

リコール制度の拡充への動きは、今後、ますます高まっていくだろう。

外部の強制によって告知や市場改修を行うのではなく、消費者の救済は企業の自主的責務であり企業の良心であるという自覚で、適切な企業行動を

とって欲しいものである。

　内閣府は、2008年の通常国会に国民生活センター法の改正案を提出して、同センターにADR（裁判外紛争解決）機能を持たせる方針を固めた（ADRについては、第6章6節4項参照）。2009年度にも実現する方針である。

　消費者が製品やサービスに不満を持つ例は多く、同センターでは従来から消費者と事業者の調停などを手がけていた。しかし、同センターに対しては紛争処理に関して明確な法的な裏づけがなく、悪質な事業者が消費者との話し合いに応じないなど限界が指摘されていた。同センターに事業者を呼び出す権限などを設け、センター内に設ける第三者機関で消費者と事業者の紛争を解決する仕組みを目指すとしている。

(2) 既存法の厳格適用

　法改正が成されない場合でも、既存法のなかで適用の厳格化が進んでいる。

　2005年11月、家電メーカーの温風暖房機の死亡事故で経済産業大臣から発令された回収・告知の徹底命令は、「消費生活製品安全法」第82条の初の適用であった。ガス瞬間湯沸かし器事故を起こしたガス器具メーカーに対しても2例目の発動を行っている。

　また、高齢者を狙い撃ちした悪徳住宅リフォーム業者の逮捕は、「特定商取引法」の厳格適用の例である。

　国土交通省は、消費者基本法施行に伴い設立されたリコール調査員室（交通安全環境研究所）を、2006年5月の道路運送車両法の改正とともにリコール技術検証部として検証力を強化している。製造現場の一線で活躍した車メーカーのOBを集め、自動車メーカーがリコールを適切に届けているかを検証するものである。現在、メーカー側の届出に委ねられているものを、一般のドライバーから寄せられた不具合情報や、交通事故の際の警察からの通報、運送業者からの事故報告書に基づきメーカーからの聞き取りや実験を通じて原因を調査し、欠陥隠しを独自に調査する。設計・製造上で問題があれば同省がメーカーに告知やリコールなどの対策を要求する。前身のリコール

調査員室時代には、1年半の間に約600件の不具合を分析し、30件のリコール届出につなげたという。この1年の車両のリコール届出の急増の背景には、この事情が働いているのは間違いない。事業者に対する牽制・抑止力が働き始めている。

表示・広告物で根拠のない効用をうたった製品やサービスに対しては、「特定商取引法」で定められていた20日以内の客観的実証データの提出義務の運用強化が経済産業大臣名の通達で出され、摘発や営業停止の行政措置も始まっている。

景品表示法による広告宣伝・表示物の「優良誤認」「原産地表示違反」も数多く適用され、多くのエステティックサロン、健康食品会社、食料品メーカーが是正勧告を受けている。

公正取引委員会は、2005年から、毎年募集している「消費者モニター」経験者のなかから、200名の「消費者取引適正化推進員」を新たに募集し、不当な価格、品質表示、業者間の価格協定（談合）に対する監視を強化している。

「貸金業規制法」（不当な取立て行為の禁止）で営業停止の行政命令を受けた消費者金融大手企業、「金融商品販売法」（説明義務違反）で金融庁から営業停止命令を受けた大手損害保険会社・生命保険会社など、既存法による適用強化はすでに現実のものとなっている。

このように身近に報道される事件のなかに、「消費者基本法」の影響をはっきりと見ることができる。

(3) 新しい法律の制定

新法の制定としては、金融商品取引法が制定に向けて動き出している。「貯蓄から投資へ」の国の政策誘導のなかで、投資リスクや、投資会社の財務リスクから一般投資家を保護するためと、投資ファンドに対する規制や不公正な株式取引の罰則規定の強化による証券市場の透明性・健全性確保の2つを目的にしているものである。

複雑化・複合化してきている金融商品は、従来の個別の業法では消費者被

害の防止は難しい。特に新たな収入が見込めず、老後の蓄えを投資する高齢者の被害は、回復不可能な場合が多いため事態は深刻になる。株式、債権、外貨預金など元本が保証されないリスク商品について共通の販売・勧誘ルールを設け、これに沿った営業活動を金融機関に義務づけるものである。これに違反した販売業者には業務改善命令などの行政処分が下されることになる。

　個人投資家の保護のため、金融業者の財務状態の健全性の公表も義務づけ、金融商品を幅広く規制する法律として2006年6月7日参議院で可決・成立した。2007年夏の施行が予定されている。

　この新法の成立には、ライブドア事件、村上ファンド問題も影響している。

(4) 自治体条例の改正

　地方公共団体は「消費者基本法」の施行をうけて、さまざまな施策に動き出している。国の消費者政策を実質的に支えるのは、消費者（生活者）の身近にある都道府県、市町村である。国も、消費者基本法の理念実現に向けては、地方公共団体の活動にその実効性を期待している。

　地域で発生する悪徳業者からの消費者被害の防止には、自治体条例の強化が直接的である。悪徳業者の指名公表はその第一歩として動き出したものである。各県のホームページには、氏名を公表された業者が掲載されている。

　東京都は悪徳業者の氏名公表から一歩踏み込んで、業務停止命令を出せるよう条例の改正を検討している。

　被害の予防の為には、消費者自身に被害に遭わない判断力を身に受けさせること、問題解決のための具体的支援が源流施策として重要である。消費者教育と、より身近な市町村での相談業務・ADR（「裁判外紛争解決」第6章6節4項参照）機能の強化に乗り出している。

(5) 普及への努力

　「消費者基本法」の普及活動についても、さまざまな努力が進められてい

る。

　内閣府国民生活局が編集・発行している『ハンドブック消費者』の2005年版では、国の消費者政策として「消費者基本法」「消費者基本計画」「公益通報者保護法」が紹介されている。また、度道府県のホームページでも「消費者基本法」に基づく行政施策の概要が公開されている。

　独立行政法人国民生活センター発刊の雑誌『確かな目』、日本消費者協会の『月刊消費者』では、すでに「消費者基本法特集」が組まれ概要が紹介されている。

　ACAP（社団法人消費者関連専門家会議）編の『お客様相談室』でも、お客様相談室関係者に必要な知識として「消費者基本法」「公益通報者保護法」の概要が紹介されている。

　日本消費者教育学会編『消費生活思想の展開』（税務経理協会）が出版され、教育の専門家としての学問的な考察がジャンル別に展開されている。

　また、実際に消費者の苦情相談にのっている地方自治体の「消費生活センター」には、「消費者基本法」施行についてのパンフレットが配備されている。

　このように消費者行政サイド、消費者関係団体にあっては、消費者基本法は十分に浸透しているといってよい。一方、企業の立場からの啓発・普及に関しては、比較において著しく認識不足であり、普及が十分行きわたっているとはいいがたい。

　企業の経営者向け、マネジメント向けに発信されたものとしては、ビジネス雑誌『WEDGE』（2006年6月号、ウェッジ）に特集された「消費者団体訴訟」が初めてではないかと思われる（「武器を手に入れる消費者に戦いを迫られる企業──導入される団体訴権、トップは地殻変動を意識せよ」）。

　消費者基本法、公益通報者保護法、消費者団体訴訟制度に関しては、おびただしい新聞露出がなされているにも係わらず、企業人の視認度、理解・認識は低い。彼我の差が著しいのはなぜだろうか。

　実利に直結する内容にならないと認識しづらい企業人と、消費者問題の底流を考え続けてきている消費者問題関係者との違いがベースにある。

また、消費者基本法が理念法であり、企業にとっての直接的な影響が見えにくいのも見逃しにつながっていると思われる。

2　理念実現のための担保措置

基本法の性格上、条文は短期に変更されることを前提としていない。

個々の条文は理念を述べあるべき方向性を示しているが、幅広い抽象的表現になっており個別の事象に適用するものではない。そのため、国が責務として制定が義務づけられた「消費者基本計画」は、5年間という期間を明示したうえで、各省庁が行う具体策が示されている。また、個別法や自治体条例への反映のことも述べたとおりである。

この「消費者基本法」は、それでも担保されづらい全体の枠組みに影響を与える法律と新たな制度を追加している。

内部告発による問題の顕在化を目指した「公益通報者保護法」と、消費者団体の主体的な行動によって、悪徳な商行為を止めさせる訴訟を起こすことのできる「消費者団体訴訟制度」の2つである。この2つについては、本章の第8節と9節で詳細を解説する

3　消費者基本法と個別法、条例の関係

以上述べてきた消費者基本法（消費者基本計画）、個別法、公益通報者保護法、消費者団体訴訟制度の関係を図表4-2に示した。

消費者基本法、消費者基本計画、公益通報者保護法、消費者団体訴訟制度は内閣府が、その他の個別法はそれぞれの省庁の管轄である。

消費者基本法の実効性の理解は、政策転換の理念を示した「消費者基本法」、その理念を具体化した各省庁の行動計画である「消費者基本計画」がまずベースとなる。不正問題を顕在化させる「公益通報者保護法」、不正な契約・勧誘行為を行う悪徳業者に対して消費者団体に訴訟権を与え、差止請求権を与えた「消費者団体訴訟制度」が担保措置ということができる。そして、水際での被害防止をめざす「自治体条例への反映」の一連の流れを把握しないと、その影響の全貌を理解できない。

図表4-2　「消費者基本法」の位置づけ、個別法への影響

位置づけ	消費者と事業者の関係を規定するすべての憲法となる。 理念法であるが個別法の根拠法となる。
影響	消費者と事業者の関係を規定する憲法が変わることにより、その2者にかかわる関連個別法規の見直しが行われる。自治体条例の見直し。公益通報者保護法、消費者団体訴訟制度の導入。

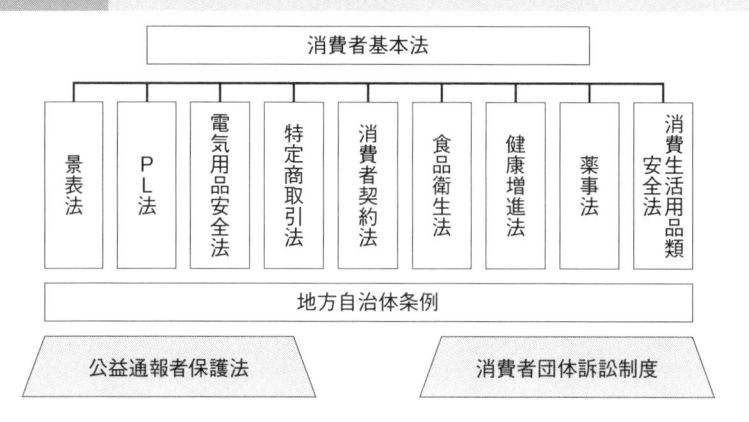

```
                         消費者基本法
   ┌──────┬──────┬──────┬──────┬──────┬──────┬──────┬──────┐
 景表法  PL法  電気用品  特定商  消費者  食品衛  健康増  薬事法  消費生活用品類
              安全法   取引法  契約法  生法   進法           安全法
   └──────┴──────┴──────┴──────┴──────┴──────┴──────┴──────┘
                       地方自治体条例
      公益通報者保護法              消費者団体訴訟制度
```

その意味で、本書は、その全貌を一気貫通で紹介・解説したものとして、企業関係者に十分に活用していただきたいと思っている。

8　公益通報者保護法

1　「公益通報者保護法」制定の背景

近年、消費者の信頼を裏切るような企業不祥事が続発し、これらの多くは、事業者内部の労働者等からの通報を契機として明らかになっている。行政の不透明な業務処理についての表面化も同様である。

しかし、労働者がどのような通報を行えば解雇等の不利益から保護されるのかについては、これまで必ずしも明確ではなかった。告発者は、不祥事による影響の深刻化を社会に知らしめ、悪影響の拡大を防止する点で社会全体

に大きな貢献をしている。にもかかわらず、個人的には有形無形の形で冷遇される場合も多かった。

このような現状を踏まえ、事業者等の法令遵守を確保し国民生活の安全や安心に資するため、「公益通報」した労働者に対する解雇等の不利益な取り扱いを禁止する「公益通報者保護法」が2004年6月に制定され、2006年4月1日から施行された。「内部告発」「内部通報」という言葉は、日本の風土になじまないとして、名称は「公益通報」とされた。

2　概要

保護される対象は、企業や官公庁に勤務する労働者である。

「公益通報」とは、①労働者が、②不正の目的でなく、③勤務先・取引先またはその経営者や従業員に関して「通報対象事実」が生じ、またはまさに生じようとしている旨を、④（ⅰ）勤務先等、（ⅱ）権限を有する行政機関または、（ⅲ）被害の拡大防止のために必要と認められる者のいずれかに通報することをいう。

ここでいう「通報対象事実」とは、国民の生命、身体、財産その他の利益の保護にかかわる法律として、別表に掲げる法律（刑法、食品衛生法、JAS法など413本）に規定する「犯罪行為及び一定の重大な法令違反」である。

これらの要件を満たす場合、公益通報をしたことを理由とする解雇は無効であり、その他の不利益な取扱い（降格、減給）も禁止される。

なお、本法による保護の対象にならない通報については、これまで通り労働基準法など従来の法体系のなかで解雇の無効等が判断される。

3　課題

しかし、この法律は、経済界の慎重論や共同体文化を大切にする国民性を考慮していくつかの制限が加わった。対象事案を、国民の生命・財産に係わること、犯罪や重大な法令違反に限っていること、もっとも自由に発言ができる立場にある退職者と、内情をよく知っている取引先の事業者を保護の対象としなかったことなどである。

このため、法律制定にあたって、衆参両院で将来の課題として多くの付帯決議が付け加えられている。
　この法律の建前としての内部通報の促進と、履行面での課題について少し触れておく。まず、通報者が保護される対象通報の要件の制限である。
　企業や官庁など自組織内への通報については、他人をおとしめる目的や自らの不正（利益）目的は除外されるという、ごく常識的な制限となっている。
　一方、外部への通報の保護要件には厳しい条件が設けられている。
　行政機関への通報には、「信じるに足りる相当の理由」が必要であるとされている。またマスコミなどその他への外部通報は、自組織や行政機関へ通報すれば「解雇その他不利益な取り扱いを受けると信ずるに足りる相当の理由」や「証拠が隠滅され、偽造され……おそれがあると信ずるに足りる相当の理由」などを通報の要件とするなど、通報の緊急性と矛盾するものとなっている。
　「不利益な取り扱いを受けると信ずるに足りる相当の理由」「証拠が隠滅され、偽造されるおそれがあると信ずるに足りる相当の理由」を通報者が証明するのは大変困難である。証明できたとしてもその証明には時間を要するから、その間不祥事は見過ごされることになってしまう。
　確かに、事業者に与える不確かな内容や不正による外部通報の濫用は、公表や報道された場合、その影響も大きいため慎重な適用が図られなければならない。企業や官公庁が内部通報を受け入れる適切なしくみを用意し、労働者が信頼できるシステムと認知し定着すれば、外部への通報はめったにされるものではない。
　しかし、不祥事に気がついた労働者がまず内部通報せざるをえないとすると、微妙な問題を含んでいる。通報事象に会社の上層部がどのように関与しているのか、その広がりは通報者には分からないケースが多いから、通報者は不安を覚えるであろう。その危険を冒してまでとなると、訴訟や場合によっては退職覚悟での行動決意が必要になるのではないか。

4　円滑な運用を支えるために

　この法律の制定により、社内通報制度を設けた企業も多い。しかし、社内通報制度をつくることも大切だが、経営トップが不正を許さない姿勢を持ち内部にその姿勢を示すことが、不祥事を発生させない最も有効な手立てである。

　また、万一、違法行為があった場合には、通報者に対して厳格な守秘義務を果たすこと、不正を犯した者を厳罰に処すなどトップ自ら身をもって示すことが大切である。

　その意味でも、社内通報制度は、社内のコンプライアンス体制や内部統制の仕組みと一体で運用されるべきものである。

　公益通報者保護制度の円滑な運用にあたっては、通報を受ける事業者および行政機関の体制整備、労働者等への周知が行われること等が必要である。

　このため、国は、本制度について分かりやすく解説したパンフレットやハンドブック、事業者や行政機関の体制整備に役立つような通報処理ガイドライン等を作成し公表している。また、2006年4月1日から内閣府において労働者、事業者が公益通報者保護法について相談できる窓口を設置している。

　制度が定着するまでは、通報者は、通報した場合どういう処理をされるのか分からないという獏とした不安を抱えている。そのような不安や疑問が一日も早く払拭されるよう、守秘義務の厳守、通報者の地位保全、通報事実の具体的改善に向けた関係者の努力に期待したい。

9　消費者団体訴訟制度

　消費者団体に差止訴訟の原告資格を持たせる「改正消費者契約法」が、2006年5月31日に参議院で可決、成立し、2007年6月から施行された。日本でも「消費者団体訴訟制度」が誕生したのである。消費者に不利益な契約を結ばせたり、悪質な勧誘を行っている事業者に対して、消費者団体が訴訟を

起こすことができる根拠法となる。消費者団体が裁判で勝訴した場合には、その悪質な営業行為全般を中止させることができるようになる。地方公共団体や消費者団体から切望されていたもので、消費者被害の拡大防止につながるものとして大きな期待が寄せられている。

1　背景と制度設計の経緯

　近年、商品やサービスの契約に関わるトラブルが増加しており、その内容は一段と多様化・複雑化している。悪質な業者により、繰り返し被害にあうなど広域化・悪質化しているのが特徴である。これら消費者被害の拡大を早期にくい止め、再発させないようにすることが求められていた。リフォームや架空請求などの悪徳商法に遭った消費者も、一人ひとりの被害額が少額のため裁判を起こす費用のほうが多額になり、結局泣き寝入りしてしまうことが多い。その結果悪徳業者は野放しとなり、消費者被害は全国に拡大してしまう。

　各地の消費生活センターが受け付けた2004年度の消費生活に関する苦情・相談件数は183万件にのぼり、5年前の4倍となっている。その95％が契約や販売方法にまつわるものである

　①消費者契約に関連した被害は、同種の被害が多数発生
　②被害を受けた消費者については、消費者契約法により個別的・事後的に救済することはできるが、同種の被害の広がりを防止することは困難
　③消費者被害の発生・拡大を防止するため、事業者の不当行為自体を抑止する方策が必要
　④消費者全体の利益を守るため、一定の消費者団体に事業者の不当な行為に対す差止請求権を認める制度（消費者団体訴訟制度）を早期に導入することが必要
　⑤こうした制度は、わが国に先駆けEU諸国において広く導入されている

　このような状況認識のもと、何らかの方策の必要性は、2000年4月の「消費者契約法」制定時の衆・参両院の付帯決議や司法制度改革推進計画等でも課題となっていた。また「消費者団体訴訟制度」の導入は、2003年5月の

「21世紀型消費者政策の在り方」の提言で、「公益通報者保護法」とともに消費者基本法の実効性を担保するために検討されるよう提言されていたものである。

国民生活審議会消費者生活部会の下に「消費者団体訴訟制度検討委員会」が設置され、制度設計のための具体的検討が進められた。同検討委員会は、2005年6月に「消費者団体訴訟制度の在り方」としてその方向性をとりまとめた。

この報告書のなかで、消費者団体は消費者の利益の擁護を図るため、消費者に代わって市場において事業者の行為を監視するなど、消費者の視点にたって活動することが期待されているとした。「消費者基本法」では、消費者団体の責務として、「消費者の被害の防止及び救済のための活動」が盛り込まれ、この制度の重要な担い手として消費者団体に訴権を与えることを想定している。

また、法的な位置づけとしては、業種、対象商品を制限しない一般法としての性格から、消費者契約法を基本とすることが適当であるとしている。

次項ではこの消費者契約法の中核となる「契約の取消権」と「契約内容の適正化」について説明する。

2 「消費者契約法」の概要

消費者団体訴訟制度が盛り込まれた「消費者契約法」は、2001年4月に施行されたものである。

消費者契約法は、個別の業界や特定の指定商品や指定役務に適用されていた消費者被害防止のための各種の規制法（業法）の枠を越えて、契約や勧誘行為全体に投網をかける一般法の位置づけとなっている。契約の一般法である民法や商法との関係でみると、消費者契約法は、消費者契約について特則を定める民法や商法の特別法となる。また、「消費者契約法」制定前に定められていた特定商取引法（訪問販売や電子商取引を規制する法律）、割賦販売法、宅地建物取引業法、貸金業法などの各種業法は、消費者契約についてさらに業種等によって、特則を定める消費者契約法の特別法ということになる。

消費者契約法は、不当な勧誘や不当な契約が発生した場合に、被害を受けた消費者本人がその契約の取消や契約のなかの不当な条項の無効を裁判に訴えることのできる画期的な法律であった。
　大きくは「契約の取消権」と、不当な契約条項の無効を主張できる「契約内容の適正化」が設けられている。

(1) 契約の取消権

「契約の取消権」に関しては、①消費者の**誤認の場合**の取消権と、②消費者が**困惑した場合**の取消権が認められている。

①消費者の誤認の場合の取消権
　事業者が消費者契約の締結について勧誘する場合に以下の行為をすることによって消費者が誤認をし、その誤認が原因で消費者が契約した(または契約の申し込みをした)ときは、消費者はその契約や申し込みを取り消すことができる。

・客観的、実証的効果もないのに、有用性のないものを売ったりした場合（不実告知）
・不確実性のある金融商品などを、確実に値上がりするなどと説明して販売する（断定的判断の提供）
・元本割れなどのリスクや不利益な事実など重要事項を故意に知らされなった場合（不利益事実の不告知）

②消費者が困惑した場合の取消権
　事業者が消費者契約の締結について勧誘する場合に、以下の行為をすることによって消費者が困惑し、その困惑が原因で消費者が契約した（または契約の申し込みをした）ときは、消費者はその契約や申し込みを取り消すことができる。

・事業者に対して、消費者が、その住居またはその業務を行っている場所から退去して欲しい旨を意思表示をしたにもかかわらず、それらの場所

から退去しないこと（事業者の不退去）
・事業者が消費者契約の締結について勧誘している場所から消費者が退去する旨の意思表示をしたにもかかわらず、その場所から消費者を退去させないこと（消費者の拘束・監禁）

(2) 契約内容の適正化

　不当な契約条項の無効を定める「契約内容の適正化」に関しては、大きく次の3つの類型に分かれている。①事業者の損害賠償責任を免除する条項、②消費者が支払う損害賠償額の予定条項、③一般的に消費者の利益を一方的に害する条項の無効である。

①事業者の損害賠償責任を免除する条項

　事業者による債務や責務の不履行によって生じる消費者の不利益を賠償する事業者の責任を免除する不当な条項を無効とするものである。
・事業者の債務不履行により消費者に生じた損害を賠償する責任の全部を免除する条項
・事業者の債務不履行により消費者に生じた損害を賠償する責任の一部を免除する条項
・消費者契約における事業者の責務の履行に際してされた当該事業者の不法行為により消費者に生じた損害を賠償する民法の規定による責任の全部を免除する条項
・消費者契約における事業者の責務の履行に際してされた当該事業者の不法行為により消費者に生じた損害を賠償する民法の規定による責任の一部を免除する条項
・消費者契約の目的物に隠れた瑕疵があるときに、当該消費者に生じた損害を賠償する事業者の責任の全部を免除する条項

②消費者が支払う損害賠償額の予定条項

　契約の解除や支払いの遅延に際し、あらかじめ消費者が支払うべき違約金

を定めてあっても事業者に与える一般的損害の額を越えて請求した場合は、超えた額を無効とするもの。
・消費者契約の解除に伴う損害賠償額の予定または違約金を定める条項
・消費者契約に基づき支払うべき金銭を消費者が支払い期日までに支払わない場合における損害賠償額の予定または違約金を定める条項

③消費者の利益を一方的に害する条項
　民法の基本精神である信義則に反した一方的な消費者の権利制限や負担の増加を定める条項を無効とするもの。
・民法、商法その他の法律の公の秩序に関しない規定の適用による場合に比し、消費者の権利を制限し、または消費者の義務を加重する消費者契約の条項であって、信義誠実の原則（民法1条2項）に反して消費者の利益を一方的に害するもの

　以上が、「消費者契約法」に規定された「契約の取消権」「契約内容の適正化」の概要である。

3　消費者契約法の限界

　このように、消費者契約法によって消費者契約の被害予防や救済に道がひらかれることになった。多くの消費者契約の分野で契約適正化のための法制度が準備されたのである。
　しかし、消費者契約法で消費者に認められた契約の取消権や不当条項の無効は、契約当事者である個人としての消費者が、訴訟を起こすなど権利行使を行わなければ効力を生まない。
　日ごろ法律的な環境にない消費者が、この法律を自分に起きている事案と結びつけ訴訟などの行動に移すのは、現実のところなかなか難しいことである。
　消費者と事業者とでは、契約締結時の交渉能力の格差あるだけでなく、紛争が生じたときの紛争対応力においても大きな格差がある。そのため、対応力のない消費者が事業者と対抗して争うことは簡単ではない。被害を受けて

も、立場の弱い消費者は泣き寝入りしてしまい、訴訟しない人が多くなってしまう。

　悪徳業者は野放しとなり、事情を知らない他の消費者が同じ手口で被害を受け、被害が拡大することも少なくなかった。消費者契約法は、他の消費者への被害の拡大防止や、悪徳業者に不法な営業行為を止めさせることができないなど、消費者保護法制として、大きな限界を持っていた。高齢者を狙い撃ちしたリフォーム詐欺や、消費者金融大手の過酷な取立て問題も、国民生活センターや各地の消費生活センターには、これらの苦情が数多く寄せられていたのである。

4　消費者団体訴訟制度の誕生

　この制度の誕生により、消費者契約法に違反して行った不法な勧誘や契約に対して消費者団体が調査を行い、事実であれば事業者に改善を要求し、対応が不十分な場合には不法な勧誘や契約行為を差し止めする請求を起こすことが可能になった（差止請求権）。

　消費者契約法が消費者個人対法人を規定するものであり、同種の被害の拡大を防止するためには限界があったことは前述した通りである。

　しかし今までは、消費者団体は直接被害を受けている当事者ではなく、訴えをおこすことはできなかった。同制度がスタートすれば、団体というマスの力を持っている消費者団体が、消費者契約法に反する勧誘や契約を止めさせる請求を求めて訴訟を起こせるようになる（団体訴権）。

　ただし団体訴権は、だれでも、どの団体でもこの権利を行使できるわけではない。

　「暴力団が企業の脅しに使う」「企業が競合会社をおとしめる」「訴訟が乱発する濫訴社会への危惧」「政治的団体が他の目的で悪用する」などが考えられ、各種の制約が設けられている。「財務基盤がしっかりしていないNPOは認められない」「生活共同組合は選挙のときに革新系の選挙事務所になっている」など、日本の消費者運動の先駆者として役割を果たしてきた消費者団体や、善意のNPOには厳し過ぎる条件もある。担い手となる消費者団体

は、政府から「適格消費者団体」の認定が必要となる。消費者団体と弁護士界、自由民主党と経済団体の思惑が分かれ、今回の内容となった。

(1)「消費者契約法の一部を改正する法律案」の概要

消費者団体訴訟制度は「消費者契約法」のなかに盛り込まれ、新たに「改正消費者契約法」としてスタートした。

内閣府が発表している同改正法案概要書から、抜粋で法案の骨子を紹介する。

1 差止請求権

①適格消費者団体は、事業者等が不特定かつ多数の消費者に対して、消費者契約法第4条に規定する勧誘行為又は同法第8条から第10条までに規定する契約条項を含む契約の締結の意思表示を現に行い又は行うおそれがあるときは、当該行為の差止請求をすることができる。

②差止請求は、当該適格消費者団体若しくは第三者の不正な利益を図り又は当該事業者に損害を加えることを目的とする場合にはすることができない。

③差止請求は、他の適格消費者団体による差止請求に係わる訴訟等につき既に確定判決等（確定判決及び確定判決と同一の効力を有するものをいう。）が存する場合において、請求内容及び相手方である事業者等が同一である場合にはすることができない。ただし、次の場合を除く（略）

2 適格消費者団体

(1) 適格消費者団体の認定等

①適格消費者団体の認定

　差止請求関係業務を行おうとする者は、内閣総理大臣の認定を受けなければならない。

②認定の要件

内閣総理大臣は、申請をした者が次に掲げる要件のすべてに適合しているときに限り、その認定をすることができる。
・特定非営利活動法人又は民法第三十四条に規定する法人であること。
・不特定かつ多数の消費者の利益擁護を図るための活動を行うことを主たる目的とし、現にその活動を相当期間にわたり継続して適性に行っていると認められること。
・差止請求関係業務を適正に遂行するための体制及び業務規定が適切に整備されていること。
・差止請求関係業務の執行決定機関として理事会が置かれ、決定方法が適正であること。
・理事に占める特定の事業者の関係者又は同一業種の関係者の割合が、それぞれ3分の1又は2分の1を超えていないこと。
・差止請求に係わる検討部門において、専門委員（消費生活に関する専門家、法律に関する専門家）が助言し意見を述べる体制が整備されていること。
・差止請求関係業務を適正に遂行するに足りる経理的基礎を有すること。
・差止請求関係業務以外の業務を行う場合には、差止請求関係業務の適正な遂行に支障を及ぼすおそれがないこと。

③業務規定
・業務規定には、差止請求関係業務の実施方法、情報管理及び秘密保持の方法等が定めらていなければならない。

④欠格事由
・暴力団員等がその事業活動を支配する法人、暴力団員等をその業務に従事させ、又はその業務の補助者として使用するおそれのある法人。
・政治団体（略）等

⑤認定の申請、申請に関する公告・縦覧等
・適格消費者団体の認定を受けようとする者は、名称及び住所、法人

　　　　の社員数等所定の事項を記載した申請書等を内閣総理大臣に提出しなければならない。
　　・内閣総理大臣は申請書等を公告・縦覧に供するとともに、必要に応じ警察庁長官の意見を聴取。
　⑥認定の有効期間
　　　認定の有効期間は、当該認定の日から起算して三年とする。

(2) 差止請求関係業務等
　①差止請求権の行使等
　　・適格消費者団体は、不特定かつ多数の消費者の利益のために差止請求権を適切に行使しなければならず、それを濫用してはならない。
　　・適格消費者団体は、事案の性質に応じて他の適格消費者団体と共同して差止請求権を行使するほか、差止請求関係業務について相互に連携を図りながら協力するよう努めなければならない。
　　・適格消費者団体は、差止請求に関する所定の手続きに係わる行為について、電磁的方法等により、他の適格消費者団体に通知し、内閣総理大臣に報告しなければならない。
　②財産上の利益の受領の禁止
　　　適格消費者団体は、訴訟費用、間接強制金等を除き、差止請求に係る相手方から、差止請求権の行使に関し、寄附金、賛助金その他の名目のいかんを問わず、金銭その他の財産上の利益を受けてはならない。

(3) 監督
　①財務諸表等の作成、備置き、閲覧等・提出等
　　・適格消費者団体の事務所には、財務諸表等、寄附金に関する事項等を記載した書類等、所定の書類を備え置かなければならない。
　　・適格消費者団体は、毎事業年度、その業務がこの法律の規定に従い適正に遂行されているかどうかについて、必要な学識経験者を有する者の調査を受けなければならない。

②報告・立入検査、適合命令・改善命令（略）
③認定の取消し等
　　内閣総理大臣は、適格消費者団体について、次のいずれかに掲げる事由があるときは、認定を取り消すことができる。
・認定要件のいずれかに適合しなくなったとき
・欠格事由のいずれかに該当するに至ったとき等

(4) 補則
①規律
・適格消費者団体は、これを政党又は政治的目的のために利用してはならない。
②判決等に関する情報の公表
・内閣総理大臣は、インターネットの利用等により、速やかに、判決、裁判外の和解の概要等を公表する。このほか、内閣総理大臣は、差止請求関係業務に関する情報を広く国民に提供する。
③適格消費者団体への協力
・国民生活センター及び地方公共団体は、適格消費者団体の求めに応じ、必要な限度において、消費生活相談に関する情報を提供することができる。

3　訴訟手続き等の特例
(1) 書面による事前の請求
　　適格消費者団体は、被告となるべき事業者等に対し、あらかじめ、請求の要旨及び紛争の要点を記載した書面により差止請求し、到達時から一週間経過後でなければ差止めの訴えを提起することができない（事業者等がその差止請求を拒んだときは、この限りでない）。
((2) 管轄、(3) 移送、(4) 弁論等の併合、4　罰則、5　施行期日等は略）

(2) 消費者団体訴訟制度のポイントと課題

　消費者団体訴訟制度は、ようやく知られてきた割には正しく理解されていない面がある。まず、一番多い誤解は、この制度の名称をどこで区切って読むかという日本語の問題である。「消費者、団体訴訟制度」ではない。「消費者団体、訴訟制度」であるという点である。前者の「消費者による団体訴訟制度」では、集団訴訟やアメリカのクラスアクションのような意味になってしまう。正しくは、「消費者団体による訴訟制度」であるということだ。
　ここでもう一度、この制度のポイントを整理しておこう。また将来に残された課題も指摘されているので、併せて触れておきたい。

- 消費者個人に代わり、適格と認められた消費者団体（適格消費者団体）が、企業を相手取り、訴訟を起こすことができる。
- 団体訴権の適格要件

　　暴力団の排除はもちろんだが、宗教団体、生活共同組合、特定企業・政治団体の支援を受けた消費者団体の取り扱いについて調整が続いていた。以下が適格消費者団体の主な要件である。

　　①法人であること
　　②多数の消費者の利益の擁護をしていること
　　③活動を相当期間継続していること
　　④理事に特定の事業者、関係者が一定割合以上いないこと
　　⑤組織基盤や財政的な基盤があること
　　⑥検討できる専門家がいること
　　⑦反社会的な団体でないこと

- 法制度の一元化の観点から「消費者契約法」に追加・改正が行われる（「消費者契約法の一部を改正する法律案」）。
- 不特定多数の消費者の利益を擁護するため、「差止請求権」が認められた。
- 今後、次の法律で「消費者団体訴訟制度」適用の検討が予定されている。「独禁法」「景品表示法」「特定商取引法」

等である。

課題とされている点は、①不法な営業行為をやめさせる差止請求権は認められたが、被った損害を取り戻す損害賠償請求権は見送られた、②一連の不法行為によって事業者が得た期間内の不当利得を返還させる「利益の吐出請求権」は含まれていない、③この制度の適用を消費者契約法の範囲に特定し、消費者保護に威力を発揮している景表法、特定商取引法には適用されなかったこと、である。

　なお、今回見送られた損害賠償請求権については、継続的な検討が予定されている。独禁法、景表法、特定商取引法についても、消費者団体訴訟制度の導入検討が示されている。将来、欧米型へ移行するのは時間の問題のように思える。企業は十分な認識と対応の準備が必要である。

　2007年7月9日、公正取引委員会は景品表示法で禁じた不当な宣伝・表示をした事業者に対して、消費者団体が個人に代わってその広告・宣伝活動を差し止めることのできる「団体訴訟制度」を導入する方針を固めたと報じられた（「日本経済新聞」2007年7月9日朝刊）。

　虚偽の製品表示や紛らわしい広告により、消費者の被害が拡大することを未然に防ぐのが狙いである。

　2008年の通常国会に景表法改正案を提出し、2008年後半にも導入の予定であるとしている。

　消費者被害が社会で表面化する前から、全国の消費生活センターなどには多くの被害情報が寄せられていた。トラブルの被害者や関係団体からは、もっと早く団体訴権があれば、被害の拡大は食い止められたとの指摘は多い。

　とはいえ、団体訴権が認められたことは、大きな一歩ということができる。

　消費者団体訴訟制度は、ドイツやフランス、イギリス、台湾などですでに活用されている。また、アメリカには、複数の被害者を1つの集団（クラス）とみなし、その代表者が訴訟当事者になる「クラスアクション」制度がある。日本企業でも、IT企業が1999年にノートパソコンのプログラムの不具合問題で集団訴訟を受け、1,100億円の和解費用を計上した事件なども記憶

に残るものである。

　アメリカのクラスアクションは、訴訟社会、弁護士社会という社会背景に基づく面が強い。今回日本で導入される「団体訴権」は、訴訟を起こす権利は、あらかじめ認定された適格消費者団体であり、内容も不法な営業行為を止めさせる「差止請求」に限られる。被害を受けた消費者が直接お金を取り戻す（損害賠償請求）ことはできないなどの点で違いがある。

　現在、日本消費者協会・NACS・日本生活共同組合連合会を母体とした特定非営利活動法人（NPO法人）「消費者機構日本」や、関西圏を活動の中心とする「消費者支援機構関西」などが適格団体の認定取得に向けて準備中であり、消費者から情報を集めるなど、活動を本格化している。厳しい条件などもあり、全国では一桁程度の団体によるスタートになるといわれている。

【注】
★01　アメリカのケネディ大統領は「すべてのアメリカ人は消費者である」と訴えた。しかし、組織化されていないために力を発揮できずにその意見は無視され、巧妙な企業によってしばしば判断を狂わされていると指摘した。そして1962年の特別教書（「消費者の利益保護に関する大統領教書」）のなかで、国民は等しく4つの権利、すなわち①知らされる権利、②安全を求める権利、③選ぶ権利、④意見を述べて政策形成に関与する権利、があるとした。社会活動家ラルフ・ネーダーらによる企業告発が活発化した時代である。後にフォード大統領によって「消費者教育を受ける権利」が追加されている。
★02　条文の前段の二重下線の2項を追加して8つの権利という場合もある。
★03　消費者政策会議：内閣総理大臣を議長とした国の消費者政策の最高審議機関。

第5章 被害者の救済と法的判断
——求められる企業対応

　第4章で見てきたように、国の消費者政策は保護政策から消費者の自立と、その自立のための支援を行政、事業者、業界団体、消費者団体の責務とする方向に大きく舵を切った。しかし現実の消費者法制は、消費者の安全の確保、消費者被害から国民を守る保護政策の強化になっているように思われる。

　これは、消費者の自立には時間がかかることに加え、企業活動の結果が消費者の「身の安全」「財布の安全」を脅かす問題の多発を招いている現実があるからに他ならない。

　また、相次ぐ大企業による企業不祥事は、情報開示や説明責任の履行においても、正しく市場対応をしているとはいえないことを露呈した。

　国の消費者政策の転換は、当然、市場のもう一方の当事者である企業にも大きな変革を求めている。製品の品質問題への対応にあたっても、従来の経験則での漫然とした対応や狭義の民法解釈で消費者対応することには、大きな危険が潜んでいるといってよい。消費者の不満の原因となり、さまざまな社会的要請に背く事態を招くことになる。

　本章では、法令や政策の変化を受けて、企業が求められている被害者や不利益を被っている消費者の適切な救済対応について解説する。

　修理サービス、コールセンターなど顧客接点の部署や、判断を下すCS部門のメンバーが身につけておくべき損害賠償関連の民法の概念、リコール制度、また施行されたばかりの改正消費生活用製品安全法についても紹介する。

1　透明性と公正・公平の原則

　国の消費者関連法や行政手法が大きく変わってきた。このような社会環境の変化のなかで求められることは、市場に対して企業のとる行動が自主的・主体的であり、透明性を持つことである。また、消費者トラブルが発生した時にはその対応においては、公正、公平でなければならない。

　「この会社のやっていることは、よく分からない」「言われて初めて動く」「声の大きいものだけに対応している」などは、許されない時代になっている。

　重要なことは、
　①全社的にみて最も適切と思われる判断をしなければならないこと
　②その判断はどの部門が決定すべきなのかが、決まっていなければならないということ
　③その判断・決定を、関係者全員が共有する社内の仕組みができていること

である。

　判断においては、内外から見てよく分かり納得性を持っていることが肝要である。公正・公平な対応は、情報共有と導入教育のシステムができていないと実現できない。

　「透明性と公正・公平の原則」は、個人技で解決したり、抽象的なコンセプトや標語を唱えることで実現できることではない。

　対応システムの構築という組織活動であり、従来からの対応手法を変えるというヒューマンな意識変革との両面で実現されるものである。このような仕組みができていない企業は、時間をかけてそのような社内環境をつくっていかなければならない。

2　情報開示と説明責任

　企業の活動において透明性が確保され、公正・公平な対応が行われるためには、事実が正しく情報公開され、だれもが納得のできる説明がなされなければならない。ディスクロージャー（情報公開）とアカウンタビリティー（説明責任）は、国、地方自治体、医療機関、教育機関、政治家、企業すべてが今日求められている社会的要請である。

　国民の知る権利に法的に応えたのは、「情報公開法」が定められた2001年4月1日施行以降である。情報公開（知る権利）は憲法の基本である国民主権の理念を実現するものであり、国の行政機関に情報公開を請求するのは国民の権利であると規定された。

　一方、民間においては2000年以降、自動車メーカーのリコール隠し、食品の不当表示、食肉加工メーカーの牛肉偽装詐欺事件、電力会社の修理報告書・医療事故の報告書改ざん問題など企業の情報開示のあり方に関する不祥事が相次いだ。

　社会からは、企業行動の一層の透明性、公明性が求められた。たとえ会社にとって不利益な情報であっても、進んで公表することが消費者やステークホルダーの信頼につながる。不祥事に対する社会の排斥行動を目の当たりにして、企業にそのような認識が高まった。

　2002年以降、新聞に掲載される告知（社告）の数は急増した。2003年、全国紙5紙の年間掲載数は160社にのぼったといわれている。Webのホームページでの告知はさらに膨大である。

　新聞やWebというマス媒体で事実を知らせるということは、どのような意味を持つのだろうか。

　新聞に関しては、全国紙、ブロック紙、有力地方紙を使って告知しても、該当被害者の捕捉という面でみれば十数％にすぎない★01。日刊紙という1日だけの一過性の問題と、社会面下部、死亡広報の下という情報露出上の問題もある。また、若者のなかには、そもそも新聞購読をしていない一定の層

があり、情報に接する機会を持たない人たちがいる。要したコストに比べ、新聞告知には大きな限界がある。

　Web情報は、情報の持続性は担保されるものの、パソコンを持っていない人やインターネット環境にない人に直接伝えることはできない。また、見に行くという意思を持たなければ情報に遭遇することができない。プル型（検索型）情報伝達の限界である。

　被害者の救済と、そのための顧客捕捉策いう意味だけであれば、直接関係しない人にも目にふれる公共媒体である必要はないとも考えられる。

　ただその場合には、該当する対象者が特定できており、DM等で直接お知らせするための顧客リストを持っていることが必要になる。

　対象顧客への直接的なアプローチ方法を持たない場合には、やはり公共媒体でのお知らせが必要になってくる。

　一方、対象顧客が特定できている場合、該当者だけに情報を伝えられれば「よし」とするのかとなれば、それとは別の説明責任が求められることもある。

　問題の広がりによっては、SRI（社会的責任投資）の観点から株主・機関投資家、公器として情報を広く国民に知らせるジャーナリズム、これから購入しようとしている潜在的な顧客、部品のサプライヤーや小売販売業などの取引先、従業員などすべてのステークホルダーへの情報開示と説明責任が求められる場合である。対象者にDMなどで告知する以外に、プレスリリースを通じて記事化してもらうなども必要なことだろう。このことに関して今はまだ企業のなかで、考え方が定着していないのが実情である。

　しかし、先を見通せば、ますます社会に対する情報公開と説明責任の姿勢が求めれることは間違いない。

　製品の品質問題に関していえば、品質マネジメント・システムを有効に機能させ、現場の力を強くすることが何よりの予防策である。

　一方、被害者の救済は、正しく情報を公開し事態を正確に説明し、具体的に被害救済を行うことによって初めて解決する。これを分析的にみてみよう。

社内の品質改善と、市場流出問題への対応では、それぞれ関係してくる人間も違うし、求められる判断の神経系、事を動かす筋肉が違う。

　製品品質は、技術スキルの向上と品質マネジメント・システムの運用であり、一定のスキームに従ってやるべきことを徹底することで向上する。

　市場不良発生時の社会への情報公開と説明責任は、一人ひとりの社員の良心と、その積み上げである企業としての行動倫理に依存するということができる。ことの性格はまったく別ものである。後者は、最終的には、企業姿勢と経営トップの責任につながるものである。

　経営トップが、日々会社で起きていることのすべてを掌握することはできない。品質問題はことの軽重を別にすれば、生産活動をしている限り、毎日何らかの形で発生しているといえる。ただ、不適合品が市場流出してしまった場合には、社会性（社会的責任）を持ってくる。告知事案は、その意味でトップ報告マターであり、トップの耳に届くというガバナンス上の適正化メカニズムを持っている。対外広報である告知（社告）は、事態を関係者だけに留めておくことができなくなるからである。

　告知という行為は、大もとにある自社の品質状態を経営層に正しく伝えるという内部統制の機能を果たし、間違った判断、行動に走らせることに一定の牽制・抑止の力を持つともいえるのである。

　経営とは、日々変化する市場の状況と会社の状態を把握し、変化への対応のために会社を管理可能な状態におくことである。

　その意味で最も警戒しなければならないことは、事実が水面下に潜ってしまうことである。不具合情報が躊躇や逡巡なくトップに上がってくるような仕組みと、企業風土をトップ自身が安全装置として組織運営にビルド・インしておく必要がある（拙著『レピュテーション・マネジメント——あなたの会社の評判を守る法〔仮題〕』〔講談社現代新書、近刊〕第6章参照）。

3　被害者の救済と品質保証責任

　万一不具合が発生した場合には、不利益を被っている消費者が迅速で十分な救済が受けられる制度が用意されてなければならない。企業は、顧客への責任と社会的責任から、自主的にさまざまの救済措置を講じる必要がある。
　生命・身体損傷・健康被害の場合には、身体機能の回復が不可能な場合や、現代医療の技術的限界から現状回復の難しいものもある。
　法的には、生命・身体や、財産などの経済的損害（拡大被害）、精神的被害に対して損害賠償の方法で経済的に償う責任（民事責任）を負う。
　これら被害の救済制度は被害がおきてからの措置であるが、牽制・抑止の効果もある。危険防止のための表示や警告が不適切であれば賠償責任を負う。危険な商品を販売したとして巨額の賠償責任を課されることになれば、十分な注意を払って製造・販売することになる。
　このように被害の救済のための法制度も、間接的には危害の事故防止に大きな役割を果たしているといえよう。
　また、安全性にかかわらない被害の場合には、損害賠償とは別に、修理、商品交換、代金の減額（値引き）、契約解除による代金の返還などの解決方法がある。

1　法的判断とCS的判断

　法律は、争いで対抗する際に拠って立つ最終の根拠であり、消費者苦情や消費者の救済にあたっては判断の道しるべとなるものである。
　関連法を正しく理解し、その適用の範囲やそれだけに頼る対応の限界もよく認識しておく必要がある。
　法律は、争いごとに白黒の決着をつける手段である。そのために、人と人の争いの原因となってきたことを歴史的に積み上げ、類型化、個別条文化し、体系化したものである。
　重要なことは、法律は人類の英知ともいえ、私たちが下す判断が正しいか

どうかの事前の尺度を示してくれている点である。

　法は、その発生の原初において、人間が集団で生活を営むにあたって守るべき社会規範、通常人として社会通念上正しいと思う心、またはおかしいと思う心情を基本として成り立っている。その意味で極めて常識的である。

　製品やサービス上の問題が発覚したとき、事業判断だけでなく専門部署に法的なサポートを求めて判断することは当然である。しかし、それだけで結論を導き出すのは間違いである。

　法務部門にアドバイスを求めるにしても、起きていることまたは起きようとしていることを断片的に切り取り、狭い範囲で専門的な助言を求めることは、判断として間違いを犯すことになる。また、法務部門の人も、まず相談事案が民法の〇条に当てはまるかどうかなどの視点で論点を整理していくアプローチ方法だけでは、正しいとはいえない。

　事業当事者も法務部門も、判断にあたっては次の4つの視点を勘案して、総合的に判断する必要がある。

　まず第1には、事実に基づいて法の概念、すなわち社会通念に沿って正しいと思うか、またはおかしいと思うかである。

　第2に、個別の法律、条項に拠って結果を予想し、その影響を冷静に判断する。

　第3には、企業は慈善事業ではない、ビジネスのインパクトは当然折り込んでおかないといけない。発生事案の内容の程度によって、事業推進とCSのバランスを計るということも大切である。

　第4に、何よりも消費者や社会が、その解釈に納得し対応に不満を感じないかというCS的判断である。

　企業法務のスタッフは、一般に大学の法学部を出、専門職としてそのまま会社の法務部門に配属され個別案件に対応してきている人が多い。ある程度の立場にならないと、企業経営の全般的な視点を持ち合わせていない。またキャリアとしてフロント業務の経験もなく、お客様の顔を実感として感じる経験に乏しい。

　実務面にも習熟し、法的にも正しいアドバイスを与えてくれるすばらしい

人たちも多い。ただ一般的に、そのようなレベルの企業法務マンを育てるには長い時間がかかる。

　上記3番目4番目の視点にリアリティを持ち合わせていない場合があることも、考慮にいれておく必要がある。

　上記2番目の視点の最悪の到達点は裁判による争いである。

　会社は、法律や応対の専門組織を持ち、場合によっては係争のプロである顧問弁護士もいる。またあらかじめ係争時の防御として、カタログや取扱説明書、保証書、さまざまな約款に免責条項を織り込んである。専門性に乏しく時間的にも制限のある消費者個人が、企業に対抗するのは一般に多くの困難を伴う。それゆえに、裁判では企業側の勝訴で終わるケースがほとんどである。

　しかし企業は、裁判に勝つことを目的に、業を営んでいるのだろうか。

　勝ち負けにかかわらず、裁判沙汰になった顧客は、二度とその会社の製品を買ったりサービスを受けることはないだろう。

　その影響は「ワンツーワン・マーケティング」でいう生涯購買を断ち切ることになる。自社の顧客として再び戻ってくることはないのである。

　企業はその存続を支える最大の顧客に裁判で勝ち、顧客を失うために活動しているのではない。

　会社は何のために事業を行っているのか、誰が会社を支えているのか、我々は誰から給料をもらっているのか？　消費者であることは自明である。

　以下で解説する個別の消費者関連法を読んでいただくにあたっても、その視点を忘れずに理解を深めて欲しい。

2　信義則——民法第1条2項

　信義則とは、民法の第一条に定める「公共の福祉」（1項）、「信義則」（2項）、「権利濫用の禁止」（3項）の1つで、私権自体を具体的に規定するものではなく、抽象的な価値基準として規定されている一般条項である。一般条項ゆえに、私たちが民法の考え方理念を知るうえで重要な項目ともいえる。

　「公共の福祉」は私権と社会一般の利益との調和の原理をいい、「信義則」

と「権利濫用の禁止」はその適用を示す。信義則は社会的接触関係にある者どうしの利益の調節を使命とし、権利義務の内容はその社会的機能に合致するように定めなければならないという法の理念の現われである。

そもそも「信義則」とは、社会共同生活において権利の行使や義務の履行は、互いに相手の信頼や期待を裏切らないように誠実に行わなければならないという法理で、「信義誠実の原則」という。

「信義則」の法的な機能には、規範の具体化、正義・衡平の実現、規範の修正、規範の創造の4つがあるといわれている。

信義則は、私法全体に対する指導原理とされている。それは、とくに契約の領域で強く作用する。たとえ口頭であっても、「注文の意思表示と受諾の意思表示によって発注・受注の契約は成立する」ことなどはその典型である。契約は当事者間の信頼を基礎としてなり立っており、契約当事者は、相互に相手方の信頼に応えるように行動しなければならず、相手方の信頼を裏切るような行動をしてはならないのである。

信義則は、債権債務の関係にある者の間のみならず、それ以外の法律の領域においても、社会的接触関係にある者の間に適用される範囲の広い概念である。

それだけに紛争時には、基本としてこの信義則に反する行為があると、裁判において不利な状況を生む可能性がある。

法律の適用以前に、商いの常道、人の道としての基本に基づくことはいうまでもない。

3 債務不履行——民法第415条（債務不履行による損害賠償）

一般に売買行為にあたって、ある商品やサービスをある価格で購入するという約束（契約）をしたとする。購入者は支払った代金に対してそのものを手に入れる権利（債権）を持ち、代金を受け取った側は商品やサービスを提供しなければなならい義務（債務）を負う。この両者は債権債務の関係にあるという。代金を払ったにも拘わらず、納期になっても商品が届かない、サービスを受けられないなどは、この権利・義務の約束が正しく履行されて

いない状態を「債務不履行」の状態という。大きく分けて次の3つの態様がある。

①履行遅滞：義務を果たすことが可能であるのに、決められた期限までに果たさない場合。
②履行不能：約束をした後で、義務を果たすことが不可能になった場合。たとえば、預かっていた絵を失火で焼いてしまって返せない、相手企業の倒産など。
③不完全履行：一応義務は果たしたが、それが不完全だった場合。製品不良問題や不完全な修理問題がこれにあたる。

　何度催促しても、売主に誠意ある対応が期待できないと判断したときには、買主は、支払った代金の返還や解約、義務の履行を法的に強制する強制執行ができ（同第414条、債権履行の強制）、約束が履行されなかったことによる損害や納期が遅延したことによって生じた損害などを、訴えによって（裁判）損害の賠償を求めることができる（同第415条、債務不履行による損害賠償請求権）。

　債権者にも、使用上、保管上の不注意があったため損害が発生し、損害の範囲が拡大した場合には、損害賠償額金額を決めるときにその不注意が考慮される。賠償額が削られたり、ゼロになる場合もある（同418条、過失相殺）。

　このとおり、債務不履行は、契約関係にある当事者間において損害賠償請求権を発生させる制度である。今は売買の不履行を例に説明したが、製品の性能、機能、外観についても、カタログや広告宣伝で謳っていた本来のものと大きく違っており、購入者が到底満足できないという場合も債務不履行（不完全履行）の対象となる。購入者は、カタログや広告で約束していた状態を前提に、それに見合う対価を支払ったからである。カタログ性能と満たされていない現物のギャップが、供給側が果たしていない不履行債務ということになる。

　債務不履行は、契約の直接当事者間に適用されるものである。一般にメーカーの立場では、直販ビジネスを除き、最終顧客と売買契約関係にあることはないので、直接の債務不履行によって損害賠償請求を受けることはない。

小売の販売店は、お客様とは債権債務の関係にあるのでこの法律の適用を受ける。では、損害賠償請求を受けた小売店はどうするだろうか。

　販売行為に債務不履行があれば、代物（商品）交換や返品・返金によってお客様との間の債務不履行を解消し自己完結する。そして、その内容が製品の不具合など製造側に起因するものの場合、取引契約に定めがあれば販売店はメーカーにその費用を請求できる。

　販売店は、契約や注文書に基づいてメーカーから商品を仕入れ（購入）、メーカーはその商品を契約に基づいて卸している（販売）ので、この2者は売買の契約関係にあるからである。しかし、一定期間の契約関係（基本契約）にあるこの2者において、裁判手段で債務の解消を行うことは一般的にはない。実際には、現品交換、金銭補償という営業的手段で解決することになる。

　では、製品不具合問題でのお客様とメーカーの関係はどうだろうか。

　一般の故障の場合、メーカーと消費者には直接の契約関係はないが製品の製造責任はあるので、品質保証制度に基づき適切に措置を行う必要がある。

　保障期間であれば無償で、保証期間を過ぎている場合には有償で修理する。

　その原因が傾向不良であれば、広く該当対象者に告知し改修する方法をとる。

　この方法には、3つの方法、①無償点検・修理、②商品交換、③返品・返金がある。

　不具合が発生した場合、消費者がメーカーを相手に、その賠償をこの「債務不履行による損害賠償請求権」で求めることはできない。その場合には、契約関係にない当事者間でも賠償請求できる「不法行為による損害賠償」（同709条）によることになる。

4　不法行為による損害賠償責任——民法第709条（不法行為による損害賠償）

　不法行為とは、あえて（故意）または不注意（過失）によって、他人の利益を害する行為（違法行為）を行うことをいう。不法行為の加害者は、被害

者に対して損害を賠償しなければならない。

「不法行為」が成立するのは、①「故意または過失」のある加害行為によって、②他人の「権利侵害」が発生し、それによって、③「損害が発生」し、④故意または過失と権利侵害の間に「因果関係」が認められるとき、またさらに、⑤その権利侵害と損害発生の間に「因果関係」が認められるときである。この場合、被害者に損害賠償請求権が発生する。不法行為の責任は、「過失責任」を原則にしている★02。過失を認めたときに、その過失が損害賠償を支払うほど不法な行為であるか、すなわち「重過失」であるかどうかが問われる。ケースによって判断が微妙なので、法務部門の専門家によく相談して進めるべきである。

故意または過失の立証、故意または過失と権利侵害の間の「因果関係」の立証は、現代の工業製品やバイオテクノロジーによって処理された農産物・加工材料においては大変難しい。またさらに、その権利侵害と損害発生の間の「因果関係」となると、薬害訴訟や公害訴訟の例にみるとおり、困難さとともに消費者の救済が認められるまでに相当な時間を要する。実質的な被害者救済につながらない場合も多い。このことから、無過失責任主義★03が主張され、一部の法律で採用されてきている。

不法行為による損害賠償請求権は、もの（有体物）の外に、精神的な被害（無体物）、たとえば「ショックを受けた」などにも適用される（同710条、財産以外の賠償）。いわゆる慰謝料である。

「債務不履行」は、契約当事者間に成立するものであるのに対して、この「不法行為」は、契約関係にない者の間にも成立する。適用の範囲は極めて広いものである。

5　製造物責任法（PL法）

前項で述べた民法709条（不法行為による損害賠償）の特別法として1994年に制定され、翌1995年に施行された。

生命・身体、財産に被害や損害が及ぶ重篤な消費者被害の救済を容易にすることが、この法律の目的である。

製造物（製品）の売買においては、消費者と直接関係があるのは販売店であり、メーカーと消費者の間には直接の契約関係はない。

　販売された物（製品）に欠陥があっても、メーカーは消費者に対して契約責任（同第415条、債務不履行による損害賠償）を負わないことになる。また民法第709条で不法行為による責任を追及するには、被害者自らが、製造者の故意または過失の立証、故意または過失と権利侵害の間の「因果関係」の立証を行わなければならない。しかし、現代の製品は高度化し、製造業者が生産工程を管理しているのでこの立証は難しい。また、その権利侵害（欠陥）と損害発生（被害）の間の「因果関係」の立証も必要になる。一般に製造業者の賠償能力が高いにもかかわらず、欠陥商品を購入して被害を受けた消費者がメーカーに比べ資金力に劣る販売店にしか責任追及ができないとすると、被害者の救済は図れないことになる。

　製造物責任法（PL法）では、故意・過失の如何を問わず、製造物★04の欠陥の証明と、被害の発生の証明、そしてその2つの間の因果関係だけを立証することで、メーカーに不法行為の損害賠償の責任を負わせることが可能になった★05。

　直接の売買契約関係にない消費者とメーカーの関係にも、「製造者としての責任」が適用されることが重要な点である。

　製造物責任法は、消費者被害の救済としては一番直接的で、従来の民法に比べ格段に救済されやすくなった法律である。しかし、その認知度の割には、消費者、企業の関係者双方とも正しく理解している人が少ない。

　まず、この法律に定める損害賠償の対象である。この対象は「……製造物の欠陥により人の生命、身体又は財産に係わる被害が生じた場合における製造業者等の損害賠償の責任について定めることにより、……」（同第一条「目的」）とあるとおり、人の生命、身体または財産に係わる被害、いわゆる「拡大被害」のみである。怪我をした、壁が燃えた、床が水浸しになったなどである。また「……引き渡したものの欠陥により他人の生命、身体又は財産を侵害したときは、これによって生じた損害を賠償する責に任ずる。ただし、その損害が当該製造物についてのみ生じたときは、この限りではない」（同

第三条「製造物責任」）とあり、火をふいた、煙がでた、危険を感じたとしても、その害が製品単体に留まっている範囲では、対象にはならない。害が製品以外に及ぶことを「拡大被害」という。

次に、欠陥という言葉である。「……当該製造物が<u>通常有すべき安全性を欠いていることをいう。</u>」（同第二条2項　定義「欠陥とは」）とあり、安全性（危険・危害）にかかわる不具合に限定している。製品の調子や性能が悪いといった単なる品質上の不具合は、この法律の賠償責任の根拠とされる「欠陥」には当たらない。したがってこの場合には、製造物責任法の対象とはならない。

このように、製造物責任法に定める賠償責任の範囲や欠陥の定義は、製品不具合から派生した「拡大被害」と「安全性」にかかわるものに限定されている。一般的に社会で使われている「欠陥商品」「欠陥人間」や他の法律で用いられる欠陥は、「一般に備わっているものを欠いている」状態をいっている。

製造物責任法では言葉の定義を分けているので、事実に基づかないで不用意に欠陥という言葉を使わないようにしたほうがよい。

なお、本法律の損害賠償責任の対象にならない場合は、現行の民法に基づく「瑕疵担保責任」「債務不履行責任」「不法行為責任」などの適用要件、成立要件を満たせば、被害者はそれぞれの責任に基づく損害賠償を請求することができる。

6　瑕疵担保責任──民法第570条

特定物の売買契約において、その特定物に「隠れたる瑕疵」があったとき、売主は買主に対して損害賠償等の責を負う場合がある。このように売主が買主に対して負うべき賠償責任等を「瑕疵担保責任」と呼んでいる（民法第570条）。

「特定物」とは、物の個性に注目して取引するような物のことで、一般的には、同等の代替物と交換がきかないような物をいう。具体的には、美術品、土地、新築建物・中古建物などである。

「瑕疵担保責任」の具体的内容は、
①買主は売主に損害賠償を請求することができる。
②瑕疵の程度が、売買契約の目的を達成できないほどに重大であるときは、買主は売買契約を解除できる。
③瑕疵担保責任を追及できる期間については、民法では特に定めはない。個々の契約書や、取引基本契約、業界の約款などで「買主に引き渡した日から、1年間だけ売主は瑕疵担保責任を負う」など定めることも民法上は可能。
④損害賠償請求や契約の解除できる期間（これを「権利行使期間」という）は、「買主が瑕疵の存在に気がついてから1年以内」に制限されている。

「隠れたる瑕疵」とは、買主が取引において一般的に必要とされる程度の注意をしても発見できないような、物の品質・性能に関する「欠陥」のことである。この場合の「欠陥」は、製造物責任法のいう「安全性」にかかわるものに限定されない。「通常、備わっているものや機能・性能を欠いている状態」といったほうが正しい。外観や、すぐ使う主機能などは、購入するときまたは購入してすぐに気がつくが、高度に技術的な工業製品、複雑なソフトウエアを組み込んだ製品、建物の雨漏り、きしみ等は、ある一定期間使ってみたり、実際に住んでみないと分からないものである。隠れた瑕疵とは、このようなことをいう。

買主の仕様に基づいて生産された物や、新たに造られた物の取引は、売買契約とはいわず、請負契約という。建物では建築請負契約、設備機器などは製造請負契約という。請負契約の瑕疵担保責任についても、民法では、別途「請負人瑕疵担保責任」を定めて、注文者を保護している（民法第634〜640条）。

7　品質保証責任

製品の品質保証を直接根拠づけた法律はない。保証書については、地方自治体で消費生活条例、消費者保護条例のなかで義務づけられているものもある。

自動車、自転車、家電製品、家具などの業界、メーカーで、1年間の無償保証期間を設けているのは、製品の製造工程の検査、出荷直前の検査を行っても発見しきれない「隠れた瑕疵」の存在を認めたうえの、法律の規定を離れた自主的な任意の保証制度である。その証は、保証の範囲を規定した「保証書」であり、その発行をもって有効性を担保している。

　家電品などは、消費者との間に販売店が存在する場合が多いので、原則として、製造者は消費者に対して直接の責任を負わない（PL法の適用を除いて）。そのため、民法上の制限を越えて、製品の性能・機能を保証する必要があると業界各社が判断したと考えられる。

　また1年という期間は、瑕疵担保責任の権利行使期間に定めた「買主が瑕疵の存在に気がついてから1年以内」を根拠としているのかもしれない。

　通常1年も使っていれば、隠れた瑕疵といえども発見できるという理解と、1年を過ぎると使用による部品の劣化など、製造側の責に帰する瑕疵とは別の経年要因による不具合の可能性も出てくるからと考えられる。

　売買の直接の当事者でない製造者では、民法の不法行為による損害賠償責任によるか、安全と拡大被害の損害賠償責任を定めた製造物責任法による損害賠償責任という責任のとり方になる。また、メーカーが民法上の規定を離れて、自主的に定めた保証規定による品質保証制度も一定の役割を果たしている。

　一方、直接の売主である販売店に対しては、保証書の有無とは関係なく民法の規定が適用できる。パソコンのように代替性のある製品（法律用語では「不特定物」という）の売買において、買主が製品に欠陥（瑕疵）があることを受領後に発見した場合には、買主は瑕疵担保責任を求めることができ（民法第570条）、それ以外の場合は、債務の不完全履行による損害賠償を求めることができる（民法第415条）。

　不完全履行による債務不履行責任の場合には、瑕疵の補修（無償修理）や、瑕疵のない代物の請求（商品交換）、損害賠償請求および契約の解除（返品・返金）が可能である。

　この場合、買主は以下の3つのことを証明する必要がある。

図表 5-1　部品保有ガイドライン

家電製品：	電気冷蔵庫、エアコン	9 年
	カラーテレビ、ステレオ、電子レンジ、扇風機	8 年
ガス器具：	ガスレンジ、ガスストーブ	6 年
	ガスコンロ	5 年
	ガス風呂釜	6～7 年
その他の製品：	石油ストーブ（排気筒付）	7 年
	カメラ（高級機）	10 年
	時計（高級ウオッチ）	10 年

①売買契約の存在（必ずしも書面である必要はない）
②製品が一定の性能・仕様を満たさない不完全なものであること
③そのことに、売主の責任（故意・過失）があること

瑕疵担保責任の請求ができる場合には、損害賠償請求および契約の解除が可能である。この場合も、買主は次の2つの証明が求められる。

①売買契約の成立
②その瑕疵が通常人の普通の注意で発見できないものであること

なお、この請求は買主が瑕疵があることを知ってから1年以内に行使しなければならない。

使用する期間中に製品が持っている所期の性能や機能を維持するためには、メーカーの修理・補修サービスの体制や、消費者自らの日ごろの保守管理も大切だ。

修理・補修サービスが確実に実施されるためには、必要な部品がその製品の生産終了後も確保されていなければならない。

現在、旧通産省のガイドラインにより、家電製品、ガス器具、石油ストーブ、カメラ、時計については、性能部品の最低保有期間を定めて、メーカーなどに指導がなされている（図表5-1）。

この指導において、性能部品とは、製品の機能を維持するために不可欠な部品をいう。

最低保有期間の開始は、メーカーが該当性能部品を使用する製品の生産を打ち切ったときからとされている。

ガス・石油暖房機器に関しては、経済産業省が「改正消費生活用製品安全法」の改正によって、生産完了から10年間の保守・点検の義務づけの立法化を検討している。2008年秋の臨時国会で実現する方向である。

8　表示にかかわる法律

(1) 表示の適正化

　表示の適正化は、現代の消費者が取引でおかれている状態を考えるとき非常に重要な課題となっている。取引において、消費者と事業者の間の商品・サービスに関しては情報力の格差があり、その格差をなくすことが消費者の個人的な努力だけではきわめて困難だからである。

　消費者は商品・サービスの購入にあたって、品質・安全性・価格などについて、自主的・合理的に判断できるべきである。しかし、これらに関して正しい情報が得られなければ誤った選択をせざるをえない。これらに関して消費者が正確で分かりやすい情報を得るには、事業者が提供する商品やサービスに、自ら、必要な事項を表示させることが最も効果的である。

　表示の適正化は、歴史的にみて、すべての消費者の権利宣言で「知る権利」「必要な情報の提供を受ける権利」として取り上げられている。

　わが国でも古くは消費者保護基本法で、2004年には消費者基本法でも「国は、消費者が商品の購入若しくは使用又は利用に際しその選択等を誤ることがないようにするため、商品及び役務について、品質等に関する広告その他の表示に関する制度を整備し、虚偽又は誇大な広告その他の表示を規制する等必要な施策を講ずるものとする。」（同第十五条「広告その他の表示の適正化等」）と規定している。

　法規制の方法としては、以下のような方法がある。

①「虚偽・誇大な表示・広告の規制」に関して
　・刑罰による禁止
　・主務大臣、都道府県知事による差止などの指示、従わなかったときの業務停止命令、氏名等の公表

・都道府県知事、市長などによる指導、勧告、公表
・公正取引委員会による排除命令告示（景品表示法）、審決、競争事業者による差止請求権
・事業者団体による自主規制（公正競争規約など）
・消費者からの申出権

② 「必要な情報の表示の義務化（表示規準の制定）」に関して
　ⓐ 表示・広告方法の義務化
　　・口頭による説明義務
　　・店頭における掲載義務
　　・書面の交付義務
　　・商品への貼付義務
　　・取扱説明書への表示義務
　　・広告での表示義務
　ⓑ 表示・広告で表示すべき事項の義務化
　　・商品、サービスの品質の表示
　　・取引条件の表示（価格、支払い方法、解約条件など）
　　・使用方法の表示
　　・原産地の表示
　　・製造方法の表示
　　・廃棄やリサイクル方法の表示

(2) 広告規制と監視のわく組

　消費者に被害や損害をもたらしたり、もたらす可能性のある虚偽・誇大・誤導といった不適切な広告や表示を規制し、それらの行為を最小限に押さえ込むさまざまな広告規制と監視のわく組がある。

　各種の法律によって規制している「法規制」と、広告主である企業と広告関係機関によって自主的につくられ運用されている「自主規制」、国の法律と自主規制の中間に位置し、日本独自の規制の枠組である「公正競争規約に

よる規制」の3つに分類できる。

　規制の形態には、独占禁止法、景品表示法、不正競争防止法といった、公正で自由な競争をさまたげるものを排除し、健全な市場経済の維持のための一般的性格の法律や、消費者保護の枠組み法としての消費者基本法がある。また、食品衛生法、薬事法、特定商取引法、割賦販売法、著作権法などの業法、個別的な性格の法律や、品質を規定した国の日本工業規格（JIS）、日本農林規格（JAS）もある。地方自治体の消費者保護条例、消費生活条例のなかでも、法律の規制では不十分と思われる商品・サービスに関して、消費者保護の観点から多くの事項について表示を義務づけている。

　表示の適正化や不当表示の防止の努力を国や自治体に任せるのではなく、産業界自らがその役割を担うことも期待されている。自主的な規制が、消費者と企業の信頼関係を築くことから、業界による自主努力が続けられてきている。代表的例が、表示に関する「公正競争規約」である。この規約は、景品表示法第10条の規定に基づき、公正取引委員会の認定を受けて各業界が自主的に制定する景品・表示に関するルールである。

　現在、飲料・食料品、不動産、主催旅行、家電製品、化粧品など、およそ70の公正競争規約が定められている。業界の商品、取引などの特性や事情を加味し、不当表示の基準や表示義務項目、さらに、表示にあたって業者や事業者が守るべきことが具体的に規定されている。

(3) 景品表示法

　1960年の「にせ牛缶詰事件」をきっかけに、「不当景品類及び不当表示防止法」（略して景品表示法）として、1962年に制定された。公正競争政策の一環として、不公正な取引方法の一類型である「不当な顧客の誘引行為の禁止に関する」独禁法の特別法として制定されたものである。

　当時の牛缶詰は、鯨肉を使っているのが業界の半ば常識だった。1メーカーや、どの缶詰の表示が実態と違うというレベルの問題ではなかった。

　正しく牛肉を使って牛缶を製造・販売している製造販売業者は、品質が表示どおり正しくても、原価や販売価格でハンディーを負い、売れ行きでも不

当な損を被る。市場において、自由で公正な競争を通じて企業間競争が行われることが市場経済の原点である。景品表示法が、独占禁止法と同じく公正自由な競争秩序の維持という観点からの法規制となっているのは、このような背景によるものである。

品質の適正化を目指した日本農林規格（JAS）や日本工業規格（JIS）、家庭用品品質表示法などのような、事業者と消費者との商品についての情報格差をなくすための表示の義務づけをしたもの、特定商取引法、割賦販売法、金融商品販売法など、不公正な取引を規制するための表示、説明を義務づけた法律とは異なるのである。

しかし景品表示法は、表示の適正化という観点からみると一般法として大きな役割を果たしている。各種業法、個別法のように、業界や、取引形態、対象となる商品を限定せず、方法も問わないからである。

景品表示法は、その法律名称からみて、不当な景品の禁止と不当な表示の禁止の2つの機能を持っている。ここでは、表示規制についてのみ説明する。

① 「不当表示の禁止」

虚偽・誇大な広告や表示は、事業者間の公正な競争を妨げるばかりでなく、消費者も製品やサービスの購入にあたって正しい選択を行うことができなくなる。そのため、この法律では商品・サービスの品質、規格その他の内容、または価格その他の取引条件について、消費者に誤認を与える不当な表示を禁止している。大きくは、次の3つの類型に分かれている。

ⓐ 内容に関する不当な表示

　　商品・サービスの品質、規格その他の内容について、「実際のもの又は競争関係にある他の事業者の供給するものよりも著しく<u>優良</u>であると消費者に<u>誤認</u>される表示」（第4条1項1号、「優良誤認」）のことを、「内容に関する不当な表示」という★06。

ⓑ 取引条件に関する不当な表示

　　価格その他の取引条件について、「実際のもの又は競争関係にある他の事業者の供給するものよりも著しく<u>有利</u>であると消費者に誤認される

表示」(同第4条1項2号、「有利誤認」)のことを、「取引条件に関する不当な表示」という。

　取引条件には、価格のほかに数量、品質保証条件、支払い条件などの契約条件が含まれる。

　価格の不当表示では、実際の市場価格、希望小売価格、自店の旧価格よりも高い価格を表示して実売価格と比較させ、誤った割安感を与えるなどがある。

ⓒ公正取引委員会の指定するその他の不当な表示

　「取引に関する事項について消費者に誤認されるおそれのある表示であって公正取引委員会が指定するもの」(同第4条1項3号)のことを、「公正取引委員会の指定するその他の不当な表示」という。

　今までに、「無果汁の清涼飲料水等についての表示」(1973年)、「商品の原産国に関する不当な表示」(1973年)、「消費者信用の融資費用に関する不当な表示」(1980年) などが告示されている。

　以上、3つの類型は、いずれも「消費者に誤認されるため、不当に顧客を誘引し、公正な競争を阻害するおそれがあると認められる広告・表示」という点で共通である。

② 「公正取引委員会による排除命令」

　表示の規制も、被害者をたくさん出して不法行為が終わってからでは事業者の「やり得」になってしまう。公正取引委員会は、景品表示法違反の行為が発見されると、事業者に対して広告・表示の「差止」などを命ずることができる (同第6条「排除命令」)。

　できるだけ迅速に差止を行うために、景品表示法違反の行為に対する排除命令では、独占禁止法違反行為に対する「排除措置命令」のような審判手続き (一般の裁判に相当) を要求していない。事業者に対してあらかじめ聴聞を行い、意見を述べ、証拠を提出する機会を与えるだけでよい (同第6条)。

　排除命令に不服のある者は、独占禁止法に定める審判手続きの開始を請求することができる (同第12条6項)。

一定期間内に審判開始を請求しなければ、排除命令も審決（一般の裁判でいう判決に相当）とみなされる（同第9条）。

さらに迅速で効果的な規制を行えるよう、1972年の法改正によって、都道府県知事は、違反行為を取りやめるべきこと、これに関連する公示をすることを指示できるようになった（同第7条）。

(4)「公正競争規約」

事業者または事業者団体（業界団体）は、公正取引委員会の認定を受けて、景品類の提供や広告など、表示に関係する事項について自主的に公正な競争に関する業界ルールを制定することができる（同第12条）。このルールを公正競争規約という。

業界団体の名称を冠して、家電公正取引協議会公正競争規約（略して家電公取協規約）などという。この規約には、景品表示法の規定に沿って、より具体的で詳細な表現・表記に関する規定が盛り込まれている。

規約の運用は、業界に精通した自主規制機関（公正取引協議会など）により行われ、時代にあった規約の改定作業などが行われている。公正競争規約は公正取引委員会によって認定されたものなので、この規定を遵守していれば景品表示法違反で摘発されることはない。

9　インターネット取引（電子商取引）に関する法律

インターネット取引（電子商取引、E-commerce）に関する関連法に関して概要的に紹介しておきたい。

消費者と事業者（企業）のインターネット取引は、通信販売の一種でもあるため、通信販売と同様の長所・短所を持っている。さらにインターネットの特性から以下のような問題が多発するようになっている。

①事業者は、ごく簡単に世界中のどこからでもネット上に広告画面を掲載し、撤退することもできるため、悪質な業者による架空名義や他人になりすましての詐欺行為

②事業経験のない個人がネットオークションに参加することによる、中古

品の品質をめぐるトラブル
③低費用で大量の広告メールを送信できるので、迷惑メールや通信障害の問題
④端末機器の操作ミスによる申し込みトラブル
⑤不正アクセスによる国際電話接続による高額な電話料金の請求など。

　このような状況をふまえ、現在では消費者・事業者間のインターネット取引の適正化に関して多くの法律が整備されてきている。まず、大枠を定める基本法「高度情報通信ネットワーク社会形成基本法」(IT基本法)では、「高度情報通信ネットワーク社会形成に当たっては、規制の見直し、新たな準則の整備、知的財産権の適正な保護および利用、消費者の保護その他の電子商取引等の促進を図るために必要な措置を講じなければならない」(第19条)と定められている。以降、次のような法整備が図られてきている。

(1)「電子消費者契約および電子承諾通知に関する民法の特例に関する法律」(2001年6月、以下電子契約法)

　これは、電子契約にあたって特定の錯誤があった場合に民法の特例をさだめ、トラブルにあった消費者への有効な救済措置を講じている。また、電子契約の成立時期を発信主義から到達主義へ転換している。

(2)『特定商取引法』(以下特商法)によるインターネット通信販売の規制

　「特商法」は旧「訪問販売法」といわれていたものである。訪問販売、通信販売、電話販売を規制している。悪徳リフォーム業者問題などで摘発の根拠となっているものとして有名である。

　ネット販売も一種の通信販売なので、この特商法の規制はすべて適用される。特商法は大変重要な法律なので、別途他の参考図書などで十分学んでいただきたい。ここではインターネット通信販売特有の法的規制について紹介しておく。

①広告における代表者個人または責任者名の表示、未承認広告「※」印の表示の追加

②表示事項を省略した場合の書面に代わる電磁的記録の提供
③前払式通信販売における電子メール等による承諾・不承諾通知
④希望しない者への電子メールの再送信の禁止(この禁止に違反した通信販売業者は、主務大臣——経済産業大臣——の指示、業務停止命令の対象になる)★07。
⑤錯誤による契約申し込みの防止と救済:すでに述べたように、電子契約法で民法の錯誤無効についての特例を定めているが、誤認を与えやすい画面設定自体を禁止しているわけではない。この特商法は、このような画面設定がなされないように規制を行っている。
　具体的には、事業者は、設定画面に「確認」「変更」「取り消し」のボタンを用意しなければならない。
⑥インターネット広告による連鎖販売取引(いわゆるマルチ商法)および業務提供誘引販売取引(いわゆる内職商法)の規制。

(3)「特定電子メールの送信の適正化等に関する法律」(2002年4月、特定電子メール法)

　広告宣伝メールが一時に大量に一方的に送りつけられるために、迷惑メールや電子メールによる送受信上の障害を防止するための法律。未承諾広告の表示義務、拒否者への送信の禁止、架空電子メールアドレスによる送信の禁止等。

(4)「特定電気通信役務提供者の損害賠償責任の制限及び発信者情報の開示に関する法律」(2001年11月、プロバイダー責任法)

　インターネットを通じた情報の流通により、権利の侵害行為(不法行為)、名誉毀損、著作権侵害、プライバシー侵害があった場合の、プロバイダーやサーバーの管理・運営者の責任の範囲を明確にするとともに、違法情報発信者に関する情報の開示を請求する権利を明らかにしている。
　規制内容は、第1に、他人の権利が侵害されたときに、プロバイダー等がどのような場合に違法情報を削除しなければ被害者に対して責任を負うこと

になるのか、情報の発信者に対して削除しても責任を負わないかを示している。

被害者に対して責任のある場合とは、①他人の権利が侵害されていることを知っていたとき、②違法情報の流通を知っており、他人の権利が侵害されていることを知ることができたと認めるに足る相当の理由があるときである。

情報の書き込みを行った発信者に対して、その情報を削除するなど情報の送信を防止する措置を講じたときに、発信者に生じた損害について責任を負わないときとは、①権利を侵害されていると信じるに足る相当の理由があったとき、②権利を侵害されたとする者から違法情報の削除の申し出があったことを発信者に連絡し、7日以内に反論がない場合である。

第2に、被害者が、違法情報の発信者に対して損害賠償を請求するためには、プロバイダーから対象者が誰なのか情報を開示してもらわなければならない。被害者は次の2つの要件を満たす場合には、プロバイダー等に対して発信者情報の開示を請求できる。

①請求する者の権利が侵害されたことが明らかであること、②損害賠償請求の行使のために必要となる場合、その他開示を受けるべき正当な理由があることである。

プロバイダー等が開示請求に応じないことによって請求者に生じた損害については、故意または重過失がなければ、免責される。民法709条「不法行為による損害賠償請求」と同じである。

(5)「不正アクセス行為の禁止等に関する法律」(1999年8月、不正アクセス禁止法)

アクセス制御機能を持つ特定電子計算機に、他人の認識符号を入力して作動させ、制限されている特定利用をしうる状態にさせる行為（いわゆる不正アクセス行為）を禁止したもの。インターネットオークションなどで他人になりすまし、詐欺を行う目的で、ID・パスワードなど他人の識別番号を窃用するなどが違反行為である。違反者には、1年以下の懲役、50万円以下の

罰金が科される。

　以上、インターネット取引関連の法律の概要を駆け足で紹介してきたが、その他地方公共団体の条例による規制もある。ITビジネスを行ううえで、必須のものなので、法務部門などと環境の整備をしっかり構築しておく必要がある。

　ネットビジネスの実践的法務に関しては蒲俊郎他著の『第三世代ネットビジネス』『新 第三世代ネットビジネス』(共に文芸社)が詳しく解説している、一読を薦める。

10　「個人情報保護法」の例外規定の運用について

　「個人情報保護法」は、個人の権利と利益を保護するために、個人情報を取り扱う事業者に対して個人情報の適切な取り扱い方法を定めた法律である。

　国、公共団体の責務等を定めた第1章から3章は、2003年5月、一般企業に直接かかわる第4章や罰則規定は、2005年4月1日から段階的に施行された。この法律の背景には、1980年にOECDが定めた「OECD 8原則」がある。

　「OECD 8原則」の内容は、①収集制限の原則、②データ内容の原則、③目的明確化の原則、④利用制限の原則、⑤安全保護の原則、⑥公開の原則、⑦個人参加の原則、⑧責任の原則、であり、日本の個人情報保護法もこれに則って定められている。

　個人情報の概念が定着していない日本では、罰則規定があることから、異例ともいえるスピードで企業のなかで導入された。相前後して、数多くの会社で情報漏えい問題を起こし、告知をおこなった。その影響からか、行き過ぎた(正しい理解のないままに)導入が成されたこともあり、社会的にさまざまな弊害が出ている。社会、経済を萎縮させているとの指摘も多い。

　本稿では、「個人情報保護法」そのものを解説するものではない。被害者の救済措置を実施するときに、障害となっている問題に焦点をあてて解説す

る。

　先に述べたように、この法律は急遽、事業者内導入がなされた経緯もあり、「してはならない」禁止事項の説明のみが先行し、解釈の難しい例外規定「～はできる」の説明が後回しになったことは否定できない。尼崎市のJR脱線事故のとき、家族、友人の安否を気遣う問い合わせに対し、硬直的な理解で個人名の公表を行わなかった医療機関の対応は、その象徴的な出来事であった。

　被害者の救済を行うにあたって障害になっていると思われている個人情報保護法であるが、実際には例外規定が設けられており、適切な手続きさえ踏めば問題はないのである。このことは、関係者の間でもあまり正しく認識されていないので詳しく説明する。

　重要な例外規定は、「第三者への提供」(法第23条関連) と、「共同利用」(法第23条4項3号) である。

　実際の法文を引用し、経済産業省のガイドライン (「個人情報の保護に関する法律についての経済産業省分野を対象とするガイドライン」2004年10月) の解説を併せて紹介する。

(1) 「第三者への提供」(法第23条関連)

　以下の法第23条1項では「……<u>次に掲げる場合を除くほか</u>……第三者に提供してはならない」と二重否定形になっており、下記の1から4項にあてはまる場合は、本人の同意を得ないで個人データを第三者に提供できると読み換えることができる。

> 「個人情報取扱事業者は、<u>次に掲げる場合を除くほか</u>、あらかじめ本人の同意を得ないで、個人データを<u>第三者</u>に提供してはならない。
> 　1　法令に基づく場合
> 　2　人の生命、身体又は財産の保護のために必要がある場合であって、本人の同意を得ることが困難であるとき。
> 　3　公衆衛生の向上又は児童の健全な育成の推進のために特に必要がある場合

図表 5-2　経済産業省のガイドラインに関する Q&A

Q49
　過去に販売した製品に不具合が発生したため、製造会社で当該製品を回収することになりました。販売会社を通じて購入者情報を提供してもらい、製造会社から購入者に連絡を取りたいが、購入者数が膨大なため、販売会社が購入者全員から第三者提供についての同意を得るのは困難です。さらに、製品の不具合による人命に関わる事故が発生するおそれもあるため、製品を至急回収したいのですが、このような場合でも購入者全員の同意を得なければならないか。

A49
　製品の不具合が重大な事故を引き起こす危険性がある場合で、購入者に至急に連絡を取る必要があるが、購入者数が膨大で、購入者全員から同意を得るための時間的余裕もないときは、法第23条第1項第2号（第三者提供制限の適用除外）で規定する「人の生命、身体又は財産の保護のために必要がある場合であって、本人の同意を得ることが困難であるとき」に該当するため、購入者本人の同意を得る必要はありません（2006年2月2日）。

出所：経済産業省「『個人情報の保護に関する法律についての経済産業省分野を対象とするガイドライン』等に関するQ&A」(2006年2月2日更新)

であって、本人の同意を得ることが困難であるとき。
　4　国の機関若しくは地方公共団体又はその委託を受けた者が法令の定める事務を遂行することに対して協力する必要がある場合であって、本人の同意を得ることによって当該事務の遂行に支障を及ぼすおそれがあるとき。」
（法第23条1項）

　上記2号に関して、「『個人情報の保護に関する法律についての経済産業省分野を対象とするガイドライン』等に関するQ&A」(2006年2月2日更新)に、さらに詳細の記述がなされているので転記しておく（図表5-2）。
　もともと本文に規定されていたことであるが、個人情報保護より上位の重要性を規定したものとして、より明確に示したものである。掲載時期からみて、家電メーカーの暖房機事故による影響と思われる。社内で無用な議論をせずに販売店からの情報提供の協力を得る明確な基準が示されたことは大変有意義である。

(2) 「共同利用」(法第23条4項3号関連)

　もともと、同一会社であったものが、製造部門や販売部門、サービス部門などが別会社になったり、分社化した場合にはこの適用が利用できる。

　ただし、「……責任を有する者の氏名又は名称について、あらかじめ本人に通知し、又は本人が容易に知りうる状態に置いているとき」とあるように、製品に同梱されている取扱説明書や製品保証書にその旨を記載し、共同して利用される個人データの項目、利用する者の範囲、利用目的、当該個人データの管理について責任を有する者の氏名または名称を明らかにしておくことが必要である。

「次に掲げる場合において、当該個人データの提供を受けるものは、前3項の規定の適用については第三者に該当しないものとする。
　3　個人データを特定の者との間で共同して利用する場合であって、その旨並びに共同して利用される個人データの項目、共同して利用する者の範囲、利用する者の利用目的及び当該個人データの管理について責任を有する者の氏名又は名称について、あらかじめ、本人に通知し、又は本人が容易に知りうる状態に置いているとき。

【共同利用を行うことの事例】
　事例1：グループ企業で総合的なサービスを提供するために利用目的の範囲で情報を共同利用する場合
　事例2：親子兄弟会社の間で利用目的の範囲内で個人データを共同利用する場合
　事例3：外国の会社と利用目的の範囲内で個人データを共同利用する場合
　①共同して利用される個人データの項目
　　事例1：氏名、住所、電話番号
　　事例2：氏名、商品購入履歴
　②共同利用の範囲
　　　本人からみてその範囲が明確であることを要するが、範囲が明確である限りは、必ずしも個別列挙が必要ない場合もある。

③利用する者の利用目的
　　共同して利用する個人データのすべての利用目的
　④開示の求め及び苦情を受け付け、その処理に尽力するとともに、個人データの内容について、開示、訂正、利用停止等の権限を有し、安全管理等個人データの管理について責任を有する者の氏名又は名称（共同利用者の中で、第一次的に苦情の受付・処理、開示・訂正等を行う権限を有する事業者を「責任を有する者」といい、共同利用者の内部の担当責任者をいうのではない)。」(法第23条4項3)

　以上消費者対応にあたって必要と思われる法律を概観してきた。
　個々の法律の理解は、企業人が前提として正しく理解しておくべきものである。判断の適否を自己診断し、それに基づいて自信を持って行動するために不可欠な要素である。
　しかし、これらの法理は、直接的に消費者に伝え説得するものではない。消費者は困惑し、理屈で説得してきていると誤解し態度を硬化させてしまう。
　法知識は頭に納め、そこから導き出される行動指針を腹に据えて分かりやすく誠実に消費者と向き合うことが大切だ。

4　被害者の救済

　万一、不適合品が市場に流出した場合にメーカーがとるべきことは、①被害の未然防止のための措置、②被害の拡大防止のための措置、③発生してしまった消費者被害の救済措置、の3つである。この3つの関係は、発生している事態によってその優先度を決め、品質マネジメントシステム（QMS）や製品品質危機管理マニュアル等に沿って有効な措置を講ずることが、被害をミニマイズさせ、早く問題を収斂させることになる。

1　被害の未然防止

　源流での未然防止策は、たとえ不良品が生産された場合でも、対象の不適合品を工場外に流出させない処置である。製造業では、一般に「出荷移動停止措置」といっている。どんな事情で不具合が発見されようが、被害を及ぼす可能性のある物はまだ企業内にある。その後発生する市場不良を未然に防ぎ、消費者に迷惑を及ぼさない、流通経路、地域など末広がりの問題拡大による費用の発生を防ぐという意味で最善の処置である。各社の「品質マネジメントシステム」(QMS) の規定に基づいて、迅速に完璧に処置しなければならない。

　この場合のバリアは、発売・出荷予定が販売サイドに通知され、情報としてはすでに流通の末端まで承知されていることである。営業や販売店からの失望や非難の声が聞こえる。また期間内の売り上げにも影響を与える。このプレッシャーは、末端からも、場合によっては事業責任者からも来る。品質保証部門は、これを見過ごすことによるさまざまな悪影響と、「未必の故意」「不作為」（第1章1節3項参照）を思い起こし、毅然とした判断を下さなければならない。品質保証部門は、そのために存在し、その判断行為は、品質保証部門の専権事項である。

2　被害の拡大防止

　残念にも工場から流出してから問題が発覚した場合には、①不適合品が販売会社の流通倉庫に留っている場合、②不適合品が販売店まで届いているが、消費者の手に渡っていない場合、③不適合品が、販売店からすでに消費者の手に渡ってしまった場合の3つのケースが考えられる。

　まず、販売会社の流通倉庫に留まっている場合である。

　事業部門は、マーケティング部門・営業部門に連絡して、販売店への出荷を一時的に止める処置をとる。同時に、生産管理部門は改善処置にどのくらいの時間を要するか、製造部門と確認をとって販売側に伝えなければならない。営業フロントでは出荷の一時停止の理由とともに再出荷の時期を伝えな

いと、販売店が最終のお客への問い合わせに答えられないという混乱を招く。

次に、不適合品が販売店まで届いているが、消費者の手に渡っていない場合。

不適合品はまだビジネス圏に留まっており、広い意味でグループ内にある。

マーケティング部門・営業部門は、販売店に対して販売の一時停止のお願いをし、販売店在庫の回収に入る。併せて適正商品の再入庫の連絡をする。消費者からの確認問い合わせに販売店をつうじて説明してもらうのは、商品の購入を楽しみに待っている顧客への販売店としての最低の義務である。年末年始、5月のゴールデンウイーク、夏休みなどを利用してイベントを計画している購入予定者には、大変な迷惑をかける場合も出てくる。

この場合のバリアは、営業フロントに莫大な工数と負担をかけてしまうことである。そしてタイミングによっては、該当製品の商品ライフが終わりに近く、回収返品が次の再入荷につながらないという危惧である。赤黒の伝票処理にならず、赤伝のみ（返品）、すなわち販売減の状態になることである。販売計画の達成にも影響を及ぼす大変頭の痛い問題である。

この際の考え方は、二度とこのようなことを起こさないよう、販売現場の実情を遠慮せずに事業部門へフィードバックすることである。設計・製造部門の関係者に品質問題を起こした場合の現実感を感じてもらい、言葉だけの再発防止策に終わらせないようにすることである。長期サイクルのなかで、会社全体で、品質の改善、向上を図ることが重要なことである。

3番目のケースは、不適合品が、販売店からすでに消費者の手に渡ってしまった場合である。この場合には、上記①、②のケースの拡大防止策を講じたうえで、購入顧客への救済策（告知、市場回収）を講じることになる。

3　被害者の救済

不適合品が最終顧客の手に渡ってしまった場合の被害者（不利益を被った消費者）の救済策は、対象顧客を捕捉して無償修理または商品交換（初期不

良の場合等）を行うなど、市場改修することによって実現する。

IT商品やデジタルテレビなどのソフトウエアの不具合の場合には、通信ダウンロード、放送ダウンロードをもって、修正作業を行う場合もある。

同じソフトウエアの不具合でも、使用者がネットワーク環境で使っていない場合もある。その場合にはCD-ROMやフラッシュメモリーなどのパッケージメディアを配布し、購入者の手で修正作業をやってもらわなければならないこともある。ただしこの場合は、メディアを挿入し自動で書き換え、終了の確認操作をやってもらう程度の簡単な手順でできることが前提である。

ファームウエアの不具合のように消費者の手元で改修が難しい場合には、ピックアップ便で製品を引き取り、メーカー側で修正作業をして正常な状態で戻す改修方法をとる場合がある。

以上、いずれの場合も、対象顧客を捕捉し現状を知らせすることが必要である。危険度の高い品質事故の場合には、使用中止のお願いになる。

お詫びとともに起きていることを伝え、どうすれば良いかの手立て、問い合わせ先などを告知することになる。「告知」については第1章に、「市場回収（改修）」の実務については、第3章で詳細を説明してある。

4　発火による拡大事故（PL事故）時の現場対応

発火事故発生の通報を受けた場合には、何をおいてもいち早く現場に駆けつけることが基本である。

その際に守らなければならない原則がある。火災に関しては消防署が主管であり、その指示に従って行動するということである。

消防署からは、できるだけ「現場保存」を行い「消防に通報」することが要請されている。消火活動とともに、火災の原因並びに火災および消火のために受けた損害の調査が消防の仕事である。これを妨げる行為、支障をきたすおそれのある行為は禁止されている。炎焼中の消火活動は、第三者であっても発見者が消火活動を行うことは当然であるが、鎮火している場合には現場や製品には手をつけず、「現場保存」を行い「消防に通報」することが義務づけられている。

この大原則を踏まえて、メーカーが現場で行わなければならないことを整理してみる。
　①お客様が消火作業を行っているか否かの確認（状況確認）。
　②消火活動を行っていた場合、お客様に「消火作業が行われていますので、消防署に通報していただけますか」と促し、お客様の判断を確認する（消防署への通報義務）。
　③通報すべき事案と判断された場合、お客様から消防署に連絡して頂き、消防署関係者の到着を待つ。
　④消防署検分後、消防署からの指示を確認する（消防署からの指示）。
　⑤消防署から、製品の内部確認の指示が出れば、指示に従い製品内部を確認する。現場で検証が難しいと判断された時には、消防署の許可をもらって持ち帰り、速やかに現場の写真（拡大被害部）と該当製品を事業所へ送り、発火原因の技術検証を依頼する。他の指示の場合は、その指示に従う（発火原因調査への協力）。
　⑥現場検証または事業所へ持ち帰っての製品解析に基づき、事故原因の報告書を消防署へ提出する（報告義務）。
　⑦お客様が、消防署に通報しないと判断・意思表示された場合には、行う作業を説明し、了解を得てから案内した作業（製品内部の確認）を行う。またこの場合、被害が大きくメーカー責任が明白になっても、消防署への通報がなければ罹災証明が出ないため、保険適用ができずメーカーからの補償ができなくなることを告げる。
　事故が発生したとき、お客様は程度の差はあれ恐怖から動揺している。駆けつけたメーカーの立場からお悔やみをいうのは当然のマナーであるが、軽々にお詫びはしてはならない。何故なら、この時点では火災の原因が自社製品からの発火延焼なのか、他の製品や電源コンセント、お客様の行為に起因するものかどうかは分かっていないからである。あくまでも消防署の現場検証と、依頼された製品検証の結果報告に基づく消防署の原因判断に従って、その後の対応を行うことになる。以上の行動・考え方は、「消防法」第七章三十一～三十五条の規定に基づいている。

上記のステップを踏まずに製品内部を確認する行為は、「メーカーは製品を調べてから消防に通報した」となり、場合によっては証拠隠滅を図ろうとしたとして、お客様、消防署の双方から疑われかねない。その場合に、現場と製品に手を加えているので「そうではない」ことを証明することは困難である。過大な要求をされたとしても立場的には弱くなり、大変困難な状況を招いてしまう。
　これらの事案はサービス修理部門が対処する場合が多く、現場対応も慣れている。営業マン単独で対処せず、サービス員に同行してもらうのが良い。

5　リコール制度

　リコールは、設計や製造上の不具合が原因で安全基準を満たさない製品や、機能の不完全な製品が市場に流出した場合に、保障期間の範囲であるかどうかを問わず、無償で回収・修理を行う仕組みをいう。現在、監督官庁への届出、市場改修が義務づけられているのは、国土交通省の道路運送車輌法による自動車と厚生労働省の薬事法に基づく医薬品、医療関連機器だけである。この場合でも、欠陥や不具合がリコールにあたるかどうかの判断は、原則、メーカー側の自主判断に委ねられている。リコールが必要な欠陥でありながら届出をせず、改善処置を行った（ヤミ改修）と判断された場合には、責任者ら個人は1年以下の懲役または300万円以下の罰金、法人は2億円以下の罰金となる。
　消費者基本法に基づき2005年4月に制定された「消費者基本計画」のなかでも、3大重点施策のひとつに「国民の安全・安心の確保」が挙げられている。この議論のなかで、弁護士界、消費者団体からは、車以外の食品、家電製品にも「リコール届出の義務化」が主張されたが、見送られた経緯がある。
　2007年5月14日から施行された「改正消費生活用製品安全法」は、重大製品事故の報告義務化と国による公表制度であり、リコール（市場回収）を義務づけたものではない。市場回収はあくまでも企業の自主判断となっている。ただし、危険の拡大や再発が危惧される場合には、同法による告知と製

品回収の強制命令があるので、実質リコールの義務化に近い内容となったといえよう。

国土交通省は、エレベータ事故の不明瞭な業界責任問題を受けて、エレベータへのリコール制度導入を検討している。

ISOでは、リコール制度の国際標準化に向けての前作業を始めている。COPOLCO（消費者政策委員会）での検討作業が終わり、理事会を経てISO/TMB（技術管理評議会）の案件として付託されている状態にある。正式な国際規格化の動きになるのか今時点では分からないが、このような国際的な動きも知っておく必要がある。

6 消費生活用製品安全法

(1) 旧「消費生活用製品安全法」

私たちの生活に身近な製品に関する安全法である「改正消費生活用製品安全法」が2007年5月14日から施行された。まずそのベースとなっている元の消費生活用製品安全法をみてみよう。

旧「消費生活用製品安全法」は、すべての消費生活製品を適用対象としており、安全基準、販売制限、緊急命令、民間事業者の自主的な安全確保制度の推進、対人賠償制度、消費者の申し出権など、安全性確保のために必要と思われる制度を網羅的に用意している。このことから、市場に出回った製品の安全性の確保に関する法律のなかで最も重要なものである。また、その性格から、消費生活用製品の安全性に関する基本法的な位置にあるといわれている。1973年に制定され、1999年に大幅な改正が行われた。

消費生活用製品とは、「主として一般消費者の生活の用に供される製品」と定義されており、これらすべてを法の規制対象とすることができる構成になっている。医薬品、車輌などは、既存の法律（薬事法、道路運送車輌法）で十分規制できているとして適用の除外となっている。そのため、この法律によって規制されているものは家庭用品が多い。販売規制ばかりでなく、不適合品が流通してしまった場合に事業者に回収させることもできる。特定製品については「特定製品の危害防止命令」が発動できる（31条）。

主務大臣（多くの場合は経済産業大臣）は、「消費生活用品の欠陥により一般消費者の生命又は身体について重大な危害が発生し、又は発生する急迫した危険がある場合において、当該危害の拡大を防止するため特に必要があると認めるときは、その製品の製造または輸入の事業を行う者に対して、製品の回収を図ること、その他必要な応急の措置をとるべきことを命ずることができる」ことになっている（第82条「緊急命令」）。
　この「緊急命令」の発動は、長い間「伝家の宝刀」として実際に適用されることはなかったが、家電メーカーの石油温風暖房機事故で初の、ガス器具メーカーのガス瞬間湯沸かし器事故で2回目の発動となった。
　このように、あらかじめ法律の適用対象になっていない製品に関しても、行政機関による強制的な命令を出すことできる法律は他にはない。

(2) 重大製品事故情報の報告義務化と公表制度に向けた動き

　2005年、石油温風暖房機事故をめぐり遅すぎる告知、不透明な告知内容に対して、NACS（日本消費生活アドバイザー・コンサルタント協会）東日本支部「コンプライアンス経営研究会」から厳しい分析・指摘がなされた。
　主婦連合会はじめ消費者関連団体は、企業の自主的な告知には限界があるとして、「2005年度中に、生活用製品の危害情報を事業者から報告させる仕組みの充実を検討して結論を得る」施策を提言した。これに対して経済産業省は、「現行の消費者基本計画に基づく制度の中で徹底的に実行していく」とした。全国消費者団体連合会は、「リコールの強化・拡充のための結論になっていない」として、2006年5月、事業者からの報告義務づけを求める意見書を、内閣府に提出した経緯がある。
　その後、ガス瞬間湯沸かし器事故、シュレッダーによる子供の指切断事故など過去に遡る品質事故の続発により、経済産業省は事故に関する国の把握の問題点を認め、ガス・石油暖房機器、家電製品等の重大製品事故に関する報告の義務化に踏みきる方向を示した。そしてその後、2006年秋の臨時国会で「消費生活用製品安全法の改正案」が成立し、重大製品事故の報告義務化と国による公表制度が実現した。

法改正の動きを後押ししたのは、過去に遡る相次いだ人身事故だった。人命の犠牲によってしか未然防止の策がとられないのは残念なことである。今後はリスク予測、リスク評価によって必要な手立てが講じられるようになることを期待したいものである。

(3) 改正消費生活用製品安全法
　国は、消費者基本計画のなかで「国民の安全・安心の確保」をもっとも重要な施策と位置づけている。

　その実現のために、事業者が安全・安心な製品作りに努力することはもちろんのことである。万一、安全でない製品が市場に流失した場合には、国民がいち早くその事実を知り、身の回りから危険な物を排除することが重要になってくる。事実を広く国民に周知するために、企業は新聞や自社のホームページで告知（社告）を行い、該当製品の回収や無償修理・点検の呼びかけを行っている。車、医薬品、医療機器関連以外の製品では官庁への報告は企業の任意で行われてきた（実際には通達による行政指導で報告は行っていたが）。

　しかし最近の事例をみるまでもなく、ひろく消費者に知らせることによって、販売への影響や会社のイメージダウンを懸念し、危険性や緊急性を正しく伝える努力が行われているとはいいがたい面も見られる。

　FF暖房機事故の遅すぎた告知、危険性を感じ取れない最初の告知内容なども死亡事故を拡大させた原因と見られている。P社のガス瞬間湯沸かし器の事故では、20年間に28件の事故が報告され21人が亡くなっている。その間、消費者への告知は一度も行われていなかった。

　シュレッダーによる子供の指損傷事故が社会問題化すると、雨後の竹の子のように数多くのシュレッダーメーカー、輸入販売業者によって新聞社告が行われた。

　その後も洋菓子メーカーの品質不祥事以降、食品メーカー、販売業者による異物混入・表示違反の回収告知が連日のように新聞に掲載されている。社会の目をおそれての行動なのだろうか。これが、企業が危険回避のために、日頃から進んで告知を行っているとはいいがたい理由である。

紆余曲折はあったが、それによって実現したのが「消費生活用製品安全法」の改正（以下、改正消安法）である。
　この法律改正で重大製品事故の「報告の義務化」と「公表制度」が実現することになる。「改正消安法」は緊急性に鑑み、2007年5月14日に前倒しで施行された。
　「改正消安法」の骨子は次の3つである。
　①製造事業者・輸入事業者による重大製品事故の報告義務化
　②主務大臣による危険な製品の公表
　③主務大臣による危険な製品の「回収命令」、報告義務不履行に対する「体制整備命令」。
　そして③の命令に反した場合の罰則規定も加えられた。
　ここでいう主務大臣とは、基本的には経済産業大臣のことである。ポイントとなるいくつかの点について補足しておこう。
　対象となる「消費生活用製品」とは、主として一般消費者の生活に供される製品全般のことである。薬事法、道路運送車両法など、この法律と同等の有効性を持つ業法で規定されている医薬品、車両等は除外される。業務用製品であっても、ホームセンターなどで容易に一般消費者が手に入れられ使用されるものは対象となる。
　「事業者」とは、製造事業者、輸入事業者を指す。
　「製品事故」とは、製品の欠陥によって生じた事故でないことが誰の目にも明らかな事故を除いた製品（による）事故と規定している。「製品の欠陥によって生じた事故でないことが明々白々な事故は該当しない」ということを意味する。
　「重大製品事故」とは、一般消費者の生命または身体に対する危害が発生した事故のうち、①死亡事故、②治療期間が30日以上かかる負傷、疾病または後遺障害事故の重症病事故、③一酸化炭素中毒事故、④一般消費者の生命または身体に対する重大な危害のおそれのある火災、が対象となる。
　「事業者の事故報告義務」は大きく分けて2つある。上記に該当する重大製品事故は経済産業省へ、これは、事故を知ってから10日以内の報告とさ

れている。それ以外の製品事故は従来どおり独立行政法人製品評価技術基盤機構へ報告する。

　もう1つは、一般消費者への適切な情報提供（告知）が責務とされている点である（第34条1項）。事業者は、消費者や販売業者等からもたらされる情報をしっかり受け止め、消費者救済に真摯に対応するよう求められている。

　次に②の「公表制度」について説明する。公表には2つのステップが設けられている。

　経済産業省は、事故情報を受理してから1週間以内に経済産業省のWebサイトで、製品の一般名と事故概要等を公表するとしている。この段階では、企業名や型式名は基本的に公表されない。

　第2ステップは、受理した事故情報をさらに分析し重大な危害の発生や拡大が予想される場合には、拡大防止のため事業者に対し再発防止策を求め、事業社名、機種・型式名、事業者による再発防止策、消費者への注意換気をWebサイトで公表し、記者会見を行う。記者会見は当然新聞・テレビ等で取り上げられ、ひろく国民へ周知されることになる。なお、危害の拡大を防止するため迅速な対応が必要とされる場合と、事業者が報告義務を意図的に履行していない場合には、第1ステップを経ずただちに第2ステップの公表に踏み切る場合もある。

　③の「体制整備命令」とは、事業者が報告義務を怠ったり虚偽の報告をしたときに、事業者に対して事故情報の収集・管理および経済産業省・消費者への情報提供するために必要な社内体制を整備するよう命令することができるというものである。この命令に違反した場合には、1年以下の懲役もしくは100万円以下の罰金に処され、場合によってはこれら2つが併科されることもある。

　この法律改正では、販売事業者や修理・設置工事事業者に対しても、重大事故の製造事業者や輸入事業者への通知、事業者が行う製品回収・拡大防止策に対する販売停止、在庫情報の提供などに協力するよう求められている（努力規定）。特に危害防止命令等が発動されている場合には**協力しなければならない**とされている。罰則はなく努力規定となっているが、「望ましい」

などと比べれば責務に近いものと解すべきである。

　安全性の確保のための必要な措置がとられていないため、重大な危害の発生が予想される場合には、直接の利害関係者以外でも経済産業大臣に申し出することができる「申出制度」も用意されている。

(4) 経済産業省のプレス発表「事故情報の公開基準」

　2007年2月16日に、「改正消安法」の運用に関して経済産業省から重要な発表が行われた。「事故情報の公表基準」についてである。発表された「公表基準」は、

①ガス・石油機器による重大製品事故については、事業者からの報告後ただちに、メーカー名、型式名を含め、事故内容についてプレス発表を行う。

②ガス・石油機器以外の重大製品事故にも、製品が原因と疑われる場合には、メーカー名、型式名を含め、事故内容についてただちにプレス発表を行う。

③改正消費生活用製品安全法施行後、製品が原因でないと判明した場合でも、その旨を明記したうえで、メーカー名、型式名を含め、ホームページ上で公表する。

というものである。

　全体的に、「改正消安法」に規定されていた「公表」の1段階のステップを経ず公表を行うという例外規定「危害の拡大を防止するため迅速な対応が必要とされる場合」を、より明確にしたものといえる。

　①のガス・石油機器に関しては、重大事故の原因が製品起因か使用者起因かを**問わず**、**ただちに**プレス発表すると踏み込んだ判断になっている。

　経済産業省では、R社の開放型小型湯沸かし器事故等を踏まえ、消費者保護に万全を期す観点からとしている。

　②のガス・石油機器以外の重大事故の場合も、その原因が製品起因と**疑われる場合**には、「メーカー名、型式名を含め、事故内容について**ただちに**プレス発表を行う」としている。「改正消安法」では**欠陥と認められる場合**と

していたので、これも原因究明の結果が出る前に「明らかな使用者の誤使用でない場合」はプレス発表に踏み切るというものである。①は、改正消安法の施行（5月14日）を前にただちに実施、②も極力前倒しで実施するとしている。

③に関しては、改正消安法では、1ステップで事故情報を受理してから1週間以内に「メーカー名、型式名は明らかにせず、製品の一般呼称で事故概要をWeb上で公表」としていた。

これは、事故原因を調査・分析して、結果が製品の欠陥であった場合には2ステップのメーカー名、製品名を明記して公表、記者会見を行うとしていたものを、「……製品が原因でないと判明した場合でも、その旨を明記した上で、メーカー名、型式名を含め、ホームページ上で公表する」としたものである。

従来の「製品起因」か「使用者の誤使用」かというPL法の損害賠償責任を意識した判断から、原因の如何を問わず、現実に発生している社会的被害の拡大防止の観点を重視した実際的な判断だと高く評価できる。

この公表制度に関しては「改正消安法」の規定と、2月16日プレスリリースの「事故情報の公表基準」がダブル・スタンダードのように見えるが、R社の第2の一酸化中毒事故を受けてより踏み込んだ公表基準になったものである。法的根拠は、政令や省令ではなく、同改正法の「主務大臣が必要と認めた場合」を実際に即して適用させた運用措置（経済産業省製品安全課）である。

(5) 重大製品事故は基本的に公表される

この2月16日の「公表基準」は極めて重要である。なぜならば、実運用上「重大製品事故は基本的には公表される」ことを意味するからである。理由は

①R社の第2のガス湯沸し器の事故発生、およびその後の調査で、ガス・石油機器の事故で過去21年間に355人もの死者が明らかになったこと
②その実数把握の障害が、メーカーが事故の原因を誤使用など「使用者責

任」とみなして危険回避の告知、再発防止策を十分に行ってこなかったこと
③国民が、メーカーのいう「使用者責任」の説明に納得していないこと
④「公表基準」発表に現経済産業大臣、前消費経済部長の強い意思があること
⑤経済産業省が予測している年間想定報告数（数千件）と、事故原因を審議する第三者委員会の処理機能上の不整合が予想されること

　以上が2007年5月14日から施行される改正「消費生活用製品安全法」による重大製品事故の報告義務化と公表制度の概要である。
　対象となるメーカーの範囲や対象事象については、今後実例を重ねていくなかで明らかにしていくものもある。
　「重大事故の範囲は？」「30日間の治療期間は誰が判定するのか？」など解釈論議に終始するのではなく、企業の最大の財産である消費者に真摯に向き合うこと、社会的責任（CSR）がますます重要になっていることをよく自覚して行動することが求められる。
　報告の義務化が監督官庁に対してあるのではなく、被害者の救済・被害の拡大防止のため消費者に対する企業の自主的判断にあることが本質だからである。

(6) 製品事故に関する国際協調と更なる安全法の強化

　2006年11月末、経済産業省と米国CPSC（消費者製品安全委員会）は製品事故の情報交換をしていくことで合意した。多国籍企業の製品による事故に、迅速に対応する体制を整えるためのものである。中国製品の模造品事故対策も共通の課題となっている。2007年の年明けにも、独立行政法人製品評価技術基盤機構が中心となって実質的な情報交換を開始するといわれている。
　2007年4月、日本と中国両政府は定期協議を行い、家電製品や車など産業分野でリコールや事故情報を共有する制度をつくることで合意したと報じられている。2007年4月12日の温家宝首相の来日にあわせて、製品事故情

報の共有や製品の規格標準などでの連携を強化するものだ。輸入された中国製のファンヒーターやドライヤーの出火事故などが発生していることをうけて、日中間の協力体制を強化するためのものである。

　現在、経済産業省　産業構造審議会　消費経済部製品安全小委員会では、湯沸かし器、ストーブなどのガス機器について、消費者の求めに応じてメーカーに10年間は保守点検することを義務づける制度を検討している。2007年5月施行の「改正消安法」は起きた事故の再発・拡大防止が目的だったが、保守・点検の義務化は、ガス機器など使用期間が長く、重大事故につながりやすい製品による事故の未然防止を目的としている。これまでは最終生産完了から一定の保証期間（旧通産省の部品保有ガイドライン）を過ぎると部品の保有期間をふくめメーカーの任意とされていた保守・点検を、10年間は義務とするものである。2007年秋の臨時国会で「改正消安法」の更なる改正で立法化を目指している。

　このように、国の内外で製品の安全性をめぐる規制が連携・強化されてきている。自社の判断基準に留まって間違った対応をしないよう、消費者の救済とは何か、企業が求められていることは何かをよく自覚して、消費者と向き合うことが重要になってきている。

5　現状回復義務

　製品不具合問題が発生したとき、メーカーが行う対応策は、製品が本来持っていた、または本来持っていなければならない性能・機能をあるべき状態に戻すことである。これを現状回復義務という。

　不具合の内容、発生時期、購入者に与えた影響などにより、以下の「無償点検・修理」「商品交換」「返品・返金」のいずれかの対応を行う必要がある。

1　無償点検・修理

　この項の内容は、個別不良を対象とする場合でも傾向不良で告知・市場改修を行う場合でも同じ考え方であるといえる。

　不適合品は、販売時点でカタログ等で約束した製品本来の性能・機能に関して、約束不履行の状態にある。

　第一義的には、修理で約束不履行の状態を解消する。

　不適合品が市場で混在していて現物を確認しないと適合・不適合が判別できない場合には、まず点検作業が必要である。該当品と判明したら修理をする。

　果たすべき債務を履行していないので、点検も修理も、当然無償となる。

　やりようとしては、訪問による点検・修理、最寄の販売店・サービス拠点に持ってきてもらう、ピックアップ便で預かる、修正ソフトのメディアを送付する、着払いで製品を郵送してもらう、などの方法をとる。どの方法を選ぶかは、改修方法の内容、製品の移動性、かけている迷惑の度合いの3つを考慮してきめる。

　いずれの場合も、カスタマーとのやり取りは通常のコールセンター、市場回収（改修）の場合は専用のコールセンターを設置して対応することになる。

　その際には、個人情報の取り扱いに注意することも重要である。ピックアップ便などで配送業者を利用する場合にも、個人情報の取り扱いに関して、業者への善管注意義務も怠らないようにしなければならない。

　告知をする場合には、個人情報に対する但し書きに、対応する会社名、運送業者に関してふれておく。

2　商品交換

　発売直後の不良発生であったり、購入直後でカスタマーが強く商品交換を希望した場合には、ケースによっては新品交換で対応する場合もある。

　発生状況から判断して、対応の基本方針が「新品交換」の場合は、その旨を伝えて実施する。

その際の注意点は、等価交換であること。上位のモデルへの交換希望があった場合には、差額分を申し受けることが前提となる。

　年数が経っていて、不良発生時に、同一モデルの製品がなかったりした場合には、同等機能・同等価格帯の製品との交換が基本である。

　この場合も、迷惑をかけていることのお詫びはお詫びとして、メーカーの責務は、現状回復が基本だからである。

3　返品・返金

　どうしても納得できない、使い続けることが不愉快であるなど、カスタマーが返品を希望した場合には、やむをえない処置として返品を受け返金することもある。この場合でも、やはり無償修理で原状回復させてもらいたい旨伝えて、メーカーとしてのお詫びと誠意を示すことが基本対応である。

　返品・返金は契約の解除であり、せっかく選定、購入いただいたカスタマーの期待に応えられない状態のままで縁を切ってしまうことになる。また、自社のカスタマーとして二度と戻ってもらえない可能性もある。

　カスタマーの返品要求の背景に何か別の理由がないかよく聞きだし、もしあれば、その解決を図ることで返品にならないことも多い。これが、サービスやお客様対応部門の方に粘り強く折衝してもらいたい理由である。

　ただし、返品に応じないことで別の応対トラブルになる可能性もあるので、やむをえず了解する潮時も心得ておく必要はある。

　もう一点注意すべきことがある。それは、手早く案件を処理したいがためにメーカーの側から「返品・返金」を提示することである。

　これはしてはならないことである。お金の動きを伴う事柄は、心の問題とは相容れない面を持っている。

　金目的で文句をいっていると思われるのはカスタマーにとって心外なことで、自尊心や心情を逆なですることが多い。この点には、十分な注意が必要である。

【注】
- ★01　在職中に年間30～50件の告知・リコールを行ってきたなかで得た、筆者の経験則である。新聞社告を見て特設コールセンターに連絡をとってきた該当者は、おしなべて10％強であった。
- ★02　過失責任主義：他人の不法な行為により損害を被った場合の損害賠償請求権の発生について、加害者の故意、過失を成立の要件とすることを「過失責任主義」という。被害者が損害賠償請求するためには、この「過失」を自ら証明しなければならない。「所有権絶対の権利」と「契約自由の原則」とともに民法の基本原則である。
- ★03　無過失責任主義：経済の発展に伴い、巨大化した企業や高度に発達した技術、複雑化した製品による新たな危険性による損害について、被害者の救済が十分に行えないという問題が発生するようになってきた。公害や地球規模の消費者被害などがこれにあたる。これに対応するために、故意、過失にかかわらず賠償責任を認めようという考え方が、無過失責任主義である。代表例が「製造物責任法」である。
- ★04　製造物：製造または加工された動産をいい、電気などの無形エネルギーや農産物、海産物などの自然産品は対象にはならない。しかし、加工された農産物、海産物などの製品、血液製剤などは対象となる。
- ★05　欠陥および欠陥の立証：「この法律において『欠陥』とは、当該製造物の特性、その通常予見される使用形態、その製造業者等が該当製造物を引き渡した時期その他の当該製造物に係わる事情を考慮して、当該製造物が通常有すべき安全性を欠いていることをいう」（製造物責任法　第2条2項「定義規定」）

  欠陥には①図面・仕様書どおりに作られていない製造上の欠陥、②図面・仕様書どおりに作られているにもかかわらず、製造されたものが欠陥品となる設計上の欠陥、③設計・製造それ自体には欠陥はないが、使用にあたって本来必要とされる適切な警告や表示を欠くことによって製品が欠陥とされる警告・表示上の欠陥がある。

  　欠陥を客観的に証明すれば、製造物責任は認められる。しかしこの立証も、商品が高度・複雑化している工業製品では難しい。原因究明テストは、製品評価技術基盤機構、国民生活センターや全国の消費生活センターが事故に関する情報収集、内容分析を行い、必要のあるものには再現テストを行っている。
- ★06　「優良誤認」とは、読んで字のごとく「実態以上に**優れて良い**ものと、**誤って認識**させること」。
- ★07　財団法人日本産業協会が、特商法に基づき、特定商取引に関する調査・情報収集、主務大臣への申し出を行う者への指導助言等を行っており、この再送信禁止義務違反メールの受信者からの情報の受付を行っている。

第6章 消費者苦情・クレーム・訴訟
——司法制度改革とインフラ整備

　不適合商品の市場流出はゼロにはできない。
　そしてそれが原因で、顧客不満や苦情・クレームにつながる場合もでてくる。消費者応対の現場では、完璧に処理するわけにはいかない場合もある。
　苦情・クレームは、感情の動物である人間対人間の応対という難しさを持っている。
　そのような事態になったときに、知識の備えと、知識のうえにたった心構えは、対応に余裕を持たせてくれる。また、関係の法律・諸制度や行政の仕組みを理解しておくことは、正しい対応を行う場合にも、不当な要求者への対応にあたっても重要な知識要素である。
　前章の法の概念、特に民法の「信義則の原則」「債務不履行」「不法行為」の理解は重要である。また、この章で述べる業務内容や制度は、相互に関係し関連して運用されるので、全体の姿を体系的に理解しておく必要がある。
　日本司法支援センター（法テラス）については、まさに始まったばかりの司法制度改革の一環である。将来、消費者対応にあたって企業の対応スタンスを変えさせてくると思われるので、同制度のスタートの状況も紹介しておく。

1 苦情対応

　苦情とは、「提供した商品やサービスに対するお客様からの不満の表明」ということができる。不満はなぜ、どこで生ずるのか。

　対価を払って手に入れた商品やサービスが、事前に認識していたものと違うという事実関係の場合と、ブランドや企業イメージ、購入価格から期待していたものに達していないという、期待価との相対落差の問題がある。

　前者としては、カタログ表示、カタログ写真の色見本、宣伝の売り文句、仕様などの表示上の問題が多い。また常識的な耐用時間に満たず壊れてしまったなどの場合もある。

　後者の期待価との相対の問題はメーカーに対して思い入れのある消費者の気持ちの問題であるだけに、範囲はひろく対応の難易度は高い。

1　苦情・クレームの発生要因

一般的な苦情・クレームの発生要因は、以下のいずれかに当てはまる。
①性能、機能、品質、堅牢性に関連する問題
　　通常使用で不具合が発生した、期待どおりの性能がでない、期待を上回る性能の要求など。
②表示に関する問題
　　誤記・誤標記、誇大表示・表現、優良誤認、紛らわしい表記、過度に期待させる表現、ネガティブ情報（デメリット表示）の不表示など。
③購入にあたってのセールス行為に起因する問題
　　購入条件が不明確、約束不履行、応対・接客態度など。
④アフターサービスに付随する問題
　　修理納期が遅い、修理代が高い、技能が信用できない、同一不良の再発、訪問日を守らない、言葉づかいが悪い、不潔な服装、修理後の後始末が悪いなど。
⑤コールセンターなど、お客様対応部門の問題

何度電話をしてもつながらない、明確な説明がえられない、難解な専門用語をつかう、横柄な態度が伺える、マニュアルどおりの答えの繰り返し、約束の返事が戻ってこない、遅いなど。

2　苦情への対応

(1) 性能、機能、品質、堅牢性に関連する問題

　不具合による苦情とは、基本的に、お客様の製品が債務不履行の状態にあり、満足していないということである（第5章3節3項参照）。お客様の債務不履行状態を解消するアクションが必要である。お客様の不満の原因は100％企業側にあるので、お詫びし、誠心誠意の解決を図る。方法は①無償修理、②商品交換、③返品・返金、の3つである。

　期待した性能が出ない、期待していた機能が使えないという場合は、顧客が期待している内容が、カタログやWeb情報に記載された購入前の条件提示の範囲であるかの確認がまず必要である。もし、それが会社の公式の仕様を下回っているのであれば、仕様改善を行うか、カタログ・Web情報の訂正を行う必要がある。この場合には、まずはお詫びをし、会社としてどのような改善行為を行うか、該当の顧客への対応をどうするのか説明し納得してもらわなければならない。仕様改善には事業部門の確認をとったうえで対策を決める。すぐにはできないことが多いので、時間がかかることも了解してもらう。

　仕様の範囲内で顧客の期待値がそれを超えている場合には、そのように思わせた原因に、カタログ等に誤解をまねく表現やあいまいな表示がないか、よく確認する必要がある。実際にそのような表現・表記があった場合には、お詫びしマーケティング部門やカタログ制作部門へ連絡して、いつまでに修正するなどの確認をとったうえで顧客に説明する。これは程度の問題もあるので、どこまで修正アクションをとるのか、お詫びでご納得いただけるのかは、その表現・表記が他の消費者へも類似の誤解を与えるかどうかを判断して決める。

　顧客の期待値がスペック（仕様）をオーバーしている場合には、客観的な

技術説明や設計思想などを丁寧に説明し、実使用上問題がないことを納得してもらう。

このケースは、自社の製品や技術を高く評価してもらっての過大期待の場合が多いので、その気持ちを傷つけないようにする配慮が必要である。

以上すべての共通項として、間違っても技術部門からの情報に基づいて、「これが仕様です」などと紋切り型の返答をぶつけないことである。なぜそのような苦情を言ってきたのか、顧客の心理的背景への配慮も必要である。

(2) 表示に関する問題

誤記・誤表記、誇大表示・表現、優良誤認、紛らわしい表記、過度に期待させる表現、ネガティブ情報の不表示など、多種多様の表示問題がある。

一番重篤な問題は、「優良誤認」である。優良誤認とは、「商品やサービスが、実態以上に優れて良いものと、消費者に誤った認識を与えること」である。

このことは、実態以上に他社製品よりも優れているという競争政策上の問題にもつながるものである。

例えばパソコンで、1ドライブのHDDしか搭載していないのに、カタログで2ドライブと記載されていれば明らかに機能が違ってくる。たとえそれがカタログ、Web情報作成時の単純なミスだとしても結果の重篤性は変わらない。

また、バッテリー駆動で30分しかもたないのに、60分と記載していればこれも優良誤認にあたる。さらに、録画機などではシャッターチャンスを逃すといった、逸失損害を与えてしまうことも出てくる。

効能や効果が、客観的な根拠もないのに「○日で○Kgやせられる」などと顧客を誘引するなどは、誇大広告にあたる。

優良誤認は公正取引委員会の「景品表示法」違反にあたり、誇大表示・誇大広告は訪問販売や通信販売、電子商取引を規制する「特定商取引法」や、各種業法や自治体条例に定める「誇大広告」で法令違反となる。

罰則も設けられているので十分な注意が必要である。

取扱説明書の誤記も、誤った使用につながるなどの場合は、修正作業が必要である。新規の印刷で対応するだけでなく、すでに購入した消費者へは、Web告知などを通じてお知らせしたり、正しい取扱説明書に交換するなどの措置が必要である。これらは購入者への救済策であるのと同時に、流通段階にある製品をこれから購入するカスタマーへの未然防止策でもある。
　これらのお知らせ行為をしておかないと、問題が発生したときに顧客が納得することはない。これが企業としての情報開示であり、説明責任である。
　単純な誤植などでは、苦情申し出にはつながらないであろうが、このようなミスを見逃して大量印刷してしまう会社の業務姿勢と社員の質が疑われる。
　会社の格、品位につながることであり、会社の評価を下げることになる。
　問題を指摘された場合、お客様対応部門や、サービス部門はこうした顧客不満がそのまま放置されないよう、マーケティング部門やカタログ制作部門へ連絡し、修正作業と再発防止を促す必要がある。

(3) 購入にあたってのセールス行為に起因する問題
　販売員の基本的な接客マナー、接客スキルの問題が多いが、「不実の告知」「重要事項の不告知」という違法性につながる場合もある。金融や保険商品では厳格な法規制と罰則が設けられている。条件提示にあたっては、できること、できないことをはっきりと説明し、あいまいなままに注文を誘導することのないようにしなければならない。購入者が、消費者基本法に定められた「正しい選択」を行うための、購入前の情報提供であり説明責任である。

(4) アフターサービスに付随する問題
　技術レベル、接遇スキルの属人的問題と、納期や価格体系、連絡の連携など、サプライチェーンの仕組みや組織体系、価格体系、組織間コミュニケーションの問題がある。人のスキルは教育研修やOJTで、システムの問題は、問題点を共有し、あるべき状態を関係部署でつめてシステム的に解決する必要がある。

図表6-1 「対応の基本」と「べからず集」

【対応の基本】
・誠実な対応
・親切親身の対応
・迅速な対応
・逃げない姿勢

【やってはならないこと】
・横柄な言葉や態度
・専門的な言葉の羅列
・納得性を持たない説明で説得しようとする(「仕様の範囲です」の繰り返し等)
・その場だけの逃げ口上
・早く終わらせようとする
・「私に言われても……」などと他部門との関連を受け止めない
・うわべだけの低い姿勢の言葉や、へりくだった態度、心のこもらない物言い

(5) コールセンターなど、お客様対応部門の問題

電話、e-メールでの応対を基本としているところが多い。電話は、見ず知らずの人と顔を見ずに折衝することになり、コミュニケーション手段のなかで一番難易度の高い手法である。またe-メールも、現代人が不得手な書き言葉でのコミュニケーションである。十分な時間をおかずやり取りが繰り返されると、硬直(生意気にみえる)な議論に陥る危険性を持ったメディアである。苦情発生時以前に、これらのメディアの持つ特性を普段からよく認識しておくことが大切である。

苦情は、上記の(1)、(2)の内容が多い。(4)、(5)のコールセンターや修理サービスに起因する苦情は、2次トラブルである。商品知識や、技術知識をベースとして、ヒューマンスキルの習得や、場合によっては適正を見極めた人員配置が必要である。

対応の基本と、やってはならないことを別表にまとめた(図表6-1)。

2　クレームのパターンと処理上の留意点

　クレームとは、苦情の受付・対応では終わらず、カスタマーから解決すべき何らかの次のアクションを要求された状態のことである。
　この段階になると、顧客心理の理解や、人間行動への理解、場合によっては法的な知識と行政知識、関連他部門との連携能力が要求される。
　クレームには大きく3つのパターンがある。この3つのパターンを混同せず、冷静で客観的な判断に基づいて行動しなければならない。

(1) 熱烈なファンによる、屈折した心情(パターン1)

　自分の思いが企業に届かず、感情的になって上位の説明を要求する場合である。
　このカスタマーへの対応は、どんな経緯があろうとそのような状態にさせてしまったことを反省し、もう一度、誠実な話し合いを積み重ねることである。上位者がコンタクトするなどの方法が効果的である。この場合、担当者を代えるなど目先を変えるような表面的なことは避けるべきである。交渉のなかで過去の経緯が分からなくなり、かえって事態を混乱させることになる。担当者と上位者が一緒に交渉にあたるのが良い。
　誠実で謙虚な対応によって、必ず元のファンに戻ってくれるものである。
　顧客に高いブランド・ロイヤルティを持ってもらうまでには、好ましい体験の積み重ねが必要で、それには長い年月を要す。先人たちの努力の積み重ねの結果ともいえる。これからの時代は、企業価値の1つとしてロイヤルカスタマーの多寡が重要視されてくる。
　「もの言う熱烈なファン」は1人も失ってはならないことを肝に銘じて、対応を心がけるべきである。

(2) 真性のクレーマー(パターン2)

　クレーマーとは、苦情となる現象が起きてそれがクレームに発展して何ら

かの企業対応を求めるのではなく、「はじめに拡大要求ありき」で、その拡大要求を正当化するために製品や対応にいろいろと難癖を押し付けてくる人のことをいう。

かつて、お客様対応関係者の間で「クレーマー」という言葉を使わないようにしていた時期もあるが、本書ではクレーマーという言葉を使用する。2つの理由からである。

1つには表現上の問題で、「クレーマー」に代わる簡潔で適切な言葉が見当たらないこと。2つには、数は少ないものの残念ながら職業的と思われる一定の人たちがいるということである。そして、その数は徐々に増えてきているからである。次から次と対象とする企業を替え渡り歩いている人、親子、夫婦、家族でグルになって演技や脅かしを仕掛けてくる人たちなどがいる。

目的は、製品やサービスの適正な原状回復ではない。損害賠償、買い替え代、家屋の補修代、費やした時間や精神的な苦痛に対して「誠意（金銭）を示せ」と要求してくるものである。

この人たちの生活ぶりを垣間見ると、要求したお金で生活を補っていることが推測できる場合もある。

これらの新しい状況を考えるとき、著者はネガティブな響きを持っている言葉であっても、社内的に「真性のクレーマー」という言葉を用い、一線を画した対応を明確に打ち出していく必要性を感じる。本書で用いる「クレーマー」とは、このような人たちをさす。

クレーマーは、初期段階ではパターン1と見分けがつきにくい。なかなか問題解決のステップを踏ませてくれず、いたずらに時間を費やす。相手は交渉初期段階では具体的な要求をしてこない。何度かのやり取りの後に、「会社としての誠意を見せろ！」と切り出してくる。消費者基本法や、おかど違いの団体訴訟などを持ち出し威迫する場合もある（図表6-2）。

もし、申し出の内容が事実と確認されたとしても、会社が行うべきことは該当製品の現状回復でよいのだが、いままでの費やした時間を機会損失として見返りの拡大要求をするものである。要求の度合いを大きくするため、短

図表6-2　最近のクレームの傾向

消費者の動き

2002年のエンロン、ワールドコム、雪印食品、日本ハム、三菱自動車、東電など一連の企業不祥事に加え、最近のアサダ農産、三和シャッター／森ビル、再度の三菱自動車のリコール隠し問題、ヤミ改修問題が、製品に対する消費者の感度を敏感にさせている。

> ゆるせない……多発する企業不祥事
> 後ろ盾……消費者基本法等の動き

↓

・社会正義の立場からの世直し的ユーザークレームの発生
・上記の情況に悪乗りした拡大要求クレーマーの増加

クレームの初期対応時に、いずれかが判別しづらくなってきている

期間で終わらせないようにさまざまな問題を指摘してくるともいえる。その係わった時間に比例した要求をするためである。金銭要求以外に、高額な製品を要求してくる場合もあるが、市場で換金するので同じことである。

　どんな小さな要求も、理由なく応じてはならない。相手は巧妙であり良かれと思ってしてきたことが、次の要求を断りづらくする要因となることが多い。万一、おかしいと気がついたら今までのことは勇気をもってリセットし、正しいと思われる路線に変更することである。正しい路線とは、事実関係を法務部門やCS部門の専門家に相談し、CSと法的な両面から押さえをして正しいシナリオを書くことである。万一会社側に非があったとしても、拡大要求者が要求するような多額、不当なものには決してならない。

　要求が通らないと、自分の言い分を聞きそうな（弱いと判断した）部署を探すため複数の交渉窓口にコンタクトしてくる。古代ローマ帝国の執政官が採った、異民族統治方法を地で行く「分割して統治せよ」である。会社側を分断してくるのが常套手段である。

　このタイプのクレーマーには、毅然とした姿勢で臨むのが最良の方法である。たとえ、「出るところにでる！」「訴訟を起こす」「社長に手紙を出す」

「ジャーナリズムに漏らす」などの言動や威迫行為があっても、「残念ですが、お客様のご意思であれば、やむをえません」の対応でよい。

　早く収斂させたいなどと、金で解決、物で解決の安易な方法をとれば、それは必ず次の拡大要求となって跳ね返ってくる。

(3) 擬似クレーマー(パターン3)

　以上2つとは別に、パターン2の類型として新種のクレーマーも出てきている。

　一番最初は、偶然にも製品の不具合やカタログ表示の問題に遭遇しての苦情であっても、その後の折衝経緯のなかで変貌するタイプである。「企業は、強く言えば、いろいろ要求に応じるものだ」という感触を持ってしまったカスタマーが、途中から拡大要求クレーマーに豹変していくものである。「すけべ心」を起こさせてしまったのである。これは企業側の対応に問題があった場合に発生する。初期の対応の大切さはいうまでもないが、途中から気がついた段階で、速やかにパターン2の対応に切り替えて対応するのが大切である。安易な対応で、新たなクレーマーを育てないことである。

　企業が安易に金銭解決・優遇措置をしてきたため、それが当たり前と思っている消費者が増えていることに気づかされることが多い。航空会社では、過去に発券業務などの手違いのクレーム対応で、見返りに優遇対応していた時期があった（エコノミーからビジネスクラスへの変更等）。その結果、今や苦情対応せざるをえなくなった乗客の半数以上が、「誠意」を要求してくるという。

　その業界での軌道修正が難しいだけでなく、他の業種、企業にも派及することになる。

　すべての企業がこのことを十分考慮して、是は是、非は非の適切な対応を行って欲しい。正しい対応が、正しい消費者を育てることにもつながること、それが、国の新しい消費者政策「自立した消費者」と、「国・地方公共団体・企業によるその支援」の理念実現にも貢献することになることを付け加えておく。

3　役員書簡への対応

　苦情・クレーム・不満が対応部門で自己完結されなかった場合に、顧客は直接本社に出向く、社長に手紙を出す、などの方法で何らかの解決を得ようとする。より上位の立場へ納得できないことを伝え、会社としての正式な見解や対応を求めるものだ。
　この行動の動機は、その前に接触した社員の返答・対応が個人的な見解なのか個人的な資質なのか、会社の対応方針なのか会社の体質なのかの確認である。また、社員の説明には不満はないが、製品やサービスの仕組みそのものへの改善要求の場合もある。
　顧客の改善要求は、会社として改善して欲しいというパターンと、自分自身への改善要求の場合とがある。この2つのケースでは対応は当然異なる。
　いずれの場合であっても、非が全面的に会社にあり顧客に迷惑をかけていることが分かった時には、第1章3節3項「告知文作成にあたっての留意点──お詫びの5原則」がそのまま役立つ。
　社内調査に基づき事実を報告し、かけた迷惑を素直に詫びて正すべきことを伝える。指摘が改善につながることに対しては、感謝の気持ちも添える。
　このような対応に、それでも反発を覚える顧客はいないであろう。もしいれば、手紙の裏には別の要求が潜んでいる可能性がある。その場合には、前項の「クレーム処理」（パターン2：真性のクレーマー）を参考に対応する。
　この場合の注意点は、へりくだり過ぎないこと。受け止め方によっては、いんぎん無礼に感じさせてしまうことがある。
　会社への要求は、会社の体質や制度、社員の教育に関することが多い。非のあるところは正し、故あって行っている場合にはきちんと説明する必要がある。
　そして、どういう状況で顧客がそう感じたかのかを聞くなり、相手の立場になって指摘された事項を考えることが大切である。
　会社は悪いと認識していながらやり続けていることは少ない。しかし、

ケースによっては実情にそぐわない、また時代の変化でそぐわなくなってしまっている制度や仕組みもある。このように顧客からの苦情・提言は、外から見える自分の姿、立ち居振る舞いの反映であり貴重な鏡となる場合が多い。

一断面からの見方であるような指摘の場合には、部分として正すとともに、全体運営の立場から丁寧に説明し、納得いただくように努めるべきである。

この場合の注意点は、気をつけていても受け手には説得調に見えてしまうことである。あくまでも納得してもらう姿勢で説明することが大切である。

消費者個人への改善要求の場合には、まず事実関係を調べること。該当部署を調べ、製品問題なら修理部門や事業部門に確認し、やり取りの問題であれば交信履歴を確認する。そして事実に基づいて是非を判断する。そしてその判断に沿った返事をする。返信の内容は千差万別であり、ここでは省略する。

役員書簡への返事の原則を整理してみる。

(1) 受取人である社長自らが読む

人と人のマナーとして当然のことである。書簡の内容は、会社の実情を照らしだす鏡であり、トップが経営の素顔を知る貴重なチャンスでもある。

役員書簡の担当部署が、自己完結的に処理してはいけない。たとえトップに伝えづらい内容であっても、正しく報告しておくことが大切である。

(2) 第一報の返信をし、社内整理して事実を明らかにする部署を決めておく

社内の該当部署を探し、該当事案を特定して事実関係を明らかにすることは時間がかかる場合が多い。担当は利害関係を持たないCS部門がよい。該当部門に直接回すことは、事実の判断に偏りが入りやすい。その後のやり取りの発生で、別セクションから返信しなければならない場合も多く、次から次と担当部署を変えているような印象になることもある。一貫して一元的に対応できるところを決めておくのがよい。

(3) 第一報の返信は、着信してから1週間以内に先方へ届くタイミングで行う

　事実確認はさておいて、着信していること、社長が読んでいること、社長から事実関係の調査と対応を自分が命じられ返信していること、調査に一定の時間を必要とする旨の記述、調査後可能な範囲で詳報を連絡すること、手紙をもらったことへの返礼、が内容の骨子である。

(4) 書簡の内容を整理し、問題のポイントを明確にして事実関係を押さえる

　書簡の内容は、経過説明と問題点の指摘、主張、思い入れが入り混じっている。

　まずもって指摘のポイント、問題の本質を整理して把握する必要がある。急ぐからといって内容を整理せず関係部署に回送しても、人によって捉え方や理解が異なってしまい、その後の対応で一層混乱を招くことにもなる。問題の事実関係を整理して、要点をまとめてから関係者に伝えるようにすべきである。

(5) 文章、文体、言葉は現代ビジネス文章で

　一般に、定型文を用意しそれに沿って返信する場合が多い。こなれており安全である。ただし、言語は生き物であり時代とともに変化している。昔から重用してきたような定型文には、あまりに古色蒼然とした言い方があって、かえって不自然になる場合がある。「〇〇の砌(みぎり)」などは読めない。また「〇〇を鑑(かんが)みて」は、官尊民卑の時代に、お上が民にむかって使った用語であり、お客様に対して使う言葉ではない。

　正しい日本語の文章であること。主語・述語があいまいで意味不明であったり、誤植があっては会社の品位が疑われる。読みやすく理解しやすい文章にするためには、短いセンテンス・正しい句読点のつけ方も大切である。可能な限りひらがなを多用し、紙面全体をながめ、黒っぽくかたまっている部分がないかチェックする。その部分は漢字がかたまっているので、ひらがなに置き換えられないか検討する。

もうひとつの2007年問題

　一般に2007年問題というと、団塊世代の定年による大量退出によって、業務に関する専門的知識やもの造りの技能の伝承を危ぶむことを指す。

　また、2007年の年金制度改正により、年金の夫婦間分割を待ちわびる離婚願望の熟年妻の挙動のこともいう。

　企業のお客様対応部門の人たちのなかでは、もうひとつの2007年問題が話題として語られているので、クレーム処理の参考として紹介しておこう。

　今でも、クレームを申し出る消費者のなかには、定年後の時間を持て余していると思われる人たちがいる。特徴は、それなりのインテリジェンスを持ち、正論を展開してくることである。

　企業人としての経験も豊富で、自分の専門領域に関しては一家言持っている。しかし、言っていることにはどこか「？」と思われることが多い。

　問題のテーマから離れ、ある特定の狭い範囲の問題にこだわる。口のききかた、文章の書き方にも指導が入る。社会的常識、人間としての常識、過度とも思われる社会正義、社会環境、地域環境などを主張してくるなどである。時として、コンタクトしている担当者への「いじめ」に近い場合もある。

　その言動から透けてみえてくるのは、果たしてこれらのやり取りの内容は、家族に聞かれて恥ずかしいと思わないのか、その会話手法から、地域社会のなかで円満な生活が送れているのだろうか……ということである。

　別の見方をすれば、このような形でも社会との接点を求めているともいえる。家族からも地域からも浮いて、孤独な定年生活をおくっているのではないか。この手のカスタマーには、十分な時間がある。一方、対応している社員は、たとえ苦情であったとしても、限られた時間のなかで最善を尽くさざるをえない。

　一緒のペースで遊ばれないようにすること、話が拡散しないようにすること、交渉のポイントポイントで論点を整理し、本題だけの問題解決を心がけるなどの対応が有効である。2007年以降、団塊の世代が、真に豊かな人間関係のなかでシルバーライフを過ごして欲しいと願わざるをえない。

図表 6-3　役員書簡への返信例

```
                                                  年　月　日
○○△△様
                                              ○○株式会社
                                                    ××室
                                              室長　○○△△
                                              住所　　電話番号
                                                メールアドレス

拝啓
　○○の候、○○△△様におかれましては益々ご健勝のこととお喜び申し上げます。
　この度は、○○に関しお手紙を賜り誠にありがとうございます。
　社長○○が拝読の上、私、○○△△に対応するよう指示がありましたので返信させていただきました。何卒ご了解ください。
　○○に関しまして、さっそく社内の関係部署に事実関係を調査・確認し、改めてご連絡させていただきたいと存じます。しばしのお時間を賜りたくお願いいたします。
　今後の連絡に関しましては、私、○○△△が担当させていただきます。
　まずは、お手紙拝受の報告と今後の対応につき連絡させていただきました。
　ご多忙の中ご指摘を賜りましたこと、御礼申し上げます。
                                                      敬具
```

(6) 返信者はそれなりの立場（会社の地位）から、文章は推敲を重ねて

　社長に代わってであるから、相手に対して失礼のないそれなりの立場がよい。また返信は会社からの正式な対外文書であり、内容・文章ともそれに恥じないものでなければいけない。質の高いチェックができる人物であることが必要である。また、発信文書は他人に回覧されたり、Webで張り付けられたりする危険性も否定できない。常識的なことで揶揄されたりしないことも用心の1つである。

(7) 返信の内容は社長に確認してもらい、経過は報告する

　あくまでも書簡のあて先は社長であり、担当部署は社長の意向を反映した代理返信の位置にある。顧客は、経過の進捗によっては別の役員や親会社の

社長宛に書簡を出す場合もある。また、株主総会で質問する場合もある。やり取りの状況を社長に把握してもらっておくことは重要である。

社内の確認がとれた後の連絡は、事実の詳細と会社の見解、顧客への具体的な対応を示すことになる。結論・論旨が簡潔明瞭、読みやすい文章、ビジネスマナー・文書様式に沿っていることに注意して返答する。投稿者は緊張と相当の時間をかけて手紙を書いている。結果の如何を問わず感謝の念を表明すること。

参考までに一般的な定型文を例示する（図表6-3）。

4　ダイレクト販売・B2Bにおける損害賠償

1　ダイレクト販売におけるリスクと留意点

B2Cの取引においては、メーカーが取引の売買当事者になることは少ない。中間流通として、販売会社や流通小売業を通じて販売しているケースが多い。したがって、前章の「債務不履行」で説明したように、契約当事者として「債務不履行による損害賠償請求」を直接的に受けることはない。民法の「債務不履行」は、契約関係にある当事者間を規定するものだからである。

しかし、ビジネス環境の変化や新規事業の立ち上げ、IT社会の進展によって、メーカーが組織のなかに直販やインターネットによる通販機能を持つケースも多くなってきた。

直販の場合には、「債務不履行」をはじめ、さまざまな消費者関連法の適用を受けるので注意が必要である。会社全体として製造・卸業の体質を色濃く持っているため、小売業としての販売ノウハウ、サポート体制が必ずしも確立していない場合が多い。インターネットを活用したネット販売においては、電子商取引に関する種々の法的規制も受ける。

これらに関する民法の規定に関しては、第5章3節の「被害者の救済と品質保証責任」で解説したとおりであり、改めて参照願いたい。

2　B2Bにおけるリスクと留意点

　法人間の取引であるB2Bの領域においても、商法や会社法以外に、個々の取引においては前提としての民法の制約を受ける。特に、製品の低廉化やコモディティー化の著しい製品分野では、B2BとB2Cの垣根がなくなってきている。旧来の枠組み・商慣行に守られてきた商行為にはリスクが潜在している。取引相手の会社の規模が小さい場合や社長の個人会社では、一消費者との売買行為と考えて営業すべき時代になっているといってよい。

　B2B領域においては、取引単価も一般の消費者取引と比べ高額である。また、取引相手は頻度の差はあっても、複数回または継続的な売買関係にある。

　経済状況や業界の景気動向によって、相手の信用状態がいつも同じであるとは限らない。与信管理の重要性はいうまでもないが、資金繰りの苦しさからクレーム問題を仕掛けてくる場合がある。特に景気低迷が長かった昨今、この問題の増加傾向が気になる。

　製品の品質不良による純粋なクレームか、仕掛けてくるクレームかの見分けはそう難しくはない。

　相手の要求が、ビジネス上の機会損失への損害賠償にまで広げてくるかどうかが大きなポイントである。一般的にいう拡大要求である。

　製品に不具合があった、また修理サービスにおいて手違いがあったという場合を例にあげて、クレームへの法律的判断と業務ビジネス領域固有の解釈について解説してみよう。

3　B2Bにおけるクレームへの対応

　製品不良によるクレームが発生した場合には、まずもって、メーカーとしての製品保証責務を果たさなければならない。修理して、本来持っている機能を回復させることである。この場合の費用請求の有無は、原則その会社の保証規定に順じて有償、無償の判断をする。

　同じ不具合が続いていたことによって多大な迷惑をかけていた場合には、

その迷惑度合いを勘案して、修理代の値引きや無償扱いを判断することになる。新品または上位機種との交換を要求されたときには、購入直後であるなどの場合、カスタマーの気持ちと会社の信用を考え新品交換はありえる。上位機種との交換を行う場合には、引き取り製品の償却価値を差し引き、上位機種の実勢売価との差額を貰い受けるのが原則である。

実際には、この場面でクレームが生じる場合が多い。合理的な要求であれば会社としての判断で応じればよいが、理不尽な要求にはきちんと説明し納得してもらわなければならない。理不尽な要求とは、上記の算定とはかけ離れた金額差を、メーカー側の過去の非を盾に認めさせようとするものである。

非は非として詫び、相応の物品・金銭的償いの配慮が必要な場合もあるが、理不尽な要求は別物である。現状回復義務が原則である。

4 　B2Bにおける修理クレーム

修理を依頼されて、指摘の症状が出ないなどで修理箇所を見落したり、適切な修理が行われなかったことにより、問題が発生した場合のクレーム例を見てみよう。

(1) 修理に落ち度があった場合

もし、修理の落ち度がメーカー側にあった場合には、誠意を持ってお詫びし再度、適切な診断と修理を行う。この場合は、修理依頼（業務委託の発注）を受けて適切な修理行為がなされなかったので、請け負った修理業務に関して「債務の不完全履行」の状態にあるということになる。速やかに、債務不履行の状態を解消する必要がある。この場合の修理代は、発生した不都合の程度にもよるが、誠実に詫びるなどで修理代を貰い受けることが通常であろう。修理行為の過失や発生した不良による問題の程度がメーカー側からみても大きい場合には、過失責任と慰謝の気持ちとして修理代を無償にする場合もある。

B2Bの世界では、継続的取引関係にあること、日ごろの信頼関係などから、双方とも先々の円滑な取引環境を確保したいと思うのが一般的である。

図表 6-4　損害賠償請求への備え

> ①修理委託契約への「債務不履行状態を解消」しておく。
> ②メーカー側の修理上の「瑕疵責任」を、お客様に請求しない。
> ③メーカーとして、「信義則」にのっとった誠意ある対応姿勢で接する。

その点から、ごく良識的な話し合いで解決する場合が多いし、そうすべきであろう。

個別の1件の事例をとらえて損得を主張し、争ってまで問題を解決することは少ない。お互いに間違いはありえる、困ったときにはサポートをもらうこともあるという互恵関係にあり、ある種の信頼関係が成りたっている。

そのような関係にある業務取引の世界で、ビジネス上の損害が生じた、その損害を賠償しろと要求してくることは稀である。そのような事態になるのは、許容できないほどの重大な過失や損失の発生があったか、度重なるトラブルと、都度の対応に誠実さや真剣味が足りないと感じる行為があった場合などである。

このような反省が成り立つ場合には、メーカーとして、該当事案の範囲において損失を補填する判断は必要である。今までの取引の実績、これからの取引も総合的に勘案して、信頼関係を維持させたいという顧客に対する意思表示でもある。

(2) 過度な要求への備え

しかし原因が重過失でなく、原状回復してもなお執拗に損失補填を要求してくる場合には、法的な判断・対応も準備しておく必要がある。

この場合には、①再度、確実な修理を完了させておくこと、②侘びの気持ちと迷惑料として、修理に要した費用相当を無償扱いにすること、③要求をめぐってもめていても、会社として担当者として誠実な折衝を続けておくこと、以上の3つが必要である（図表6-4）。

これに対して、あくまでも主張を曲げず拡大要求をし続ける相手のとる行動は、会社の上位への手紙や訴訟をちらつかせて譲歩を迫ってくるか、実際

に訴訟を起こすかである。前者か後者の場合かは、途中の段階では分からない。結果として前者の場合には、上記①〜③の対応をしてあれば何もおそれることはない。根気強く誠意を持って会社としての方針を説明し、誰が出ても同じ答えであることを納得してもらう。
　後者の訴訟の場合をシミュレーションしてみよう。

(3) 訴訟に及んだ場合の対応
　訴訟を起こすには、何をもって訴えるかという要件が必要である。修理行為によって不良が発生したこの場合には、いくつかのケースが想定される。まず、修理を依頼したにもかかわらず適切な修理を行っておらず、そのことによって同一の不良が発生し業務遂行に支障をきたし、ビジネス上の損害を受けたという場合。

①適切な修理が行われず損害を与えた場合
　「適切な修理を行っておらず」結果として直っていないことが「債務の不完全履行」であり、「ビジネス上の損害を受けた」ことが損害賠償請求の根拠ということになる。民法415条「債務不履行」による損害賠償請求である。
　この場合の論点は、修理行為の不完全性が「債務不履行」または「債務の不完全履行」にあたるかどうかということである。ケースによって、また状況によって判断が分かれるので、法務部門に事実を報告し判断を求めるのがよい。

②経過観察と不法行為の成立
　次に、指摘を受けた不良症状が再現せず、経過観察として客先に一旦製品を返却した後に不良が発生し損害を発生させたという場合。
　経過観察は顧客と合意して行われるから、債務の不履行はない。この場合には、修理の見立てが悪く修理を行わなかったことが「不法な行為である」として、民法第709条「不法行為による損害賠償請求」の対象となりえるかである。

不法行為が成立すれば、訴えられた側は損害賠償を支払わなければならない。
　この場合の論点は、不法行為が成立するかどうかである。
　不法行為の成立要件は、①「故意または過失」であることが必要である。また、その故意または過失による加害行為によって、②他人の「権利侵害」が発生し、③実際に「損害が発生」し、④「故意または過失」と「権利侵害」の間に因果関係が認められ、⑤「権利侵害」と「損害の発生」の間に因果関係が認められる必要がある。
　この事例に則して言い換えれば、「修理者の意図的または不注意（故意または過失）によって修理行為が行われず、肝心なときに不良が発生（権利の侵害）し、その不良発生によって当初目的としていた作業ができず、最終顧客に納める製品が納められずに仕事の報酬が得られなかった（損害の発生）、またはその最終顧客から賠償金の要求があり、支払わざるをえなかった（損害の発生）」というケースといえる。
　不法行為による損害賠償請求を実現するためには、訴えを起こした側が、以上4つのすべてを立証する必要がある。今回の想定例では、①の「故意」（意図や悪意を持って）に見立てを怠り、未修理で製品を返却するということは修理を専らにするメーカーの修理部門ではありえない。そうすると不法行為の成立要件のもう1つ②「過失」の有無と、もし過失があったとしても、その過失が客観的に不法とまでいえる「重過失」であるかどうかの判断となる。

③重過失と予見可能性
　まず、人間の行為にまったくの無謬性（間違いを犯さないということ）はありえない。その間違いの程度の問題である。
　修理の前には、通常決められたチェックや再現試験を行うのが普通であるが、それでも症状が発生しないことが稀にではあるが起こりえる。特にソフトウエアのバグや、経年劣化、使用環境の条件によって出たり出なかったりする不良は、使用環境の再現という困難な問題を伴う。症状が出ないからと

いって、未修理のまま顧客の製品をいつまでも預かりっぱなしにはできない。客先の業務にも支障をきたす。技術的な実証結果を説明して経過をみてもらい、再度同一症状が出たら再修理するか、症状からみて考えられる範囲で修理をして（見込み修理）、その旨を説明した上で製品を返却することになる。

このような処理プロセスが、重過失にあたるかどうかということになる。一般的な法判断では、「過失ではあるが重過失にあたらず、不法な行為とまではいえない」という解釈となることが多い。したがって、不法行為の成立要件がなくなるので、「損害賠償の請求権」も生じないことになる。

もし過失があったとすると、損害賠償請求を受けることになる。この場合には、損害賠償の範囲（民法416条）が論点となる。発生した損害が修理を請け負ったときに十分「予見可能」であれば賠償請求に応じなければならない。

しかし一般に修理依頼を受けた時に、いちいち、万が一修理が完全でなかったときにはこれこれしかじかでこのような損害が生ずるなどと顧客から説明を受けることはまずない。通常の商行為のなかでこのようなやり取りをして修理を依頼するなら、修理を受けることをしなくなってしまう。そのような修理業者もいなくなり、依頼者はかえって不利益を被ることになる。

修理時に確認することは、修理に必要な指摘症状、料金、修理納期、その間の代替機材の交渉などが一般的なやり取りであろう。このような一般的な場合には、修理の過失であっても予見できない拡大損害の賠償請求は支払わなくてよいことになる。

(4) 使用者としての善管注意義務

また、一般消費者向け製品と違い業務用製品に関しては、購入者（使用者）の自己責任も求められる。

購入者は、その製品を商売の手段（道具）として使用する**プロ**（職業としての利用者）であるという解釈である。

緊急に備えた故障時の代替器材の用意など自主メンテナンス体制も、善良

な使用者としての重要な要素の1つである。

　どんな良いものでも、物には劣化と寿命がある。ばらつきによる不良品もゼロではない。製品瑕疵に関しては、常識的な期間内であればメーカーによる品質保証責任で救済される。使用に伴う性能の劣化は不可避である。良質な初期性能の維持には、適切なメンテナンスが必須である。

　道具を提供する側も使う側も、プロとしての力量を持って行っているということである。

　高度な工業製品では、使用者がすべてメンテナンスをするわけにはいかない。

　日常の適切な維持管理は使用者の責任であり、不良や劣化があればメーカーに修理やメンテナンスを委託する。切羽詰ってから修理に駆け込むのではなく、事前に保守点検を依頼するなどもリスク管理の面から賢い使用者といえる。

　このように、カスタマーにもプロとしての「購入の自己責任」と、使用していくにあたっての「善管注意義務」、適切な「維持管理義務」もあるのである。

　折衝にあたって、このような事業者としての態度があるかどうかも判断する必要がある。

　一方的にメーカーの非のみを唱え損害賠償を要求するような顧客には、瑕疵責任の有無、不法行為にあたるようなものであるか、プロセスにおいて信義則にそむくことがなかったかなどを確認・斟酌して、場合によっては係争も覚悟して交渉にあたることも必要である。

　最終的に取引の中止も選択肢の1つであるが、この判断は法的にというよりは取引における営業判断ということになる。

　高度・複雑化した製品分野では、1かゼロか、どちらが良い、悪いだけでは成り立たない場合もあり、杓子定規では立ち行かなくなる場合も出てくる。実際に、お互いに融通し合う場面も多い。

　B2Bビジネスにおいては、お互いが公正・公平な立場を尊重することが継続的に良好な関係を維持し、結果的に互恵につながるのである。

(5) その他の賠償リスク

　以上、個別・限定的な場合の損害賠償のケースを事例に法人取引をみてきた。今後注意しなければならないのは、規模が大きく影響も大きい場合の取引である。

　株主代表訴訟が定着してきている昨今、企業当事者間の意志や取引慣行だけで判断できない場合も予想される。問題を起こした会社も被害側の会社も、経営陣はガバナンス能力を問われる。

　直接的に発生した逸失損害の補償だけでなく、先々の販売に影響をもたらすという広い範囲の逸失利益の損害賠償を求められるケースである。会社の信用毀損・ブランド毀損といった無形資産へのマイナス影響に対する損害賠償も表面化する可能性がある。

　株主は、短期（期間損益）の影響による株価・企業価値の減損に敏感である。

　損失を被った企業といえども、株主へ納得できる説明ができなければならない。

　従来の企業間の貸し借りといった先々の帳尻あわせでは、株主の要求に応えられない。

　このような損害賠償問題は訴訟に発展する可能性があるので、会社としての法務的な対応が必要である。

　風評被害的な損害賠償リスクを防ぐためにも、問題を起こした企業は早い段階での情報開示がますます重要になってくる。相手先企業へ風評被害を発生させないためである。源流の解決策は、品質を良くし損害賠償請求を受けないことのないよう、「もの造り力」のレベルを上げることしかない。

5　お客様対応部門のミッション

　製品やサービスに関する苦情やクレーム・提言は、真っ先にお客様対応部門に入る。

寄せられた指摘や意見の中には、早急に改善しなければならないことばかりでなく、今後の商品企画や販売方法に活かせるものも含まれている。
　その意味で、お客様対応部門の業務ミッションは、優れてマーケティング・マターということができる。
　ここでは、苦情・クレームへの対応にあたって心しておくことを解説し、日常の活動で見落としがちなお客様対応部門のミッションについて考えてみたい。

1　2次トラブルの防止

　2次トラブルとは、問題が製品やサービスといった商品に関する事柄に留まらず、対応や企業姿勢、経営方針に消費者の不満や批判が及ぶことである。
　2次トラブルの発生原因には2種類が考えられる。
　1つは、問題の発生現場で適切な処置が行われず放置されたために、消費者が更なる納得性を求めて何らかの行動を起こす場合。
　2つ目には、その顧客不満の解決を求めて起こした消費者の次のアクションに対して、受け止める立場の部署が適切に対応・処置しなかったために発生してしまう場合である。
　一般に顧客は、最初の不満が何かの手違いや担当者の質の問題という個別・偶発的なものと考え、そうでないことの証を求めて行動を起こす。
　しかし、再び納得の得られない回答や不誠実な対応を受けた場合には、個人の問題とは思わず、企業体質、社員教育、経営方針といった会社全体のあり方に批判が向かう。
　問題の解決の場は、コールセンターや、ショールーム、サービス拠点といった消費者に一番身近なコンタクト・ポイントになる。ここで納得が得られれば、問題はそれ以上に発展しない。場合によっては、より一層の信頼感を持ってもらうことも可能になる。
　この段階では、顧客の心情は義憤が半分、期待感が半分という状態にある。

顧客の行動心理もこじれていない状態なので、解決もそう難しいものではない。この段階で解決する場合が一番多いし、ここで顧客不満を解消することが最も大切である。
　コンタクト・ポイントの一義的な存在意味は、1次トラブルの段階で不満を解消、収束することにある。2次トラブルに拡大させないということである。
　このコンタクト・ポイントでの対応が不適切なものとなれば、顧客不満の問題は、より上位の解決が求められる2次トラブルとなってしまう。
2次トラブルの段階では、顧客もかなり感情的になっているので、言葉づかい、態度、示した回答、企業体質すべてに批判的となってしまう。「坊主憎けりゃ……」の心理状態である。
　このような顧客に交渉するには、スペックの高い顧客担当者が必要となる。
　人あたりのよいといったヒューマンスキルだけでは懐柔策ととられてしまう場合もあるから、法律的にも消費者心理の面でも専門性が求められる。
　社会常識と幅広い人間性が必要である。懐の深さとでもいうべきものである。
　役職にも相応の立場が求められ、課長、部長、場合によっては担当役員となる場合もある。

2　コーポレート・リスクへの派及を防ぐ

　2次トラブルの段階では、顧客の関心は、当初の商品をめぐる不満から企業そのものに向かっている。不満のエネルギーは、役員書簡、新聞への投書、Web掲示板への書き込み、本社への訪問という行動となる。
　株主の場合には、株主総会で個人株主としての発言を求める。自分個人の問題としてばかりでなく、広く同調を求め問題を提起し、会社としての改善策を求める行為である。
　1：1の交渉形態から1：数千の場となる。この形になると、企業側からは株主総会のその場で説明したり、勘違い・誤解を解く説明、まして反論の形

はとりづらくなる。
Web上では、多くの傍観者が正確な情報もなく、印象的な理解をしてしまうことになる。

　1人の悪い評判は、口コミを通じて20人に伝播するといわれている。

　悪評は製品ブランドを傷つけ、風説の流布は企業の評判（コーポレート・レピュテーション）をおとしめることにつながる。問題が企業リスクのレベルに波及したことになる。

　まだ顧客の行動が眼に見えるものであれば、困難ではあっても解決の手立てはある。

　不満を抱えたまま、もの言わず去ってしまう顧客の場合が一番の問題である。不満や失望を持った顧客の存在は見えず、問題が問題として表面化しない。

　経営のコントロールの外に問題は伏流してしまう。これが最大のコーポレート・リスクであろう。2次トラブルは、コーポレート・リスクに波及する可能性が高い。トラブルは1次の段階で解決しなければならない。

3　顧客不満の解消——災い転じて、福となす

　大量生産・大量販売の時代になり、消費者とメーカーの距離が遠くなったといわれる。時代のスピードもあり、やむをえない面もある。

　時代が変わっても、消費者がどこか特定のメーカーの商品を購入しているのは、商品そのものの価値の他にその企業と間接的にかかわっていたいと思う心情があるからである。

　製品を買った会社のことをもっと知ろうとしたり、株を買ったり、日常の会話でその企業のことを話題にするのはそのような表れである。

　2次トラブル発生の背景には、このような多層的な顧客心理や期待感がある。実際、重クレームになるケースでは、古くからの熱烈なファンの場合が多い。

　消費者と向き合う場合の対応が適正であるかどうかの基準は何だろうか。
　自分の家族や友人が、不適切な対応をされたときの気持ちや立場を想起し

てみれば分かる。相手の立場に身を置いて考えてみるということである。

　会社の外の空気を身近にたぐり寄せることで、答えがでる場合が多い。

　製品問題が発生したときに、下された会社の判断が対応部門の人間にとっても「？」と首をかしげるようなものであった場合には、自信を持って誠意ある対応はできない。それは、すぐ顧客に伝わるものである。

　納得できない判断を示されたとき、顧客はその裏側にその会社の体質を見、企業姿勢を感じる。

　製品の不具合を起こした場合には、顧客や社会は文句を言い、決して満足はしない。しかしそれは、透明性を持った説明、納得できる問題解決方法と常識ある誠実な対応で解消する。

　迅速・適切な対応で、かえって会社のレピュテーション（評判）を高める場合もある。

　多くの企業が告知・市場改修をしているので、身近な友人、知人にもその経験者は多い。それらの話のなかでは、一様にその後の対応の是非で評価が決まっていることが分かる。

　ビジネスパートナーである販売店においても然りである。

　告知・市場対応をした場合に、販売店は、店頭在庫の回収や顧客への問い合わせ対応に追われる。たとえそうであっても、大切な顧客へ自店から不適合商品を販売しなかったことの安心感が、前向きなメーカー評価につながっていく。

　クレーム交渉は、顧客にとっては、普段顔の見えないメーカーと接する数少ない機会でもある。多くの顧客が、適切なクレーム対応を境に再び熱烈なファンに戻ってくれる。

　正しい企業判断と一人ひとりの真摯で誠実な対応は、必ずや「災い転じて福となす」を現実のものにする。

4　お客様対応部門のミッション

　お客様対応部門が何のために活動をしているかといえば、第一義的には、消費者が直面した疑問や不満の受け止めと、それへの解決策を通じた顧客満

足の提供であり顧客不満の解消である。

またお客様対応部門は、2次トラブルへの拡大を未然に防ぎ、コーポレート・リスクに波及させない絶好の位置で仕事をしているといってよい。

組織や仕組み上の問題の場合には、自分だけでは解決できないといって問題を放置したり先送りしないことである。

解決を求められる該当部署への正確な情報フィードバックと、その部門へ改善の確実な履行を求めることも、お客様対応部門の重要なミッションである。

問題を放置しておけば該当顧客の不満が高まるだけでなく、他の顧客へ広範に拡大してしまう場合もある。不適切な処理を行ったときには、その対応自体がトラブルとなる。

疑問や指摘がカタログや取扱説明書の間違いや不備、製品の不良であれば、会社として是正する必要がある。

これには単に指摘してきた顧客ばかりでなく、他の消費者に同様の困惑を生じさせないようにするという大きな役割がある。その意味で個別の顧客対応の仕事は当然大切であるが、全体の適正化につながるフィードバック業務がより重要である。

フィードバックのフローを整えること、該当部門へ確実に反映することが求められる。

1次対応スタッフとしてエージェントを利用している会社では、応対した顧客情報の吸い上げの仕組みと、そのようなことができる職場の風土づくりが欠かせない。

担当者だけでなく上席者のサポートを求めることも必要である。

制度や組織にかかわる問題の場合には、経営トップへ報告を上げ、改善を促す必要がある。その場合、遠慮や躊躇は不要である。顧客からの不満や苦情、リクエストは、CS経営・顧客ロイヤルティ経営に直結する経営者の本来業務だからである。

会社としても、そのようなフィードバックの仕組みが用意されていること、またフィードバック情報を大切にする風通しのよい企業風土づくりが大

切である。

　このように見てくると、顧客対応部門は、製品のブランドイメージや企業の評判（コーポレート・レピュテーション）という会社全体の無形資産の形成に強く係わっていることが分かる。

　日々の対応の積み重ねが、企業イメージ、ブランドイメージという最大級の企業資産形成に影響を与えている。

　このような自覚と自負を持って業務を遂行してもらいたいと思う。

6　消費者が利用する司法制度と救済機関

　企業の対応に対して、不満を持ち納得が得られないと感じた消費者が頼りとするのは、問題の相談を受け止めてくれる第三者機関や、司法上の制度である。

　場合によっては企業に問い合わせをする前に、これらの機関に相談し、予備知識をつけてから接触してくる消費者もいる。

　一方、企業の応対部門の中には、これらの制度の知識や機関の役割を正しく理解せずに、折衝スキルのみで相対交渉をしている人も多い。正しく消費者と向き合うためにも、これらの制度や仕組みを知っておくことは大切である。

　本節では、既存の行政救済機関ばかりでなく、司法制度改革のなかで生まれたばかりの「法テラス」や「裁判外紛争解決」（ADR）についてふれておきたい。

1　訴訟リスクと対応——少額訴訟制度

(1) 訴訟にはCSリスクがともなう

　苦情・クレーム対応で解決できない問題のなかには、残念ながら司法の場で決着をつけざるをえない場合もでてくる。その事案に該当する法律に従って、司法の専門機関である裁判所で結果を争うことになる。当事者間の話し

合いで決着しないものは、第三者の法的な判定をもって結果を得るということである。裁判は結果に対して法的な強制力を持つ以上、最善を尽くして争うことになる。

いわれのない訴えの場合には、企業は訴訟をおそれてはいけない。そのため一般には、現場担当者の手を離れ法務部門に委ねることになる。

しかし、企業にとってその存在を支えてくれる消費者との争いは、避けるべき最後の手段である。なぜならば、いわれのない不当な訴えには毅然とした対抗が必要であるが、意思疎通を欠き誤解やボタンの掛け違いから生ずる訴訟は、お互いにとって不幸である。たとえ会社側が勝訴したとしても、相手である消費者が二度と自社の顧客として戻ってくることはない。

訴訟は争いであり、必ず、勝者と敗者をつくる。紛争当事者ばかりでなく、その家族を含めた多くの潜在カスタマーを将来にわたって失ってしまうことになりかねない。

通常の裁判は、手続きも厳格であり専門領域に入る。

大きな問題は法務部門に相談して進めるのが正しい処し方である。

ここでは、近年、徐々に増えてきた司法制度のひとつである「少額訴訟制度」について解説しておく。製品不具合をめぐる損害賠償請求で、消費者に利用されるケースが増えてくると予想されるためである。

(2) 少額訴訟制度の特徴と法的な効果

この制度は、従来、事業者側が債権金額が小さく通常の訴訟を起こしてまで回収するほどでもなく、回収を見送ったり諦めていた債権を簡易に迅速に回収できるように民事訴訟法に新設された制度である。最近は、消費者が企業に損害賠償を求めて訴える手段として利用することも多くなっている。

この制度の特徴をまとめると、次の7項目である。

①60万円以下の金銭支払いに関する訴訟が対象である。ただし、60万円以上であっても、金銭を分けて複数回の小額訴訟を起こすことは可能

②この訴訟は、納品代金を払ってもらえない、借金を返してくれない、敷金を返してくれない、アルバイトの給料を支払ってくれないなど、金銭

の支払い請求を求める訴訟に多用される。製品不具合などの場合には、消費者側から債務不履行、不法行為による損害賠償の請求などにも利用される（第5章3節参照）。
③原則として1回の審理（通常1時間程度）で双方の口頭弁論を行い、その日のうちに判決が下される。通常の民事訴訟のように何度も審理が行われ、その都度裁判所に出頭するなどの手間がなく迅速に結論が得られる。
④証拠となる資料や書類・証人は、審理のその日にその場で確認できる簡易なものに限定される。複雑な証拠調べが必要な場合には、通常の訴訟に移行する場合もある。
⑤弁護士など専門家に頼まなくても、自分自身で訴状を作成できる。口頭での訴えの訴訟も有効。
⑥同一者による同一裁判所での少額訴訟の利用は、年間10件まで（いわゆるサラ金業者による乱用防止対策である）。
⑦被告は異議の申し立てはできるが、原告を相手取っての訴訟を提起（反訴）はできない。

原告の訴えが認められれば、被告側には支払い義務が生じる。それに従わない場合には判決内容の強制執行が可能である。

この程度のことで裁判にはならないなどと相手を見くびっている場合などには大変有効で、裁判所から訴状が届いただけで審理を前に「和解」となり金銭問題が解決するのが大半であるという。その意味で予防的効果もある。相手が正当な理由無く審理を欠席した場合には、原告の勝訴となる。
以上、この制度のあらましを理解して少額訴訟に臨むことが必要である。

2　消費生活センターへの相談

消費者が自分の受けた被害に関し、企業の説明や対応に納得がいかない、問題は解決していないと感じた場合、もっとも身近に相談ができるのが各地域にある消費生活センターである。全国に、都道府県立161、政令指定都市21、市区町立331の計513カ所に存在し（2006年3月現在）、電話、訪問によ

る相談、あっ旋を受け付けている。

　経験豊富な相談員や、幅広い専門性を必要とされる経済産業大臣事業認定の「消費生活アドバイザー」資格を持った相談員も配置している。悪質な消費者被害には、警察、弁護士との連携も行っている。

　消費者が、何らかの不利益を受けたとして不満を持ち苦情をいう場合に、現状では、自らが購入した販売店、製造元のメーカーの消費者対応部門に持ち込む「自力・自助型」のケースが一番多い。

　交渉や原因究明のむずかしさと、自分以外のほかの人の被害も予防できないかと消費生活センターに持ち込む、「行政支援型」ともいえるものも増えている。

　消費生活センターや独立行政法人国民生活センターからメーカーになされる説明要請は、この苦情相談の結果による。事案の大きさによっては、民法の不法行為、または製造物責任法により訴訟に持ち込む「司法型」もわずかながらある。

　しかし、裁判ごとを好まない日本人の国民性から、行政支援による普通の苦情処理や、あっ旋、仲介、調停という裁判外紛争解決が多い。

　全国の消費生活センター、国民生活センター、消費者団体で受け付けた苦情相談登録件数は、年間183万件を超え、ここ10年間で7倍近い増加である。苦情の内容は、現代世相とネット社会を反映して、契約（解除）が82.5％、販売方法をめぐるものが42.9％、製品品質が5.7％、価格・料金に関するものが10.8％となっている（2004年「消費生活年報」による。重複回答）。高齢者のアダルトサイトへの接触による架空請求、不当請求と、若年層のインターネット上でのオークションの債務不履行など、新しい相談が急増している。

　消費生活センターは、苦情として相談を持ち込まれた商品のテストも行っている。その商品についてのみの場合は「不満、障害・損害の実態把握」を目的とした「苦情処理テスト」としておこなわれる。「事故またはその可能性の原因究明」や「人体や家財への損傷・損害を与えた、いわゆる拡大損害」の究明は「原因究明テスト」として区別して行われている。

　消費生活センターでは、個人情報保護法の身勝手な解釈で匿名で相談する

人の増加も頭の痛い問題だという。メーカーや業者と交渉するにあたって、事前の知見を得ておくといった理論武装だけが目的の利用である。

　正しい解決につながらないものもあり、問題をさらに困難にさせているといえる。相談登録に記載できなくなり、全国統計としてのデータ化が難しいという問題もある。

　企業に持ち込まれる苦情・クレームのなかには、このプロセスを経てのものもあることを想定しておく必要がある。

　全国の消費生活センターと国の中核機関である国民生活センターは、PIO-NETというデータベースでネットワーク接続され情報共有されている。消費者被害の広域化と悪質化への対応である。

3　原因究明テスト機関

　消費者が被害の救済を求めるときにもっとも困難なことの1つは、事故の原因究明である。

　消費生活用製品に関する事故の再発防止・未然防止を図るため、独立行政法人製品評価技術基盤機構、また食品等に関する同様の目的で農林水産消費技術センター、その他、交通安全公害研究所などの国の機関が事故に関する情報の収集を行い内容を調査・分析し、必要な場合には再現テストを実施するなどの活動を行っている。

　独立行政法人に移行した国民生活センターでも、消費者問題の中核機関として自動車関係、家電製品のテストを行っており、高度な専門性を必要とする分析機能を拡充・強化している。また国は、全国の消費生活センターの商品テスト機器整備のための交付金を交付し、機能拡充を図っている。

　地方の消費生活センターで専門性や設備の面で十分に対応できない場合には、国民生活センターに究明テストの依頼、技術指導が受けられる。

　製造物責任法の施行にあたって消費者の立証負担を軽減するために整備されてきたものだが、国民の製品安全の意識の高まりとともに、訴訟目的ばかりでなく広く利用されるようになってきている。

4 裁判外紛争解決（ADR）

(1) ADRの概要

「裁判外紛争解決」も「ADR」も、あまり知られていない言葉である。

紛争（争いごと）解決のために、裁判以外の方法で解決するための司法上の制度である。紛争を解決しようとする場合には、一般に法律を根拠とした裁判という第三者による手段で行われる。下された結果は法的に強制力を持ち、当事者はその結果に従わなければならない。紛争解決の方法としては最も強力である。

それゆえに、手続きは厳格であり多額の費用もかかる。裁判は原則公開で行われ、確定的な判決までに長期間を要する。しかし、裁判官は法律の専門家ではあっても必ずしもその紛争に関連する分野の専門家ではない。

このため紛争の当事者のなかには、裁判ではなく自分たちがよりふさわしいと考える方法で紛争を解決したいと考える人が増えてきている。

そこで、近年「裁判外紛争解決」が注目されるようになってきた。

これは、紛争当事者が、お互いに合意した裁判以外の解決方法で紛争を解決することをいい、一般に「裁判外紛争解決」または「裁判外紛争解決手続き」「ADR（Alternative Dispute Resolution）」と呼ばれている。アメリカで発達してきた制度である。

ADRの解決機能には「あっ旋」「調停」「仲裁」の3つがある。言葉として紛らわしいので簡単に説明しておく。

①あっ旋

　あっ旋人が、紛争当事者の話し合いが円滑に進むように間をとり持ち、当事者が自主的に問題を解決するもの。一般的な示談と同じである。

②調停

　第三者の調停人の仲介によって当事者間の交渉が行われ、その過程で調停人から解決策が示される。この解決方法には強制力がなく、結果に従うかどうかは当事者の自由意志にゆだねられている。

図表 6-5　裁判外紛争解決（ADR）の特徴

①非公開性	非公開で行われるため、当事者のプライバシーや当事者の営業上の秘密も保護することができる。
②柔軟性	当事者が合意すれば、取引慣行などを考慮することもできるなど、法律の権利だけにとらわれない円満・建設的な解決策を探すこともできる。
③専門性	当事者が、その分野の専門知識を持った「あっ旋人」「調停人」「仲裁人」を選ぶことができる。
④迅速性・低廉性	紛争内容にあった方法を選ぶことができるので、裁判に比べ時間的に早く解決に至り、費用も節約することができる。

③仲裁

　当事者が、第三者の仲介者の下す仲介に合意することが前提となる。その合意に基づいて仲介人が審理・判断を行い、紛争当事者は仲介人の示した解決策には最終的に従うことで紛争解決を図るもの。

(2) ADRの特徴と利用実態

　ADRには、裁判と違ったいくつかの特徴がある（図表6-5）。

　ADRには、都道府県、政令指定都市などのおかれている苦情処理委員会が「あっ旋」「調停」を行っているものや、都道府県、市町村500カ所をこえる消費生活センターで「相談」「あっ旋」を行う「行政主導型のADR」がある。

　民間型では、製品分野別に、各業界が企業から独立して設立したPLセンターで「相談」「あっ旋」「調停」を行う「民間ADR」と、「NPO法人によるそれ以外の民間ADR」がある。

　弁護士会の紛争処理センターが行っている「司法型ADR」と合わせ、3つの形態がある。

　しかし、司法型のADRと消費生活センターのあっ旋、調停以外はあまり十分に活用されてきたとはいえない。

　利用が低迷してきた最大の原因としては、ADR機関自身の広報活動が十

分でなかったことが挙げられる。そのため、国民一般が適切なADR機関を認知して紛争解決を図ることができなかった。

　次にADRの中立性・信頼性に対する問題がある。特に業界団体が製造物責任法施行に伴い設立した各PLセンターは、その業界各社から派遣されてきたスタッフが紛争解決にあたるという意味で、客観性の担保に疑問を持たれたことである。

　さらに、業界以外の民間型ADRであっても、弁護士がこれまであまりADR手続きを利用してこなかったという事情もある。ADRの発達で訴訟が少なくなり、弁護士の聖域を侵すと考えていることが原因とされる。

　他の原因としては、これまでのADRが、法的な効果の面で訴訟に劣っていたことである。また、紛争の当事者がADRに応じる義務はないので、相手方が応じなければADRによる紛争解決はできないなどの限界もある。

(3) ADRの新たな可能性

　裁判制度以外の有効な解決手続きとして期待されながらも、このような制約によって発展してこなかった日本のADRであったが、現在、新たな展開をみせようとしている。2004年の臨時国会で可決成立、同12月に公布された「裁判外紛争解決手続きの利用の促進に関する法律」（以下ADR法）である。

　法の目的として、「紛争の解決を図るのにふさわしい手続きを選択することを容易にし、国民の権利利益の適切な実現に資することを目的に、裁判外紛争解決手続きについての基本理念等を定めるとともに、民間紛争解決手続き（民間事業者が行ういわゆる調停・あっせん）の業務に関し、認定の制度を設け、併せて時効の中断等に係る特例を定めてその利便の向上を図る」（同法案「概要」より）とある。

　国・自治体の責務を定め、国民の理解の増進、関係者間の連携強化、国民に「手続きの選択の目安」を提供、専門家が活用できる体制の充実、時効によって権利を失うこと等の不利益を心配することなく和解交渉ができる環境の整備、などが盛り込まれている。

司法制度改革の動きのなかで議論され制定されたものである。この法律は2007年4月1日に施行された。
　既存のADRの利用が低調ななかで、ADRの共通理念と認証民間ADRの役割について定めたADR法は、ADRの利用促進に向けての制度上の基盤整備を主にしている。その意味で、今まで潜在的にあった需要や、将来の需要に対応した法整備といえる。
　ADRは、消費者トラブルのように少額の紛争で早く決着をみたいという場合には、裁判手続きを経て解決するよりはより身近である。日本においても、制度の一層の充実と活用が期待されているものである。
　企業においては、苦情・クレームが発生すると、お客様相談部門や修理サービス部門の人が電話、メール、場合によっては相対で交渉して不満の解消や製品不具合問題の処理を行っている。そして、残念にも納得いただけず争いになる可能性が出てきた場合には、法務部門や顧問弁護士に相談のうえ、対応の方針を決定し対処することになる。
　訴訟は裁判所に提出された資料や事実関係のみを対象に審理し、法に照らして判断する。企業は、そのような事態になっても法的に抗弁できるよう、カタログや取扱説明書、商品パッケージ、会員サービス契約などの約定をあらかじめ合法的に整備してある。
　しかし拠ってたつ民法の多くは、相当昔に制定されたものある。今、起きている発生事象と法が制定された時代性には、かなりのギャップがある場合もある。裁判官はその定められた法律の専門家であり、現実に多少の時代矛盾があっても既存法の解釈によって裁く。そのため会社が敗訴することは稀である。
　今後、企業と消費者の問題が、法廷ではなくADR制度にのっとって争いの調停がなされることが多くなると想定される。時間のずれを持っている法律解釈のみによる勝ち負けよりは、調停者により、法的な裏づけに加えその時代の社会通念、社会規範に照らしてということが多くなるだろう。そこでは、消費者あっての企業が、顧客満足を本当に大切に思う姿勢を持っているのかどうかを第三者の前で問われることになる。企業法務の立場も企業の対

図表6-6　日本司法支援センター(法テラス)の支援業務

・民事法律扶助業務（裁判費用の立替等）
・被疑者・被告者に付す国選弁護人の確保業務
・司法過疎地域対策業務（弁護士のいない地域でも情報サービスが受けられるようにする）
・犯罪被害者支援業務

応方法自身も、大きく影響を受けることになる。

　このような変化が一般的になるのには相当の時間を要するであろうが、スタンスが変わってくるという意味でこの項は紙数をさいて概説した。

5　日本司法支援センター(法テラス)の設立

　一般国民には、紛争解決方法に関して法律的な情報が容易に手に入らない、身近に相談できる弁護士等専門家がいない、費用の面から弁護士等に依頼できないなどのさまざまな障害がある。このような事情を解決するために、2004年の通常国会で「総合法律支援法」が成立した。あまねく全国で、法による紛争の解決に必要な情報やサービスを受けられる社会の実現を目指すというものである。

　「日本司法支援センター」はこの法律に基づくもので、2006年度に設立された。この支援センターは、国、地方公共団体、弁護士会、司法書士会、消費者団体その他の関係機関、団体と連携して、司法制度を国民に利用しやすくし、より身近なものとしてサービスを受けられるようにするため総合的な支援を推し進めるとしている。

　具体的な支援業務としては、一般国民に対して法律上のトラブルの解決に役立つ制度を紹介し、相談者の内容に応じて弁護士、各地の消費生活センターなど最も適切な相談窓口の紹介を行う。支援業務の内容は次のようなものであり、これらを一体的に行うとなっている（図表6-6）。

　日本司法支援センターは、2006年10月1日から通称「法テラス」として本格運用がスタートした。それに先だつ2005年12月と2006年3月に、鳥取、茨城両県でセンター業務の試行実験を行ってのスタートである。

この試行実験では、1,000件を越える日常相談が寄せられたという。多い順に、金銭トラブル、相続、離婚となっている。相談者の満足度は、10点満点で鳥取9.28点、茨城8.73点といずれも高い評価となった。法務省では、全国の本格稼動後は年間200万件近くなると推定している。

　支援センターは、2006年10月から全国の地方裁判所本庁所在地50カ所に地方事務所を置き、弁護士のいない地域にも必要に応じて事務所を設置することになっている。また、2006年10月からの本格業務開始時には東京にコールセンターを置き、全国からの相談電話をたらい回しにならないよう配慮している。

　従来、縦割りで行われてきた行政の相談業務に、横の連携による実際的効果が期待されている。

　会社が法務部を持ち、顧問弁護士をかかえているのと同様に、一人ひとりの消費者が弁護士のバックアップを受けられるように受け皿制度が用意されたのである。

終章 必要なマネジメント・ツール
——リスク・マネジメント、CS経営とCSR経営

　社会生活を営むのにはルールがあり、そのなかで私たちは暮らしている。そのルールとは、ごく当たり前のマナーや社会規範である。これらのルール・規範・マナーはあらかじめ知っておかなければならないものであり、学習して初めて身に付くものもある。

　善悪の距離感、社会の約束事・ルール。それを知らなかったことによる後悔の涙は、周りに及ぼす犠牲や影響があまりにも大きい。

　本書には、全体を通奏低音のように貫く、いくつかの基本概念がある。

　それは、企業、消費者双方に対するリスク・マネジメントの考え方であり、経営の前提となるCS（顧客満足）と企業の社会性が問われるCSR（企業の社会的責任）への認識である。

　最終章となるこの章では、製品品質部門や顧客対応部門の管理者やメンバーに知っておいて欲しい危機管理手法と顧客満足経営、社会的責任（CSR）経営の各概念について紹介しておきたい。

　危機管理にあたっての判断や応対の是非が企業に及ぼす影響を理解し、一人ひとりの明日からの業務に反映させていただきたいからである。

1　リスク・マネジメント

　自然災害や人為的事故、国際テロなどの危機に関するリスクに加えて、近

年、グローバル化、IT化によって、粉飾決算、経営者の不当利得、環境問題、コンプライアンスなど企業を取り巻くリスクは多種多様になってきている。

一旦リスクが顕在化すると、事業の継続が脅かされるばかりでなく、さまざまな利害関係者に多大な影響が及ぶ。そして、社会的損失にまでその影響が波及する場合も出てくる。

このような大きなリスクの他にも、内部告発・内部漏洩、知的財産情報の持ち出し、ソフトの脆弱性による情報リスク、技術力の低下や社員の気質・国民性の変化による内部リスクなど足元をすくわれるようなビジネス・リスクも増えている。業務リスクと分類されるもので、組織のどの部署でも発生が予想される。

それぞれの現場でリスク・マネジメント的な思考と分かりやすい対応手法を身につけることが必要となっている。リスク・マネジメントは、国や地方公共団体、企業、個人、すべての人にとって必須の管理能力となってきているのである。

リスク・マネジメントという形で体系化されるまでもなく、人間は、生きていくための自衛的な知恵として多くの人生訓ともいえるものを持ってきた。

「君子危うきに近寄らず」はリスク回避のことであり、「好事、魔多し」などは、チャンスの裏にピンチありというリスクの本質を語っている。

「○○のリスク」「リスクが大きい」など、日常的に使っている言葉であるが、それを手法として利用できる専門性を持った人は少ない。

欧米の普及に比べ、日本では一部を除きリスク・マネジメントは一般化してこなかったからである。

米国のように公的な社会支援基盤が少なく自助自立の国の体質と、公助・互助の風土を持つ日本とのお国柄の違いがリスク・マネジメントの必要度の差となっていた。また、金融・保険業界の護送船団方式の国の政策も、リスクヘッジに対する商品開発、顧客啓発を活性化してこなかった理由である。しかし、2006年5月の新会社法で義務づけられた内部統制では、このリス

図表終-1　危機管理とリスク・マネジメント

■危機管理とは
　「起きてしまった、または、まさに起きようとしている危機に、ミニマムコストで被害や損害を最小化するマネジメント行為」をいう。リスク・マネジメントの一環。
　「状況のマネジメント」こそが危機管理の要諦。

■リスク・マネジメントとは
　「起きると悪い影響をもたらす可能性のあるリスクや将来の不確実性に対して、それを予測し、その影響の程度を評価し、リスクの回避・移転の策をたて、場合によってはそれを容認し、他の事態との比較において悪い影響をゼロまたは軽減させるために、経営資源を管理可能な状態におくこと」をいう。
　「事前のマネジメント」こそがリスク・マネジメントの要諦。

ク・マネジメントが必須の要素として組み込まれている。

　また、2008年度に予定されている日本版SOX法では、リスク評価が重要要素として位置づけられている。それぞれの企業で、内部統制とリスク・マネジメントを一体導入することが喫緊の課題になってきたといえる。

　本節では、危機管理とリスク・マネジメントの概念、リスク・マネジメントの概要、内部統制・コーポレートガバナンス・CSRとの関連について解説する。

　リスク・マネジメントの学問としての定義づけは、大部分を武井勲先生の『リスク・マネジメントと危機管理』『リスク・マネジメント総論』（中央経済社）に依拠している。

1　危機管理とリスク・マネジメント

　危機管理（Crisis Management）もリスク・マネジメント（Risk Management）も、個人、企業、地方公共団体、国にとって、好ましからざる影響をもたらす事態（危機・リスク）への対処手法という意味では同類の管理手法といえる。

　ただ両者には、その事態が**現実のものとして発生している**ケースと、**発生するかもしれない将来の可能性**と時間的な緊急性の度合いの違いがある（図表終-1）。

双方とも手をこまねき放置しておけば、最悪の場合、事業の継続ができなくなったり、発生した場合に備えがないことによって事前管理できた場合よりは事態の悪化を招くことになる。
　危機とは、出来事（病気、災害、政治、商業、財政）の成り行き、または、状況における1つの「ターニング・ポイント」すなわち屈折点、もしくは、緊急な行動または事件が将来を大きく形作る時点のことをいうとされている。

(1) 危機管理（クライシス・マネジメント）
　リスク・マネジメントの概念のなかでは、「『異常損失の原因』となりうる差し迫ったまたは発生しつつある危険（ペリル）」が危機とされている。
　危機管理とは、「起きてしまった、またはまさに起きようとしている危機に、ミニマムコストで被害や損害を最小化するマネジメント行為」をいう。
　学問的には、「いかなる危機にさらされても組織が生き残り、被害を極小化するために危機を予測し、対応策をリスク・コントロールを中心に計画し、指導（指揮・命令）し、調整し、統合するプロセスである」と定義されている（武井勲『リスク・マネジメントと危機管理』中央経済社）。
　そのため、危機管理の結果は次の3つの要素によって決定的に左右される。
　①緊急対応行動の適切さ
　②危機管理の有効性
　③決断とスピード
　すなわち、危機はよく管理されなければならないということである。「対象の危険（ペリル）への対応が事前に計画され」ており、それによって「現実化した危機（クライシス）の最中にすべての役員と従業員の行動を調整できるよう、事前に計画されていなければならない」ということになる。
　危機管理においては、より短期間、場合によっては瞬時での対応が求められる。
　計画よりは現場での初動対応とそのための情報収集、判断、指揮・命令の

実行力が強く求められる。「状況のマネジメント」こそが危機管理の要諦である。

危機管理の第1の目的は、生き残ることである。

危機管理は、より長期の復旧（復興）計画が実施されるまでの短い期間の組織の存続（生き残り）を保障するものでなければならない。

そのために次の3つの条件を満たす必要がある。

① 危機管理計画を作成し、実施するコストを上回る利益（損失額の減少）を生み出すこと
② 危機の最中に適用される法律に対して、組織が遵守できるような手段（コンプライアンス）を講じること
③ 生命の安全を第一とすること

近年、事業の持続性・継続性の確保に力点を置いた「事業の継続性のための不測事態対応計画」（BCP：Business Contingency Plan）が注目されている。国も積極的な推進に動き出している。

会社や自治体の危機は、直接の消費者や従業員ばかりでなく株主、取引先、地域住民などすべてのステークホルダーに影響を及ぼす。マクロ経済からみた危機管理といえよう。

（2） リスク・マネジメント

リスクとは、「起こりうる結果（事象）の変動」をいう。「将来におけるリスクと不確実性」をいい、広義にはチャンス（好機）も悪い影響も含める。

ただ一般的には、起きるとネガティブな影響をもたらす事態をリスクとよぶ狭義の定義で用いられることが多い。本書でも狭義の意味でのリスクの概念を用いて説明する。

リスクは具体的な損失となって現れるが、損失が起きるかどうかは確実ではない。それは人間には、将来の結果（事象）を正確に予知する能力がないからである。この予知能力の欠如のことを不確実性と呼ぶ。

したがって、リスク・マネジメントとは、「起きると、悪い影響をもたらす可能性のあるリスクや将来の不確実性に対して、それを予測し、その影響

の程度を評価し、リスクの回避・移転の策をたて、場合によってはそれを容認し、他の事態との比較において悪い影響をゼロまたは軽減させるために経営資源を管理可能な状態にしておくこと」をいう。

これもリスク・マネジメントの定義では、「組織の使命に沿って、リスクと不確実性のもたらす悪影響を、リスクの確認、測定、リスク処理技術の選択、実施および統制のプロセスを通じ、極小のコストで極小化するマネジメントにおけるセキュリティ機能である」といわれている（武井勲『リスク・マネジメントと危機管理』中央経済社）。

したがって、リスクおよび不確実性を極小化することを目的とするリスク・マネジメントの本質は、組織本来の価値を極大化するという面も持っている。

以上見てきたように、危機管理も広い意味でリスクマネジメント概念の一部とみなされている。

いってみれば、危機管理は発病した病気への迅速で適切な対処であり、リスク・マネジメントは発生した場合の対処法もふくめ、普段からの疾病に対する健康管理や予防医学全般であると例えることができる。「備えあれば憂いなし」がリスク・マネジメントの本質である。

2　伝統的リスク・マネジメントとERM

さまざまな不確実性や危機（リスク）に対する組織安定機能と、利害関係者の安心保障機能の役割を担うのがリスク・マネジメントである。

企業の存続、事業の継続、収益の安定、成長の持続、社会的責任の遂行を脅かしたり障害となる事態への対応である。

リスク・マネジメントは損失に対する備えという点から、カントリー・リスクや災害リスク、ファイナンシャル・リスクを抱えるエネルギーや海運関連の産業から導入されてきた。

また、「リスクの移転」の相手である保険会社によって研究や手法の開発が進められてきた。財務的影響に直結するため、発生すれば悪影響を及ぼす直接的なリスクを「純粋リスク」と呼んでいる。

図表終-2　リスク・マネジメントの概要

戦略リスク：環境リスク、組織的リスク、リーダーシップ・リスク、マネジメント・
　　　　　　リスク、コーポレート・ガバナンス・リスク、株主／与信者リスク
金融リスク：資本／資金調達、投資、規制遵守に伴うリスク
業務リスク：労働者、供給業者、営業現場／工場、保護、製品（商品）とサービス、顧客、
　　　　　　規制遵守に関するリスク
情報リスク：情報システム、戦略情報、業務情報に関するリスク

　その後、純粋リスク以外に将来の不確実性もリスク・マネジメントの対象に含めるようになり、「トータル・リスク・マネジメント」と呼ばれている。
　さらに、企業不祥事への対応として米国でCOSOレポート、COSOⅡレポートが発表されると、リスク評価を中心としたリスク・マネジメントの概念が内部統制のフレームワークに組み込まれた。
　企業統治、CSRにつながる全体的な枠組みとして、エンタープライズ・リスク・マネジメント（ERM）と呼ばれている。リスク・マネジメントは、欧米では既に半世紀近い歴史を持っている。

(1) 伝統的リスク・マネジメント
　リスク・マネジメントの概要について整理してみよう（図表終-2）。
　ビジネス・リスクは、戦略リスク、金融リスク、業務リスク、情報リスクの4つの枠組みに整理して語られることが多い。
　リスク管理のマネジメント・プロセスは、次の5つの段階を経る。
①リスクの確認（予測・洗い出し）
②リスクの測定（評価）
③リスク処理技術の選択（コントロール）
④実施（リスク処理技術の実行）
⑤リスク・マネジメントの統制
　リスク管理の技術としては、状況にあわせて次のいずれかを選択する。
①リスクの回避

図表終-3　リスク・マネジメントの3原則

1：負担できないほどの損失のリスクを負うな
　①ムリなリスクを冒してはならない
　②負担能力の限界を超える損失を出すな
2：わずかな負担を節約するために多額なリスクを負うな
　①ケチをしてチャンスを失うな
　②わずかな保険料を節約するために、大きな補償（保障）を犠牲にしてはならない
　③予防・安全・教育・訓練・リサーチへの投資を惜しむな
3：確率を考えよ
　①大局的リスク判断を大切に
　②客観的リスク分析を大切に

出所：武井勲『リスク・マネジメントと危機管理』中央経済社、1998年

②損失の制御（損失の防止、損失の軽減）

③リスクの分離・結合

④リスクの移転（保険以外の手段による）

⑤リスクの受容

さまざまなリスクは、それぞれの業務現場で発生する。

その意味で、リスク対応能力は本社や一部の専門部署が担うのではなく、すべての会社組織のなかで組み込まれていなければならない。

以上のリスク・マネジメントは、次のエンタープライズ・リスク・マネジメントと区別して、伝統的リスク・マネジメントという。

リスク・マネジメントには、実践的教訓ともいえる3つの原則がある（図表終-3）。

(2) エンタープライズ・リスク・マネジメント(ERM)

伝統的リスク・マネジメントに対して、近年、エンタープライズ・リスク・マネジメント（ERM：Enterprise Risk Management）とよばれる、新しいリスク・マネジメントの概念が示されてきている。

1992年、トレッドウエイ委員会から出されたCOSOレポートの内部統制フレームワークを、よりリスク・マネジメントに重点を置いて精緻に発展さ

せたものがCOSO IIレポート（2004年9月）の概念である。
　エンロン、ワールドコム等の企業犯罪に対する米国の動きのなかで生まれた。
　COSOレポートに示されたフレームワークは、①組織の内部環境、②目標設定、③リスク事象の特定、④リスク評価、⑤リスクへの対応、⑥統制活動、⑦情報と伝達、⑧モニタリング、の8つの要素から構成されている。若干のコメントを添えながら紹介する。

①組織の内部環境
　他の7つの構成要因すべてのベースとなる要素で、「リスク管理の概念」「リスク許容の姿勢」「業務執行を監視する取締役会のあり方」「誠実性・倫理的価値観」「能力開発の考え方」「組織の構造」「権限・責任の付与」「人事政策」から構成されている。
　リスク・マネジメントの概念をベースに業務姿勢、組織のあり方、権限・責任、人事政策のあり方など、企業の枠組みの基本が述べられている。

②目標設定
　「戦略的目標」「関連目標（業務、報告、コンプライアンス）」「リスク許容方針」「リスク許容度と適合した適切な目標選択」となっている。

③リスク対象の特定
　「リスク事象」「発生の要因」「リスク事象確認のための技法」「事象間の相関性」「事象の分類、脅威と機会の識別」を対象としている。
　目標達成に影響を与える内外のイベント（脅威と機会の双方）の特定、その認識方法、イベント間の相互関係、脅威（Risk）と機会（Opportunities）の識別について述べられている。

④リスク評価
　「本来的リスクと残留リスク」「発生頻度と影響度」「リスク評価技法」「事

象間の相関性」が述べられている。

　特定されたリスクが、当該企業（事業）の目標達成に対してどの程度の影響を与えるかを、「発生頻度」と「発生規模」の2つの観点から評価・分析を行う。残留リスクとは、回避・削減策を講じたとしても残るリスクのこと。

　この残留リスクをさらに削減したり回避するかどうかは、それに要するコストとの比較になる。このリスクの影響による予想損失より投入コストが上回るようであれば、それ以上の対応はせずリスクを受容する選択もある。

　コスト対効果では計れない損失、例えば信用の喪失、ブランドの毀損、会社の評判（コーポレート・レピュテーション）といった無形資産への影響の場合には、選択基準として別の角度からの検討が必要である（拙書『レピュテーション・マネジメント――あなたの会社の評判を守る法〔仮題〕』〔講談社現代新書、近刊〕参照）。

⑤リスクへの対応

　「対応策の検討（回避、減少、移転または分担、受容）」「評価」「選択」「リスク全体像の把握」が挙げられている。

　具体的なリスク管理である。手法としては、以下の4つが挙げられる。

- リスク回避……事業の撤退、部門売却等によって直接的にリスクを回避する。
- リスク削減……バックアップ・システムの構築等によってリスクの発生頻度や発生規模を減少させる。
- リスク分散……保険加入、業務のアウトソーシング、データベースセンターの複数個所への分散等によって、リスクの発生頻度や発生規模を移転または分担する。
- リスクの受容（受け入れ）……リスク対応によって得られるメリットをリスク対応コストが上回る場合、リスクの発生頻度やインパクトを変える行動を何も行わず、リスクをそのまま受け入れる。

⑥統制活動

「リスク対応策に適合した行動」「いろいろな統制活動（予防的行動、発見的行動等）」「方針および手順」「情報システムの統制」「組織固有の統制活動」よりなる。

統制活動はそれ自体が目的ではなく、あくまでも経営者が企業目標を達成するうえでERM活動が適切になされているかどうかを確認する仕組みである。この統制活動には、マネージャーによる統制、システムによる統制、手作業による統制等の手法がある。

⑦情報と伝達

「情報の認識・取得・伝達」「戦略的統合情報システム」よりなる。

リスクに関する企業の内外のさまざまな情報を特定・収集・伝達することが不可欠であり、適切な情報伝達システムの構築・有効な運用が重要となる。

⑧モニタリング

「ERM活動の効果測定・検証・独立した監査」「部門内の自主監査」「日常業務のなかでの検証活動（承認・符合・分析・ストレステスト等）」よりなる。

ERMを機能させるために、経営者は上記各構成要素の有効性をモニタリング（監視）し、必要に応じて修正を行わなければならない。具体的には次の2種類がある。

・通常の業務活動に組み込まれ、常時、継続的に監視を行うもの
・必要に応じて経営者の指示で行うもの

このようにERMには、全編、リスク・マネジメントの概念が貫かれていることが分かる。

内部統制とリスク・マネジメントが結びつくことによって、旧来、限られた関係者によって、限定された特定リスク領域への対処であったリスク・マネジメントが、企業活動全体の中核概念に位置づけられてきたのである。

わが国においても、日本工業規格による「リスク・マネジメントシステム構築のための指針」(JIS Q2001、2001年3月)の制定がある。また経済産業省が、内部統制の機能は、リスク・マネジメントと一体になって効果的に発揮されると公表した「リスク新時代の内部統制」報告書(2003年6月)によって、ERMの動きが加速されている。

2006年5月施行の新会社法では、大会社は内部統制システムの構築の基本方針の決定が義務づけられ、経営陣のリスク管理に対する責任が重くなった。これは、2008年度から実施予定の日本版SOX法への第1フェーズと捉えることができる。

企業経営のフレームワークに位置づけられ、内部統制と不可分な要素となったリスク・マネジメントであるが、システム構築やマネジメント・システムとしての色彩が強くなると、日常的な手法としての手軽さが失われるおそれもある。

一般に組織をたばねる経営手法は、マネジメント・システムとして経営トップの関与や全社の仕組みに位置づけられる。

重要なことではあるがトップや執行責任者の交代、組織改変、人事異動に追従できず、活動自身が沙汰やみになるリスクもある。リスク・マネジメントも、このような形式主義に陥らないように注意しなければならない。

3 リスク・マネジメント、法令遵守、内部統制、企業統治、CSRの位置づけ

リスク・マネジメントもコンプライアンスも、その実践は、問題が発生する現場の管理業務である。現場で実践されていなければ末端から破局をむかえる。

当事者がその規則・ルールの存在を認識し、正しく理解していることが前提である。

しかし、事業上のリスク誘引(時間がない、従業員のレベルが低い、売り上げ優先、他の影響へのおそれなど)によって守られなくなることがある。

まずもって、知らないという状態はなくさなければならない。

図表終−4　リスク・マネジメント、コンプライアンス、内部統制、コーポレート・ガバナンス、社会的責任経営の位置づけ

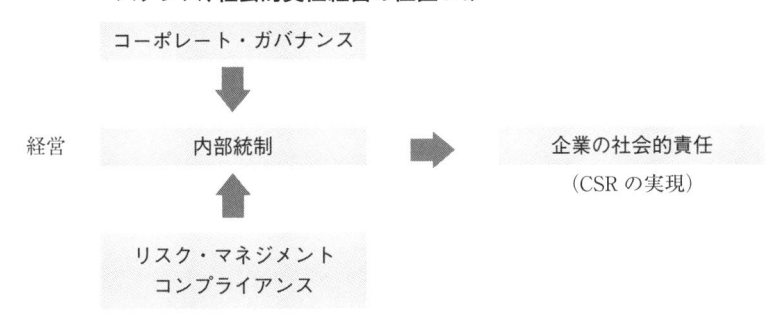

```
                    コーポレート・ガバナンス
                            ↓
     経営           内部統制      ⇒    企業の社会的責任
                            ↑              （CSRの実現）
                    リスク・マネジメント
                    コンプライアンス
```

　そのためには、体系だった教育研修が必要である。そして職場全体に、リスクに対する感度、具体的な手法、法令遵守の姿勢、企業倫理など企業風土の醸成が重要となる。

　次には、個々の現場でリスク・マネジメントやコンプライアンスに基づいた事業活動が適正に行われているかの監査と、もし行われていない場合には、それを修正する社内の仕組みができていなければならない。内部統制の仕組みである。

　経営者は、その社内の内部統制の有効性、責任の所在、担当役員の明確化、事実のフィードバックの機能、外部統制の機能など、多角的な統治の健全性の責任が問われる。コーポレート・ガバナンスの機能と責任である。

　リスク・マネジメントやコンプライアンスは、職場・部署での実施要件であり、内部統制は、より大きな組織としての健全性を促し不正を発生させない牽制・抑止の仕組みとなる。

　コーポレート・ガバナンス（企業統治）は、企業倫理・行動規範の徹底など、企業の健全性機能を有効に働かせる経営トップの統治責任となる。

　そして、これらの仕組みの健全性と社員個々の適正な行動によって、企業の社会的責任（CSR）経営が実現できることになる。

　その意味でリスク・マネジメント、コンプライアンス、内部統制、コーポレート・ガバナンスは、社会的責任経営の前提と位置づけられる（図表終−4）。

2　CS（顧客満足）経営

　CSは顧客満足（Customer Satisfaction）の意味だが、「CS経営」となるとさまざまな視点を持つ。顧客に満足感を持ってもらうことは、当たり前のことである。当たり前過ぎる言葉や概念は、それをどの視点から捉えるかが重要である。

　もっとも一般的なのは、経営者が売り上げ増進の手段として用いる場合である。接遇・応対、提供商品・サービスの質を高め、集客や売り上げの拡大を目指すものである。

　CSを組織共通の目標として活動することによって、従業員間の和やチームプレーの円滑化などES（従業員満足）の実現に比重を置くケースもある。ESの向上によって従業員の生産性、仕事の質を高めることがネライである。

　会社パンフレットに「我が社はCS経営をモットーにして……」と謳い、人材採用のため会社のイメージの向上に使う場合もある。

　「CS経営」は、その課題によってさまざまな形で手段化されることが多い。

　しかし、CS経営を単に手段として利用する場合は長続きしない。動機づけが浅く、従業員の理解や行動がマニュアル的になりがちである。

　CSは手段ではなく、企業経営の目的であり、会社が社会に存在する意味そのものと捉える必要がある。

　日本でCSがブームになったのは、米国マルコム・ボールドリッチの顧客満足経営の影響である（日本では日本経営品質賞）。「日本のCSの父」といわれた故佐藤知恭先生の普及・啓発活動が日本企業にCSを根付かせた功績は大きく、現在その志は「顧客ロイヤルティ協会」に引き継がれている。

　日本経営品質賞さえ受賞できればCS的に優れた企業かといえば、一概にはそうはいえない。一時的な改革活動で終わってしまったり、経営責任者の交代で活動が頓挫してしまうこともある。いずれにしても、トップの改革への思いが重要で、これが浸透できる範囲の組織規模で実践される場合が多

い。

　日本経営品質賞の評価ポイントとして単独のCS項目はないが、全体の30％がCS志向をベースにしたものだ。

　ブームとしてのCSは峠を越えたものの、カスタマー・ファースト、顧客ロイヤルティ、顧客視点の経営、消費者志向経営など、CSを経営の根底に据えることが定着してきた。

　情報化、グローバル化によって製品やサービスの差異が少なくなり、低成長が当たり前の経済では、顧客支持の如何が生き残りの決め手になってきている。

　ロイヤルティ（ブランドに対する忠誠度）の高い顧客の多寡を経営の無形資産に位置づけることも、今後は重要になってくると思われる。

　その意味で、CSは古くて新しい今日的経営テーマということができる。

1　「生活者起点」によるシーン・イメージング

　企画を起案する場合に、「顧客目線で」とか「お客様目線で」という言葉が会社のなかではよく使われる。

　マーケティング志向の言葉であり、「子供の目線で」からきた借用概念である。これは大人が子供に接するときに、より子供の気持ちを理解するように、同じ目線にしゃがみ込む動作として表れる。だが、果たしてこれで正しいだろうか。目の高さは同じになっても、相対で向かい合っているのである。あくまでも、「そちら」と「こちら」の立場の違う2人である。

　「顧客」からは、抽象的な概念としてのマーケティング戦略が思い浮かぶが、一人ひとりの生身の人間像は浮かばない。「お客様」からは、上手な対処の仕方が先に立ち、冷静・客観的な発想が生まれにくい。

　品質問題の解決や市場対応時の発想としては、「生活者起点で」「生活者の立場で」が最もふさわしいと考えている。「生活者起点」という言葉は、北川正恭氏（前三重県知事）の講演からヒントを得て、著者なりに企業経営に当てはめて思索してきたものである。

　前三重県知事であった北川正恭氏は、県政を預かる立場として、職員の意

識改革を中心にすえて行政改革を行っていた。

　職員の「発想の立ち位置」が変わらないことには、いくら行政改革を唱えたところで何も変わらないとの認識がスタートにあった。

　この「発想の立ち位置」をめぐって、任期中の4分の3の時間を管理職、一般職員とのダイアローグ（対話）にあてたという。

　このような対話と議論のなかから、三重県政を象徴する標語「生活者起点の行政」が職員発案の言葉として生まれた。8年間の実践のなかに、我々民間企業にとってもそのまま利用できるさまざまなヒントが含まれているように思う。

　「生活者起点の行政」を、企業と消費者との関係に置き換えることができる。

　「生活者起点の」を「顧客起点の」に、「行政」を「経営」に置き換えると「顧客起点の経営」となる。場合によっては、「生活者起点」をそのまま使ったほうが発想が湧きやすい。

　「満足」は、目指すべき結果である。生活者起点の「起点」は、発想のすべての出発点に顧客を据えている。「起点」から結果としての「満足」を目指す。

　この「生活者起点の経営」こそが、CS経営そのものだといえる。

　「生活者の立場で」の発想には登場人物は1人である。自分が相手になり代わることである。「……目線で」を2人による「相対法」とすれば、「生活者起点で」「生活者の立場で」は、相手に置き換えてみる「置換法」ともいえる。

　生活も生活者も、どちらも何かの概念用語でもなく極めて日常的な「ことば」である。そして「生活」という響きには実に多くの連想が沸くのである。

　居間でくつろいで、電車通勤の途中で、夜家族が寝静まったあとで、会社から帰って、日曜日にゆっくりと、仕事でバタバタしている最中に、などなどである。そのような生活シーンはすぐ思い浮かぶ。

　品質事故や製品不具合が発覚したときに、それによって発生する事態を以

上の生活シーンのなかでシミュレーションしてみればよい。だれでもリアルに（生々しく）、その場面を思い描くことができる。そしてその立場になれば、利用者が抱くであろう気持ちを推測することも容易である。

ソフトウエアのバグが発生し、「取扱説明書と首っぴきでやっても正しく動作しない、自分のやり方が間違っているのか？」「週末をつぶして入れたデータが消えてしまった！」などを経験した購入者は、事前の情報開示と問い合わせに対する納得できる説明を求める。

問題に遭遇した使用者は、いわれもなく時間、労力、楽しみ、期待を奪われ困惑を味わっている。もし、何の説明も情報の開示もない状態になったらどう思うであろうか。

企業対応として、「たいしたことはない」「そんな使い方をする人はいない」「問い合わせが入ったら答えればいい」となるかどうか、よく考えてみるべきだ。

生活者の身になってシーン・イメージングを行い、その結果に基づいて判断を下す必要がある。

相手の立場になって考えないと、企業人は手馴れた手法ですぐ実務処理に走りがちである。

結果の整合性や、もたらす影響の検証がおろそかになってしまう。とるべき会社の判断を間違えることにもなる。

2　財務パフォーマンスからみた顧客満足経営

顧客満足経営の重要性を考えるときに、利益構造、財務パフォーマンスから見てみると一番直接的で分かりやすい。

企業の事業目的は利益創出であり、その極大化である。財やサービスで消費者に便益を提供し、生活を便利で豊かなものにする。

生み出した利益で税金を払い、間接的に社会へ還元する。また、雇用を確保し従業員の生活を保証する。

儲けのなかから、配当や株の値上がり益で株主への還元ができる。研究や開発へ再投資することによって、自社の成長ばかりでなく関連産業ひいては

日本経済への波及も期待できる。利益が、企業の果たす役割のすべての源泉となる。

　利益はどこから生まれるかといえば、一人ひとりの消費者の購買行為の結果である売り上げである。

　売り上げから、かかった製造原価（仕入れ原価）や販売管理費等を引いたものが営業利益（粗利益）、金融収支や税金を引いて経常利益、純利益となる。すべて、売り上げからの引き算で、それぞれの段階での儲けとなる。

　年商1,000万円の会社も年間2兆円の営業利益を出している大会社も、みな同じ売り上げをベースにしている。利益の源泉は売り上げである。一人ひとりの1台、1個の購入の積み上げの結果であることに変わりはない。この売り上げと利益の関係から、採られる経営手段は2つである。

　性能やサービスの質を上げ、消費者に購入してもらいやすい競争力のある商品を通じて、購入量すなわち売上げを増大させる方法が1つ。

　引き算の部分、原材料や人件費といった原価を削減し、母数の残り、利益を厚く残るようにする方法がもう1つである。

　引き算となる原価や販管費の削減は、筋肉質な企業組織、生産性の向上、仕入れ原価の工夫など自助努力をもって実現可能である。この場合、利益体質にはできるが拡大成長は望めない。

　一方、売上げの増大は企業に成長をもたらすが、消費者と市場という相手あっての話であり簡単なことではない。

　ただ単に、よい物を造ったからといって売れるものではない。消費者がお金を出してでも欲しいと望むものでなければ買ってもらえない。重要なことは、購入した製品が購入前の期待に対して満足のいくものであったかどうかである。

　所有満足や利用満足を十分満たすものであれば、この購入者は買い替え時にもそれ以外の製品を買う時も、そのメーカーからまた買いたいと思うであろう。その好ましい体験の繰り返しがブランドへの信頼となる。期待を裏切るものであれば、二度とそのメーカーの製品を買わないだろう。大切なことは、何度でも繰り返し購入してくれるリピーターになってもらうことであ

る。

　満たされた顧客の喜びは自分一人に留めておくことができず、友人・知人・家族へと伝えられるものである。これが口コミによる波及効果である。
　好ましい影響は、幾何級数的に広がり売り上げに貢献する。
　製品やサービスが顧客ニーズを満足させるものであること、使ってみて期待通りの満足を与えてくれるものであること、サービスや関連した応対においても期待を裏切らないものであること。これがCS（顧客満足）であり、顧客満足こそが売上げを創出し、利益を増大させてくれる。
　このような認識を根幹にすえて経営することを、CS経営とよんでいる。

3　ACAP（消費者関連専門家会議）の宣言

　ACAP（社団法人消費者関連専門家会議）の「『宣言』――21世紀における消費者対応部門のあり方」を紹介しておきたい（図表終-5）。
　ACAPは、企業の消費者対応部門の人たちで構成されている組織で、現在、正会員534法人623人（2007年2月現在）である。会員企業むけ研究会・啓発研修の実施や、国の消費者関連イベントへの協賛を行っている。ISOやJISの規格検討、政府の各種審議会、委員会へ出席するなど、政策立案にも役割を果たしている。昨年（2006年）、創立25周年を向かえた。
　「宣言」は、そのACAPが2000年10月に、企業の消費者対応部門に携わる人たちの心意気と顧客満足の経営の重要性を宣言としてまとめたものである。
　顧客満足こそが企業経営の根幹であるとの認識が示されている。そのために顧客満足の実現に努力すること、消費者から寄せられた声を社内に反映して製品やサービスの改善に寄与すること、広く社会の動きを経営に情報提供すること、企業が社会の期待に応えるように働きかけていくことが宣言されている。
　主語である「私たち消費者対応部門」を「私たち企業は」に置き換えると、そのまま企業のCS宣言ともなるものである。

図表終-5　ACAPの宣言

> 「宣言」——21世紀における消費者対応部門のあり方——
>
> 企業を取り巻く環境は、今、大きく変化しています。
> この激動の時代にあって消費者の声に耳を傾けずして企業の生き残る道はありません。
> 企業の消費者対応部門は消費者の訴えに適切に対応すると同時に、その声を経営に反映させる必要があります。
> 消費者対応部門の積極的かつ迅速・公平な活動こそ、消費者の信頼を構築し、より良き社会の建設に寄与することにほかなりません。
> そのため、私たち消費者対応部門は以下の通り宣言し、その実現に努めます。
> 第1条　私たち消費者対応部門は、消費者からの相談・苦情に迅速かつ公正に対応し、消費者満足を高めるために努力します。
> 第2条　私たち消費者対応部門は、消費者の声を企業内に適確に伝達し、製品やサービスの改善に活かします。
> 第3条　私たち消費者対応部門は、社会の動きを敏感に察知し、トップや社内関係部門へ情報を提供します。
> 第4条　私たち消費者対応部門は、消費者対応は企業存立の根幹と認識し、経営戦略の一翼を担うべく研鑽に努めます。
> 第5条　私たち消費者対応部門は、企業が社会の期待や信頼に応えるべく行動するよう、働きかけていきます。

4　CSのこころ

　一般に、誰もが反対を唱えないようなもっともなコンセプトは、リアリティ（現実味）が薄く実効力が生まれにくいという欠点を持っている。
　CSも然りである。まず、「満足」という概念が抽象的で、具体的に理解するのが難しい。「顧客満足の経営を目指そう！」などという標語は、キャンペーン・フレーズとしては落ち着きがよいが、明日からの行動変容を促すのには向いていない。
　こういう場合には、「逆転の発想」を利用するとはっきりしてくるものだ。
　反語としての「顧客不満足」または「不満足な状態」を想起すればよい。その状態がどういうものであり、どのような結果を招くかは誰の目にも明らかであろう。顧客不満に陥らないようにするためにどうするかを考えること

は分かりやすい方法である。

　CSを組織の体質に持っていくには、一人ひとり明日から何をするのか、簡単で分かりやすい表現や意味化が必要である。

　顧客満足とは、顧客が勝手に思ってくれるわけではない。我々の行為があって、その行為に対する反応が満足・不満足となる。

　我々の行為のあり方は、経営方針や企業風土、職場の雰囲気に大きく左右される。行為は、最終的に利用者を考えた「もの造り」「応対」に帰着する。

　応対とは、「他者とのかかわり合い」といってよい。かかわり合う対象は多岐にわたる。

　まず、顧客がある。顧客不満足の状態では、二度とその会社の製品は買ってもらえない。お客様からまた買いたいと思ってもらう状態をつくることが必要である。これは、Customer Satisfaction（CS）の領域である。

　取引先も、かかわり合いを持つ大切な対象である。Partner Satisfaction（PS）とでも呼ぶもので、この関係が良好でなければ積極的に売ってくれない。

　職場においては、Employee Satisfaction（ES＝従業員満足）が大切になる。

　ビジョンを共有できず、コミュニケーションが保たれていない職場で連携はとれない。1人で完結する仕事はない。そのような心理状態で接客しても、顧客に心のこもった応対はできない。CSとESは一体のものである。

　満足度の高い応対とは、以上の「満足度の高いかかわり合い」に支えられた、質の良い、レベルの高いサービスということができる。

　サービス（Service）の語源はServe＝奉仕である。意味としては、かつて日本中で使われた「気ばたらき」がふさわしいかもしれない。気ばたらきとは、「willing to ……」「喜んでする」「進んで……する」ということだ。

　何を奉仕するのか？　それは、相手の欲することである。では、どうすれば相手の欲することが分かるか？　相手の立場に立って考えることである。

　気ばたらきは、応対においても「さすが○○の人は違う！」の感動を生み出す。

　「こころの琴線に触れる商品」「こころの琴線に触れるサービス」という言

葉は、かつて著者が在職中に経営トップから示されたものである。その通りですばらしい言葉だと思っている。

古い話だが、社内のあるコールセンターでこれに反する出来事が起きた。

お客様から、有料サービスに関する問い合わせが入った。対応したエージェントが、「お支払いは現金ですか、クレジットでしょうか」と聞いた。お客様は、まだ内容の説明も聞いていない最初の段階だったから怒った。最初から人の懐具合をさぐるように聞こえてしまったのである。エージェントは、応対マニュアルに従って答えたのにちがいない。発足したばかりの組織であり、運用の未熟さがあった。「琴線にふれる」ではなく、文字通り「金銭にふれる」対応であり、お客様の「逆鱗にふれる」ことになったのである。

奉仕するこころ、気ばたらきは、「相手の気持ちになって」「相手のそうして欲しい」と思うことが、態度や言葉に自然に出てくる状態をいう。

奉仕や気ばたらきは、一方的に提供するだけのものではない。

「CSのこころ」とは、顧客の喜ぶ顔を思い浮かべ、そのことを自分自身の喜びと感じる「こころのあり様」「態様」をいうように思う。

3　CSR（企業の社会的責任）経営

1　CSRとは

CSRとは、Corporate Social Responsibilityの略である。

CSRが近年になって脚光を浴びるようになってきた背景には、欧州のNGO中心の環境活動や、米国の企業不祥事などへの企業のあり方をめぐる一連の動きがある。そのため、Corporate Social Responsibilityという馴染みのない言葉として入ってきたものである。

CSRをめぐってはさまざまな解釈があり、その定義もいまだ定まっていないようにみえる。

改めて海外からCSRなどといわれるまでもなく、高い倫理観に基づいた

経営という意味では、「日本的経営こそが社会的責任経営である」と唱える日本の経営者も多い。

日本の近代経営が明治時代から始まったとすれば、その礎を築いた渋沢栄一、福沢諭吉らの思想には、江戸時代から日本人の社会規範となってきた儒教精神が色濃く流れている。

「片手に算盤、片手に論語」という渋沢栄一の言葉には、勤労を尊び、その結果の儲けを尊重する考え方と、その行為は社会性をもって行われるべきであるとの両方のバランスの大切さが含まれている。

大正、昭和という時代の流れの中でも、企業の大小を問わず商人の心根にこのような精神が広く流れていた。近江商人の「売り手よし」「買い手よし」「世間よし」といわれる「三方よし」の精神などが代表的なものである。

「日本的経営こそが社会的責任経営である」という経営者には、このような思いがあってのことであろう。

自由主義経済体制のもとでは、企業は、投下した経営資源が最も効率的に運営されることが求められる。

市場経済（自由主義経済）の優位性は、なんと言ってもその生産性の高さ、効率の良さである。評価の基準は、売上げの増大、その結果である利益を、国や地方自治体（税金）、株主（配当・売却益）、労働者（給料・ボーナス）へどの程度還元したかである。

しかし、それだけで社会は成り立ち、企業は高い評価を得ることが可能であろうか。

自己完結、自己責任の範囲の外に、「外部不経済」といわれる環境の悪化や公害の問題がある。経済主体の1つである企業の生産活動が、直接間接に環境を汚し、限りある地球資源を食い尽くそうとしている。

垂れ流しで知らん顔をしている企業には資金投資しないSRI（Social Responsibility Investment：社会的責任投資）、エコマークのない商品は買わない、不祥事を起こす企業に優秀な学生は集まらない。このように、直接の利害関係者以外の社会（Social）に対して責任を持つこと（Responsibility）が求められるようになってきた。広い意味での社会還元も含まれている。

これらに応える経営がCSR（企業の社会的責任）といわれている。

2　本業で果たすべきCSR

　CSRは、本業の儲け主義だけでなく広く社会に利益を還元すべきとの視点から、社員によるボランティア活動の推奨、環境活動、フィランソロピー、メセナなどを指していた時期もある。

　企業の発行するアニュアルレポートの表題も、社会・環境報告、メセナ報告、サステナビリティ報告、CSRレポートなど表紙を面変えしただけと思われるものもあった。

　品質問題の面からCS、CSRに携わってきた著者にとっては、企業の社会的責任・社会的責任経営は、本業である製品やサービスの質で果たされるべきであるという実感が強い。

　消費者と企業のコミュニケーションは、何をおいても提供する製品やサービス、すなわち商品そのものを通じてのものが最大である。

　製品やサービスが期待通りのものであり、消費者が製品を廃棄するときや目的を達してサービスを終了するときに、満足感と感謝の念を持っていれば、そのことが最大の顧客満足といえる。また、そのような製品を提供し、サービス業務を行っていれば売り上げはおのずから増大し、結果の利益も増える。

　業績が好調になれば株価も上がり、株主も従業員も十分な報酬を手にすることができる。すべてのステークホルダーに報いることが可能となるのである。

　逆の場合には、製品やサービスが最大のディスコミュニケーションの対象となる。リコール問題を繰り返したり、企業不祥事を起こしたりすれば、企業の存続も危うくなる。

　ゴーイング・コンサーン（経営の持続性）が企業の使命である。赤字経営を続けたり、企業の存続ができなくなるような事態はもっとも反社会的なことであり、社会に対して責任を果たしていないことになる。

　事業が継続できなければ、製品購入者やサービスの利用者ばかりでなく、

過去に購入したカスタマーに対してもアフターフォローができなくなる。

従業員・家族の生活を脅かし、期待して投資してくれた株主へも損失を与える。まさに企業の社会的責任経営（CSR）に逆行する事態となる。

企業がさまざまな分野で寄付行為や協賛事業などを行い、社員がボランティアなどの社会貢献活動をしていても、製品が不具合を起こしたり、簡単に壊れる、サービス内容に問題があるなどの状態ではそれらの努力も報われない。

消費者も社会も、決してそのような企業を尊敬しないだろう。

もちろん、企業や従業員の社会貢献活動を否定するものではない。しかし、万一本業でネガティブなことを起こせば、その影響は甚大なものになる。社会貢献等で得られるポジティブな評価とは比べものにならないマイナス評価を受けることになる。

本業でこそ社会的責任を果たすことが、企業に求められる本質である。そこに全力投入することが第一義であり、本義であろう。

3　国の「自主行動基準の指針」と日本経団連の「企業行動憲章」

(1)「消費者に信頼される事業者となるために——自主行動基準の指針」

2002年の一連の企業不祥事（図表終-6）を受けて、国は、国民生活審議会消費者政策部会のもとに自主行動基準検討委員会を設けた。

そして、その報告「消費者に信頼される事業者となるために——自主行動基準の指針」を公表した。各経済団体の指針づくり、各企業の企業綱領策定による社会的信頼の回復を期待したものである。

内容は、自主行動基準の意義と考え方、求められる要件、消費者対応に関する内容、基準策定・運用のための留意点と手順、事業者団体による自主行動基準策定の意義や留意点が提示されている。また事業者に対するメッセージを冒頭に付し、消費者に信頼される経営の促進を求めている。

誠に異例のことではあるが、いかに企業不祥事が社会の信頼を裏切り、国も経済界も重大な危機感を抱いていたかが分かる。

まだCSRという概念も一般的ではなかったが、その内容は、現在のCSR

図表終-6　相次いだ企業不祥事

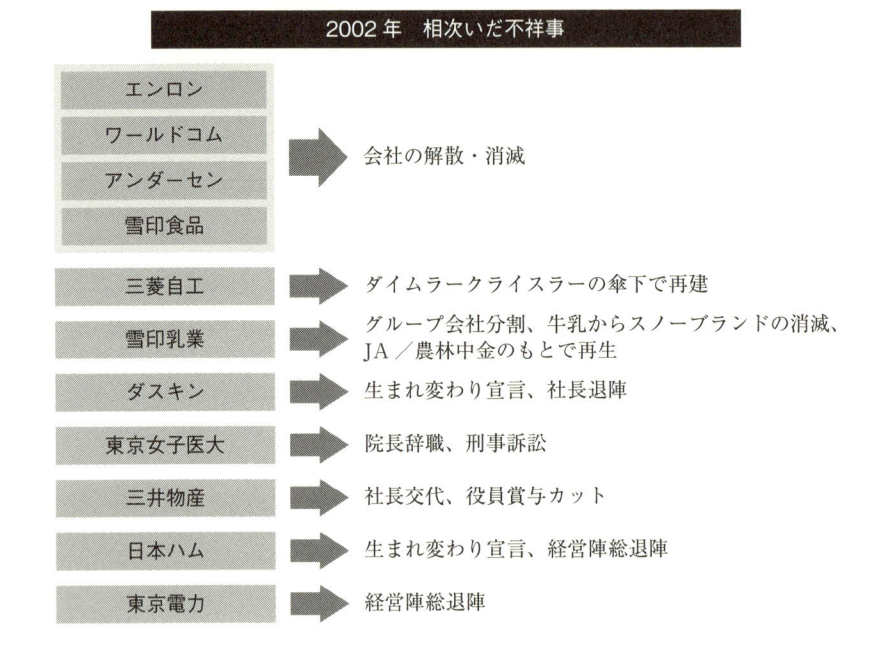

2002年　相次いだ不祥事	
エンロン／ワールドコム／アンダーセン／雪印食品	→ 会社の解散・消滅
三菱自工	→ ダイムラークライスラーの傘下で再建
雪印乳業	→ グループ会社分割、牛乳からスノーブランドの消滅、JA／農林中金のもとで再生
ダスキン	→ 生まれ変わり宣言、社長退陣
東京女子医大	→ 院長辞職、刑事訴訟
三井物産	→ 社長交代、役員賞与カット
日本ハム	→ 生まれ変わり宣言、経営陣総退陣
東京電力	→ 経営陣総退陣

につながるものである。冒頭のメッセージを紹介しておこう（図表終-7）。

ここで求められている自主行動基準は、当時企業が策定作業を進めていた倫理綱領をさらに具体化したものと位置づけられている。要点のみ列挙しておく。

自主行動基準の要件・範囲として、①明確性、②具体性、③透明性及び④信頼性が求められている。盛り込むことが望ましいとされた項目例としては、①情報開示・提供、②勧誘方針、③契約条項、④製品（食品を含む）の安全、⑤環境への配慮、⑥業界・取引類型の特性に応じた事項、⑦個人情報の保護方針、⑧相談・苦情処理などが示唆されている。

法令との関係では、法令の遵守を明確にすることに加え、①法令の具体化・明確化、②法令適用の自主的拡大、③法令の上乗せという3つの役割を担うことが期待されている。

図表終-7　国のメッセージ

メッセージ

1. 企業経営は、消費者をはじめとする社会からの信頼と共感を基本としている。しかし、最近続発した企業不祥事は、事業者に対する信頼を大きく損ない、ひいては我が国の市場経済そのものへの不信にもつながりかねない深刻な事態をもたらしている。

2. 不祥事を組織の内部で隠蔽することは許されないことであり、また可能でもない。不祥事を隠蔽していた事実が後から発覚すれば、事業者は永年にわたって築き上げてきた信頼を一朝にして失い、市場からの撤退も余儀なくされる。こうした現状を踏まえ、経営トップは、自ら率先垂範し、早急に自社の企業倫理を総点検するとともに、問題を未然に防止するための事前の対策を期す必要がある。また、ひとたび問題が発生した場合は、社会に対して説明責任を果たし、有効な再発防止策を講じることが求められている。

3. 上記の要請に応え、事業者に対する消費者等からの信頼を獲得していくためには、事業者がコンプライアンス経営に積極的に取り組むことが不可欠である。事業者は自らの経営姿勢、経営方針を対外的に明らかにし、透明性の高い経営を行っていくことが極めて重要であり、そのための一手段として、自主行動基準の策定・運用を求めたい。自主行動基準とは、事業者が目指す経営姿勢や、消費者対応に関する方針を具体的に文書化したものである。自主行動基準は、積極的に公表することが望ましい。

4. 自主行動基準の策定・公表により、事業者は自らの経営方針を消費者に明確に伝えることができ、消費者は、自主行動基準を通じて事業者の経営姿勢を評価することが可能となる。また、自主行動基準は、計画―運用―監査―見直し（Plan-Do-Check-Act）のマネジメントサイクルの中で、絶えず見直しをしていく必要があり、事業者は、自主行動基準の適切な運用のための継続的な努力を通じて、消費者からの高い信頼を得、競争力を高めていくことも可能となる。

5. 本報告書は自主行動基準の策定・運用のあり方を示した指針となっている。各事業者におかれては、この指針を踏まえ、自主行動基準の策定・運用に積極的に取り組まれることを強く期待している。この取り組みを通じ、事業者に対する消費者の信頼の再構築が促進されることを念願するものである。

消費者には、自主行動基準を通じて適切に事業者を評価し、その評価を消費行動に反映させていくことを求めている。

自主行動基準の策定・運用に当たっては、効果的な内部体制を整備する必要があり、①情報の公開、②責任の明確化、③教育・研修等、④ヘルプラインの設置、⑤効果的な監査、⑥継続的な改善、⑦組織文化の変革、の7点に留意すべきとしている。

(2) 日本経団連の「企業行動憲章──社会の信頼と共感を得るために」

この動きを受けて、日本経団連（日本経済団体連合会）も産業界の自主的な動きとして、2002年制定の「企業行動憲章」を大幅改定して公表した（図表終-8）。

企業内や株主を主体とした倫理綱領から、すべてのステークホルダーを対象としたCSRに大きくスタンスを変えての改定である。

このような国や日本経団連の呼びかけにもかかわらず、2005年に入って基幹産業ともいえる重工企業の談合疑惑、情報を命とする金融・保険会社、IT企業による個人情報の流出事故が相次いだ。業界のリーダーともいえる企業の不祥事に対しては、当然のことに厳しい社会的批判が寄せられた。

当時の日本経団連の奥田会長は、談合の根深さ、根絶の難しさに言及しながらも、「企業倫理徹底のお願い」という緊急アピールを出している。再度、企業倫理、法令遵守の徹底を呼びかけたものである。営利の追求を旨とする企業の本質と反社会的行為との一線を区分するのは企業倫理であり、その徹底は、経営トップの責務であるとしている。先の企業行動憲章に従い、トップ自らが率先垂範して社会の信頼を得るよう行動の見直しを促したものであった。

4　CSR報告書からみえてくるもの

社会的責任の「社会」には、消費者、従業員、取引先、株主、ジャーナリズム、地域社会などのステークホルダーが含まれている。企業が活動を行う上でかかわり合う、すべての利害関係者といえる。

図表終-8　日本経団連の「企業行動憲章」

企業行動憲章
——社会の信頼と共感を得るために——

　企業は、公正な競争を通じて利潤を追求するという経済的主体であると同時に、広く社会にとって有用な存在でなければならない。そのため企業は、次の10原則に基づき、国の内外を問わず、人権を尊重し、関係法令、国際ルールおよびその精神を遵守するとともに、社会的良識をもって、持続可能な社会の創造に向けて自主的に行動する。

1、社会的に有用な製品・サービスを安全性や個人情報・顧客情報の保護に十分配慮して開発、提供し、消費者・顧客の満足と信頼を獲得する。

2、公正、透明、自由な競争ならびに適正な取引を行う。また、政治、行政との健全かつ正常な関係を保つ。

3、株主はもとより、広く社会とのコミュニケーションを行い、企業情報を積極的かつ公正に開示する。

4、従業員の多様性、人格、個性を尊重するとともに、安全で働きやすい環境を確保し、ゆとりと豊かさを実現する。

5、環境問題への取り組みは人類共通の課題であり、企業の存在と活動に必須の要件であることを認識し、自主的、積極的に行動する。

6、「良き企業市民」として、積極的に社会貢献活動を行う。

7、市民社会の秩序や安全に脅威を与える反社会的勢力および団体とは断固として対決する。

8、国際的な事業活動においては、国際ルールや現地の法律の遵守はもとより、現地の文化や慣習を尊重し、その発展に貢献する経営を行う。

9、経営トップは、本憲章の精神の実現が自らの役割であることを認識し、率先垂範の上、社内に徹底するとともに、グループ企業や取引先に周知させる。また、社内外の声を常時把握し、実効ある社内体制の整備を行うとともに、企業倫理の徹底を図る。

10、本憲章に反するような事態が発生したときには、経営トップ自らが問題解決にあたる姿勢を内外に明らかにし、原因究明、再発防止に努める。また、社会への迅速かつ的確な情報の公開と説明責任を遂行し、権限と責任を明確にした上、自らを含めて厳正な処分を行う。

「外部経済」のうち、「外部不経済」といわれる公害や資源・環境問題になると、日本全体、地球規模で人々に影響を及ぼすことになる。企業の生産活動、販売活動は私的な行為だが、企業が社会の公器といわれるのは、このようにさまざまな接点を持ち、社会に貢献し、社会から支えられ、社会に影響を及ぼす関係だからである。

　それだけにCSRは大変幅広い概念で、一律に定義するのは難しい。また、頭にCorporateのCを付けて「企業の」社会的責任と範囲を限定することにも妥当性があるか議論が分かれる。なぜなら企業には労働組合も含まれ、彼らも社会的責任を負っているからである。

　現在のCSR報告書は、製造業の環境報告を中心に据えたものから、サービス業の顧客満足（CS）経営・コンプライアンス経営に主体を置いたものまで、大変幅広くなっている。過去のメセナ報告、フィランソロピー報告、社会・環境報告書、サスティナビリティ報告書の延長で来ている経緯から、各社の取り組みの長さや業種によって、内容のウエイトのかけ方に違いがみられる。CSR報告書は、形式の面でも内容の面でもまだまだ揺籃期ということができるように思う。

　私はある研究会で、各社から発行されている「CSR報告書」（社会・環境報告書を含む）を対象とした調査・研究に参加している。この研究会では報告書の内容のうち、社会性に着目し、消費者視点での評価・提言を行うことを目指している。複数の報告書を横並びで読み比べてみると、おのずとその差異が浮き彫りになってくるものである。これから真剣に取り組んで欲しいものも見えてくる。

　企業間の決定的な差異は、企業を取り巻く社会との対話（ダイアローグ）の実践である。この実践については、各社によって大きな差がみられる。

　とくに消費者との対話は重要である。対話の内容・回数・継続性は、レポート発行にあわせて急遽原稿を集めるということでは実現できないものばかりだ。1年間の活動そのものの活字化でありビジュアル化なのである。

　もう1つはネガティブ情報（製品事故や不祥事のその後の進捗報告など）の開示姿勢である。これは、その会社の透明性を示すものだ。冒頭で述べたよ

うに、企業が生産・販売活動を行えば、望まぬものではあるが社会に悪い影響をもたらすものも皆無にはできない。

偉大な社会学者にして経営学者のP・F・ドラッカーは、40年も前にそのことを喝破している。その著書『断絶の時代』（ダイヤモンド社）の中で彼は、企業と社会的責任について、4つの原則を提示している。現代社会にそのまま当てはまるように思われるので紹介しておきたい。

第1の原則
　　組織は自らの役割を果たすために社会や人間に影響を及ぼす。したがって、社会や人間に対する悪影響を最小限に抑えるべきである。
第2の原則
　　自らのもたらす悪影響を予測し、その予防措置をとることである。企業がそうした防止策を講じようとすれば、必ずや社会は受け入れる。逆に事件に発展し、世論の攻撃が高まるまで無策でいれば打撃は計りしれず、新たな規制が待ち受けている。
第3の原則
　　大事なのは、そうした悪影響の防止策を含め社会のニーズを自らの成長機会と捉えることだ。
第4の原則
　　社会のニーズや要求を満たすことを通して業績に転化する、これこそが企業の倫理的責任である（リーダーの責任）。

企業がもたらした負の遺産に対して、社会に公表し是正していく方向を示すことは、ドラッカーの4つの原則を見るまでもなく、現代の「社会的要請」である。

CSR報告書は外部公表資料であり、企業広報誌の役割も持っている。そこににじみ出てくる「社会性」は、自社の企業行動を客観的に映し出してくれるものとして重要である。社会との対話（ダイアローグ）を通して自社が社会からどう見えているかを知り、それによって企業姿勢を見直していこう

という姿勢を持っているかどうかということになる。唯我独尊に陥るのを防いでくれる「外部の眼」の役割である。

　CSR報告書の調査・研究から、現時点得られた私の視点（チェック・ポイントまたは提言）は次の10項目である。各社の実態と照合し、参考にして欲しい。

　①誰にむけての報告なのか（IR報告書ではない）
　②何を伝えたいのか（PR誌ではない）
　③読んでもらうための工夫や姿勢が見られるか
　④企画会社に丸投げしていないか
　⑤書かれている内容は実績の積み上げか、解決が急がれる課題なのか
　⑥ステークホルダー・ダイアローグ（対話）を本当に重要と思い実践しているか
　⑦ステークホルダーへの約束がトップ・メッセージとして語られているか
　⑧報告書を一般社員が読んでいるか
　⑨報告書発行を経営活動の中に位置づけているか
　⑩過去の数年の報告書との連続性から、CSRの面で進歩・改善が読み取れるか

　現在、ISOがISO-26000（SR）（SR規格）の標準化作業を行っている。
　そのなかで、社会的責任は、企業ばかりでなく、消費者団体、ジャーナリズム、労働組合、行政すべての組織が負うものとしている。
　2007年1月末から開催された第4回ISO/SR WG総会（シドニー総会）では、SR規格の発行を2009年11月としている。国際規格として発行されると、その影響は大きなものが予想される。成熟度（冊子としての出来栄えではない）の低い日本のCSR報告書だが、内実の成熟を期すには十分な時間が残されているわけではない。

　一般にはまだまだ読まれていない「CSR報告書」ではあるが、何よりも雄弁にその会社の表裏が見えてくるものである。企業行動憲章や社内倫理規定を入り口とすると、CSR報告書は出口の結果評価書にあたる。この1冊で1年間のCSRに関する実践監査ができ、経年で見ていくと、その会社のCSR

の定着度が伺える。

　CSR報告書は、その取りまとめ・発行部署に留まらず、社員一人ひとりに読んでもらうことが大切だ。日頃、業務遂行にまい進している従業員に「企業とは何か」「企業とはだれのものか」「企業と社会の共生」、そして「企業の社会的責任」について考えてもらう良い教育の機会でもある。

　これこそが、CSRの会社内への定着となる。

　これから、この報告書の持つ社会的意味を見直し、経営者自ら積極的に取り組んで欲しいものだと思う。

おわりに

　製品品質の改善に関する書物は、万というものが社会に供され、企業の品質向上に貢献してきた。

　歴史的にみれば、日本製品の輸出力強化のため、また、歩留改善やコスト削減といった生産性向上ためのQCから、TQC、TQMという流れで捉えられる。そのため、その適用範囲は、開発・設計・製造という企業内に閉ざされている。

　「ISO-9000 2000年版」においては、8原則のなかで「顧客重視」が筆頭に掲げられながら、工場出荷後の社会的影響、顧客満足に対する施策には触れられていない。

　「ISO-10002 2004年版（JIS Q 10002 2005年版）──苦情対応のための指針」は、CSR、コンプライアンスの面から幅広く消費者苦情をとらえている。しかし顕在化した苦情への対応マネジメントシステムであり、それに先立つ企業判断のあり方については触れられていない。

　信頼性工学でも、その最終の目的は、顧客満足の実現、顧客不満の未然防止とされている。そして、人間の所作である製造物においては、「最善を尽くしたとしても完全な製品は提供できない」としている。そのとおりであろう。

　では、改善努力にもかかわらず流出し、消費者の手に渡ってしまった不完全な商品に対する企業としての対応判断については、どうであろうか？

　この点になると参考となる図書は、係争回避・訴訟のための法律図書や、個別クレーム対応の体験本、顧客満足の視点からのサービス職種の応対セミナーなどに限られる。それも、企業の市場に対する対応判断を扱うものではない。

　残念ながら、この領域が完全に抜け落ちているように思う。

　したがって問題が発生したとき、企業は個別に判断し対応しているのが実情である。

　透明性・公正性・公平性という、現代社会から求められている社会的要請

を個別の顧客対応だけで行うことは不可能である。会社の方針が間違ったものであれば、顧客対応部門の行う組織対応が共犯ほう助になってしまうこともある。

消費者対応を行う人たちには、判断や情報の下流に位置する自分たちではどうにもできない無力感や、自身も納得できないという従業員不満が残る。

これらに対応する適切な図書がなぜ存在しなかったのか？

社会性という極めて多面的で横断的な専門性が求められるなかで、狭く深く探求する一人の学究や、個別専門化している企業の関係者の筆には馴染まなかったのであろう。また、急速に変化する社会のインタンジブル性も、知識や英知の蓄積化を困難にしている理由と思われる。

本書は、不適合品が流出してから顧客対応までの間にある「判断プロセス」の空白を埋めるために執筆した。

顧客対応の上流にある、企業としての「判断の適正化」である。

対象が消費者をはじめ市場という社会が相手であるため、判断の適否による影響は計り知れない。

本書は、実務担当者のみなさんに役立つ内容に絞り込んでいるが、その本質は担当者だけの問題にとどまらない。

経営への影響、経営的見方については、本書の姉妹編ともいえる『レピュテーション・マネジメント――あなたの会社の評判を守る法（仮題）』（講談社現代新書、近刊）を併せてご一読いただきたい。すべてのフロント関係者、マネジメント、経営トップ一体で取り組むことが「判断の適正化」につながる。

執筆にあたっては、最新の行政・消費者関連団体の動向、法整備そして消費者自身の変化を織り込んで記述した。

しかし、消費者と企業の関係性は幅広く、進行形で変化している。

出版後の社会の変化に関しては、弊社のホームページ上で逐一取り上げている。日常的に補完していただきたい（http://nishikaze.jp）。

本書が、日々、真摯に市場対応に携わっているすべての関係者の方のお役に立つことができれば望外の喜びである。

参考文献

【第1章】
飯塚悦功・棟近雅彦・住本守・加藤重信著、ISO/TC176国内対策委員会監修『ISO9000要求事項及び用語の解説（2000年版）』日本規格協会、2002年
NACS東日本支部コンプライアンス経営研究会編「信頼のコンプライアンス経営のために 社告への提言──2年間の調査・研究から」（非売品）2006年5月
主婦連合会編「消費者が望む『リコール社告』のあり方」2007年6月
久新大四郎『レピュテーション・マネジメント──あなたの会社の評判を守る法（仮題）』講談社現代新書、近刊

【第2章】
国民生活センターホームページ「『製品回収』をめぐる現状と問題」（2003年8月6日報道資料　http://www.kokusen.go.jp/news/data/n-20030806_1.html）
国民生活センターホームページ「回収・無償修理等のお知らせ」（http://www.kokusen.go.jp/recall/recall.html）

【第3章】
内閣府ホームページ「『製品の回収措置に関する情報の利用状況についての調査研究』報告書」（http://www.consumer.go.jp/seisaku/cao/anzen/file/0731houkokushodoc.pdf）

【第4章】
内閣府国民生活局編『ハンドブック消費者2005』2005年
日本消費者教育学会編『消費生活思想の展開』税務経理協会、2005年
日本弁護士連合会消費者問題対策委員会編『通報者のための公益通報ハンドブック』民事法研究会、2005年
内閣府ホームページ「国民生活政策」（http://www5.cao.go.jp/seikatsu/index.html）

【第5章】
久新大四郎『レピュテーション・マネジメント──あなたの会社の評判を守る法（仮題）』講談社現代新書、近刊
蒲俊郎・林一浩・信濃義朗『第三世代ネットビジネス──成功する法務・技術・マーケティング』文芸社、2003年
蒲俊郎・林一浩・信濃義朗『新第三世代ネットビジネス──新たな潮流に対応できる法務・マーケティング』文芸社、2005年
経済産業省ホームページ「消費生活用製品リコールハンドブック」（http://www.meti.go.jp/policy/consumer/seian/contents/recall/recall.htm）

経済産業省ホームページ「消費生活用製品安全法の一部を改正する法律案について」（http://www.meti.go.jp/press/20061013001/20061013001.html）
経済産業省ホームページ「消費生活用製品安全法」（http://www.meti.go.jp/policy/consumer/seian/index.htm）
経済産業省「新しい消費生活用製品安全法について」2006年12月
経済産業省「製品安全自主行動計画策定のためのガイドライン」2007年3月
経済産業省ホームページ「消費生活用製品安全法に基づく『製品事故情報報告・公表制度の解説』──事業者用ハンドブック」（http://www.meti.go.jp/product_safety/）

【第6章】
鍋嶋詢三編著『ISO10002:2004/JIS Q10002:2005 苦情対応のための指針──規格の解説』日本規格協会、2005年
消費者関連専門家会議編『新版 お客様相談室』日本能率協会マネジメントセンター、2005年

【終章】
日本経営品質賞委員会『日本経営品質賞アセスメントガイドブック（2006年度版）』社会生産性本部
GEコーポレート・エグゼクティブ・オフィス、DIAMONDハーバード・ビジネス・レビュー編集部編『GEとともに──ウェルチ経営の21年』ダイヤモンド社、2001年
北川正恭『生活者起点の「行政改革」』ぎょうせい、2004年
武井勲『リスク・マネジメントと危機管理』中央経済社、1998年
武井勲『リスク・マネジメント総論』中央経済社、1987年
チャールズ・J・フォンブラン、セス・B・M・ファン・リール、花堂靖仁監訳、電通レピュテーション・プロジェクトチーム訳『コーポレート・レピュテーション──Fame & Fortune』東洋経済新報社、2005年
ロナルド・J・オルソップ、トーマツCSRグループ訳『レピュテーション・マネジメント──企業イメージを高める18の成功ルール』日本実業出版社、2005年
櫻井通晴『コーポレート・レピュテーション──「会社の評判」をマネジメントする』中央経済社、2005年
久新大四郎「会社の評判を管理する──事故事例から学ぶレピュテーション・マネジメント」『コーポレートコンプライアンス』季刊11号、桐蔭横浜大学コンプライアンス研究センター、2007年6月
久新大四郎『レピュテーション・マネジメント──あなたの会社の評判を守る法（仮題）』講談社現代新書、近刊
P・F・ドラッカー『断絶の時代──来たるべき知識社会の構想』ダイヤモンド社、1969年

索引

[0-9]

1次トラブル　242
21世紀型消費者政策の在り方　120, 124, 126, 133, 135, 157
2次トラブル　34, 241, 242, 243, 245
2ちゃんねる　96

[a-g]

ACAP（消費者関連専門家会議）　129, 150, 275
ADR（裁判外紛争解決）　139, 141, 149, 246, 251, 253
ADR法（裁判外紛争解決手続きの利用の促進に関する法律）　69, 253, 254
B2B　12, 44, 232, 233, 234, 239
B2C　12, 232, 233
COPOLCO　205
COSOレポート　263, 264, 265
COSO II レポート　263, 265
CSR（企業の社会的責任）　15, 18, 24, 30, 46, 52, 70, 79, 144, 212, 257, 259, 268, 269, 278, 280, 281, 284, 289, 291
CSR報告書　284, 286, 288
CS（顧客満足）　7, 15, 18, 24, 27, 52, 55, 59, 67, 254, 257, 275, 280
CS（顧客満足）経営　51, 59, 144, 245, 270, 272, 273, 286
CS推進部門　94
CS・品質監視部門　75, 100, 102, 103
CS・品質部署　98
CS部門　52, 55, 76, 78, 79, 81, 89, 107, 121, 144, 169, 225, 228

ERM（エンタープライズ・リスク・マネジメント）　263, 264, 267, 268
ES（従業員満足）　7, 28, 55, 59, 67, 270, 277
FAQ　44, 48, 81, 82, 84, 89, 90, 91

[h-m]

ISO-10002 2004年版（JIS Q 10002 2005年版）——苦情対応のための指針　291
ISO-26000（SR）（SR規格）　288
ISO-9000　14
ISO-9000 2000年版　16, 291
ISO-9000の8原則　16, 49, 291
ISO-9001　14, 17, 79, 98
IT基本法　192
JAS法　62

[n-z]

NACS（日本消費生活アドバイザー・コンサルタント協会）　5, 6, 38, 40, 168, 206
NPO法人によるそれ以外の民間ADR　252
OECD 8原則　195
PDCAサイクル　54, 283
P・F・ドラッカー　287
PIO-NET　250
PL事故（品質事故）　18, 41, 48, 49, 50, 51, 63, 70
PLセンター　139, 141, 253
PL訴訟　iii
PL法（製造物責任法）　3, 4, 18, 40, 51, 52, 63, 121, 141, 180, 181, 250, 253

PL法の損害賠償責任　211
QMS（品質マネジメントシステム）　16, 172, 173, 200
SRI（社会的責任投資）　9, 68, 172, 279
Web掲示板への書き込み　28, 86, 93, 96, 105

[ア]

アスベスト公害問題　22
あっ旋　140, 249, 251, 252
アップグレード　42
アップデート　42
安全・安心の確保　58, 62, 120, 142, 204
逸失損害　63, 66, 104, 240
逸失利益　58, 66, 240
因果関係　180, 181
インタンジブル性　292
インテグリティ・マネジメント（誠実な経営）　59, 67
裏面の交流　102
エレベーター事故　5
エンタープライズ・リスク・マネジメント（ERM）　263, 264, 267, 268
お客様対応部門　138, 144
お詫びの5原則　32, 35, 36, 38, 227

[カ]

会社の評判（コーポレート・レピュテーション）　iv, 7, 9, 15, 19, 26, 31, 51, 52, 67, 121, 243, 246, 266
会社法　57
回収（改修）　14, 91, 129
改正消費者契約法　145, 155, 162
改正消費生活用製品安全法　v, 78, 144, 169, 204, 205, 208, 210, 213

改善処置　14, 75, 200, 204
外部経済　286
外部の眼　6, 288
外部不経済　279, 286
拡大事故　3, 41
拡大性　57
拡大性／進行性　82
拡大被害　18, 63, 104, 174, 181, 182
拡大品質事故（PL事故）　62
拡大防止　76
拡大要求　224, 225, 226
隠れた瑕疵　159, 182, 183, 184
貸金業規制法　146, 148
瑕疵責任　235, 239
瑕疵担保責任　182, 183, 184
過失　238
過失責任　180
過失責任主義　216
ガス瞬間湯沸かし器事故　4, 5, 20, 146, 147, 206, 207, 210
割賦販売法　188, 189
家庭用品品質表示法　189
株主代表訴訟　240
管理使用　23
機会損失　41, 58, 63, 66, 94, 104, 224
危機　259, 260, 262
危機管理　56, 78, 112, 257, 259, 261, 262
企業価値　31, 240
企業活動の透明性　9
企業行動基準　138
企業行動憲章　134, 284, 285, 288
企業行動規範　30
企業姿勢　iii, 9, 19, 26, 27, 37, 43, 173, 244, 287
企業統治（コーポレート・ガバナンス）

15, 24, 26, 52, 57, 144, 259, 268, 269
企業の持続的発展　vi
企業の持続的成長　60
企業の社会的責任（CSR）　15, 18, 24, 30, 46, 52, 70, 79, 144, 212, 257, 259, 268, 269, 278, 280, 281, 284, 289, 291
企業の将来価値　7
企業の透明性　15, 52
企業不祥事　4, 15, 281
企業リスク　26, 243
企業倫理　284
企業論理　iii, 20
危険（ペリル）　260
基準・規定　53, 54, 58
基準の運用　54
基準を設定するリスク　53
規制改革　5
北川正恭　271
規模の経済　iii
基本方針・対応フレーム表　81, 82, 89
救済措置　24
救済措置（市場改修）　28
行政主導型のADR　252
業法　157, 189
業務リスク　258, 263
緊急対策会議　71, 80, 91
緊急対策事務局　80, 81, 82, 85, 90, 93
金融商品取引法（投資サービス法）　135, 148
金融商品販売法　189
金融リスク　263
苦情・クレーム　45, 217, 218, 250, 254
苦情処理　139
苦情処理テスト　249
国の責務　135

クラスアクション　53, 166, 167
クレーマー　223, 224, 227
クレーム　223, 230, 233
経営トップの責任　173
経営と利益相反　8, 9
経営リスク　7, 25, 29
経過観察　89, 236
傾向性　46
傾向性を持った不具合　95
傾向不良　28, 58, 76, 92, 107, 214
経済産業省（製品安全協会）の「リコール・ハンドブック」　6, 73
景品表示法　4, 62, 64, 130, 141, 142, 146, 148, 166, 188, 189, 190, 191
契約内容の適正化　157, 158, 159
契約の取消権　157, 158, 160
欠陥　181, 182, 183, 184, 208, 216
欠陥車問題　22
ケネディ大統領の「4つの権利宣言」　131, 168
原因究明テスト　249
原産地表示　62
原産地表示違反　148
原状回復　27, 30, 31, 108, 215, 224
原状回復義務　30, 213, 234
牽制・抑止力　6, 55, 173, 174
原則自由、事後罰則　120
権利侵害　180, 181
権利の擁護　127
故意または過失　180, 181, 237
故意または重過失　194
公益通報　153
公益通報者　125
公益通報者保護制度　155
公益通報者保護法　4, 68, 120, 125, 133,

索引　297

135, 150, 151, 153
公害問題　iii, 24
公正競争規約　187, 191
公正取引委員会　190, 191
公正取引協議会　191
公正取引協議会規約（公取協規約）62, 64
ゴーイング・コンサーン（経営の持続性）
　280
コーポレート・ガバナンス（企業統治）
　15, 24, 26, 52, 57, 144, 259, 268, 269
コーポレート・ブランド（企業ブランド）
　9
コーポレート・リスク　19, 243, 245
コーポレート・レピュテーション（会社
　の評判）iv, 7, 9, 15, 19, 26, 31, 51, 52, 67,
　121, 243, 246, 266
コールセンター苦情件数　58, 60
顧客重視　16, 50, 291
顧客不満　242, 243, 245
顧客不満足　276, 277
顧客満足（CS）　7, 15, 18, 24, 27, 52, 55, 59,
　67, 254, 257, 275, 280
顧客満足（CS）経営　51, 59, 144, 245, 270,
　272, 273, 286
顧客ロイヤルティ　28, 271
顧客ロイヤルティ経営　245
顧客ロイヤルティ協会　270
告知基準　iv, 51
告知掲載基準　69
告知・市場回収（改修）v, 8, 17, 24, 29,
　45, 58, 71, 80, 81, 82, 85, 86, 92, 104, 112,
　129, 201
告知・市場改修の実施　84
告知（社告）iv, 3, 11, 12, 13, 14, 18, 24, 29,
　38, 40, 48, 52, 54, 60, 108, 111, 131, 171,
　173, 202, 207
告知のガイドライン　53, 54, 58
告知の決定プロセス　54
告知判定会議　71, 79, 81
告知判定機関　54, 55, 56, 76, 78, 79, 89, 93,
　94
告知判定部門　71
告知文　32, 49, 71, 81, 82, 84, 89, 90, 106,
　109, 110
告知方法（手段）　43
国民生活審議会　120, 157, 281
国民生活センター　6, 28, 48, 73, 83, 132,
　139, 140, 143, 161, 249, 250
個人情報の保護に関する法律についての経
　済産業省分野を対象とするガイドライン
　196, 197
個人情報保護　49
個人情報保護法　34, 144, 195, 249
個人情報保護法の共同利用　196, 198
個人情報の第三者への提供　196
誇大広告　62
誇大表現　64
誤表示　64
個別最適　19
個別対応　52, 67
個別不良　12
個別法　151, 189
コンカレント・エンジニアリング方式
　111
根拠法　4, 136, 156
コンプライアンス経営　144, 283, 286
コンプライアンス（法令遵守）15, 24, 26,
　52, 59, 268, 269, 284, 291

[サ]

債権債務の関係　177, 179
最終検証　60, 61
最終判定者　54
裁判外紛争解決（ADR）　139, 141, 149, 246, 251, 253
裁判外紛争解決手続きの利用の促進に関する法律」（ADR法）　69, 253, 254
債務の不完全履行　234, 236
債務不履行　159, 177, 178, 179, 180, 217, 232, 236, 248, 249
債務不履行責任　182, 184
債務不履行による損害賠償　181
債務不履行による損害賠償請求　232, 236
債務不履行の状態　13, 42, 219, 234, 235
差止請求　168
差止請求権　135, 156, 161, 162, 164, 166
差止訴訟　155
佐藤知恭　270
三方よし　279
残留リスク　265, 266
事業者の責務等　137
事業の継続性のための不測事態対応計画（BCP）　261
事業リスク　25
事故情報の公表基準　210, 211
事後チェック　127
事故の拡大防止　20
事後評価　94
事実の隠蔽・改ざん　26
自主行動基準　282, 283, 284
自主行動基準の指針　281
市場回収（改修）　17, 24, 54, 92
市場からのペナルティー　9, 20, 61
市場経済　283

市場経済（自由主義経済）の優位性　279
市場対応の4原則　87
市場対応の適正化　94
市場の選択力　8, 124
市場メカニズム　120, 125, 141
事前規制　127
事前予告告知　71
自治体条例　139, 145, 149, 151
実施（リスク処理技術の実行）　262, 263
視認効果　69, 70
渋沢栄一　279
司法型ADR　252
司法制度改革　254
社会環境の変化　68, 69
社会規範　iv, 21, 175, 254, 257, 279
社会貢献活動　281
社会性　13, 46, 286, 287, 292
社会通念　iv, 21, 65, 175, 254
社会的信用の失墜　iii
社会的責任経営からの判断　57, 59, 60, 61, 67
社会的責任経営の視点からの検証　89
社会的責任投資（SRI）　9, 68, 172, 279
社会的説明責任　47
社会的ペナルティー　55
社会的要請　15, 59, 69, 287, 291
社会としての納得性　67
社会との対話（ダイアローグ）　286, 287
社内通報制度　96, 155
社内報告基準　60
社内報告規定等　53
社内倫理規定　288
重過失　180, 237, 238
従業員満足（ES）　7, 28, 55, 59, 67, 270, 277

重大製品事故　78
重大製品事故情報の報告義務化と公表制度　5, 204, 206
重大品質事故　46
重大品質問題　41, 42, 49, 50, 64, 70
重要事項の不告知　221
修理クレーム　234
修理部品の保有期間ガイドライン　71
主機能不良数・主機能不良率　58, 60
出資法　146
主婦連合会（主婦連）　5, 6, 40, 130, 206
シュレッダーによる子供の指切断事故　5, 206, 207
純粋リスク　262
生涯学習　141
生涯教育　132
少額訴訟制度　141, 246, 247, 248
使用者責任　212
使用者の誤使用　211
状態監視　76, 93
消費者が望む「リコール告知」のあり方　6, 38, 40
消費者関連専門家会議（ACAP）　129, 150, 275
消費者機構日本　168
消費者基本計画　120, 127, 136, 141, 143, 150, 151, 204
消費者基本法　v, 4, 62, 68, 69, 119, 120, 122, 125, 126, 144, 149, 150, 151, 157, 186, 188, 221
消費者契約法　4, 141, 142, 145, 156, 157, 161
消費者支援機構関西　168
消費者政策　119, 121, 125, 126, 127, 136, 168, 169

消費者政策会議　143, 144, 168
消費者団体訴訟制度　4, 120, 125, 133, 135, 141, 142, 144, 145, 150, 151, 155, 156, 166, 167
消費者団体訴訟制度の在り方　157
消費者の6つの権利　4, 120, 126, 128, 129
消費者の救済　9, 48
消費者の権利の尊重　126, 127, 135
消費者の自立　169
消費者の自立の支援　126, 129
消費者の心象と社会的合意形成　20
消費者の適切な救済対応　169
消費者の利益の擁護　127, 128
消費者被害　123, 124, 148
消費者被害の拡大防止　156
消費者被害の救済　181
消費者被害の救済措置　199
消費者保護基本法　4, 119, 121, 122, 124, 130, 186
消費者保護条例　136, 188
消費者問題　121, 122, 123
消費生活アドバイザー　38, 249
消費生活コンサルタント　38
消費生活条例　4, 136, 140, 143, 188
消費生活センター　28, 48, 83, 141, 142, 143, 150, 156, 161, 167, 248, 249, 250, 255
消費生活用製品安全法　48, 146, 205
消費生活用製品安全法の改正案　5
消費生活用製品安全法第82条　4, 147, 206
商品交換　213, 214, 219
情報開示　iii, iv, 7, 20, 75, 121, 169, 171, 172, 221, 273
情報公開　v, 3, 9, 13, 15, 16, 18, 19, 24, 25, 47, 51, 52, 107, 171, 172, 173
消防法　203

情報リスク　263
将来の企業価値　7
将来の不確実性　261
食品衛生法　48, 188
自立した消費者　125, 226
自立の支援　127, 128, 135, 169
新会社法　268
信義誠実の原則　177
信義則　176, 177, 235, 239
信義則の原則　217
進行性　57
進行性・拡大性　51, 79
信用の失墜　9
信頼の社告8か条　6, 38, 39
推定年間不良率（AFR）　58, 60
推定累積不良台数（率）　57, 58, 60
ステークホルダー・ダイアローグ（対話）
　　288
ステークホルダー（利害関係者）　iii, 3, 7,
　　13, 15, 60, 67, 280, 284
生活者起点　271, 272
製造物責任法（PL法）　3, 4, 18, 40, 51, 52,
　　63, 121, 141, 180, 181, 250, 253
製造物責任法による損害賠償責任　184
製品起因　211
製品評価技術基盤機構　83, 209, 212, 250
製品不具合（品質問題）　104
石油温風暖房機事故　4, 6, 22, 38, 40, 146,
　　147, 197, 206, 207
設計起因の不具合　58
説明責任　3, 7, 9, 13, 15, 16, 18, 20, 24, 25,
　　26, 45, 46, 51, 52, 55, 59, 65, 67, 71, 75,
　　107, 169, 171, 172, 173, 221
善管注意義務　238, 239
全体最適　19, 55

専用のコールセンター　214
戦略リスク　263
総合法律支援法　255
相談　252
損害賠償関連の民法　169
損害賠償請求　168, 178, 179, 183, 240
損害賠償請求権　144, 167, 179, 180
損害賠償訴訟　3
損害賠償の請求権　238
損害発生　180, 181
損失の制御（損失の防止、損失の軽減）
　　264

[タ]

ダイアローグ（対話）　272
体制整備命令　208, 209
タイトル事例　41
団体訴権　161, 167, 168
団体訴訟制度　68, 69
断定的判断の提供　158
地方公共団体の責務　136
仲介　69, 249
仲裁　251
調停　69, 249, 251, 252
貯蓄から投資へ　132, 148
定性的な判断　57, 58, 60, 61, 89
定量的な判断　57, 58, 59, 60, 61
適格消費者団体　162, 166, 168
デジタル・デバイド（情報弱者）　131, 137
デメリット表示　137, 218
電子契約法　192, 193
伝統的リスク・マネジメント　262, 264
統制活動　267
統制のプロセス　262
透明性　24, 25, 26

透明性・公正性・公平性　291
透明性と公正・公平の原則　170
道路運送車輌法　13, 204, 205, 208
トータル・リスク・マネジメント　263
特設コールセンター　80, 82, 83, 85, 93, 108
独占禁止法　4, 141, 142, 146, 166, 188
特定商取引法　4, 144, 146, 147, 157, 166, 188, 189, 192
特定電子メール法　193
特別法　157, 188
ドラッカーの4つの原則　287
取扱説明書　35, 131
トレッドウエイ委員会　264

[ナ]

内部告発　15, 153
内部告発・内部漏洩　258
内部通報　153
内部統制　v, 15, 24, 26, 52, 55, 57, 89, 155, 173, 258, 259, 263, 267, 268, 269
内部統制フレームワーク　264
内部漏洩　iv, 7, 15, 29
納得性　55
何もしないという罪　17, 20
日本経営品質賞　270, 271
日本工業規格（JIS）　188, 189
日本司法支援センター（法テラス）　141, 143, 217, 246, 255
日本消費者協会　168
日本消費生活アドバイザー・コンサルタント協会（NACS）　5, 6, 38, 40, 168, 206
日本農林規格（JAS）　188, 189
日本版SOX法　v, 57, 259, 268
ネガティブ情報　45, 46, 66, 218, 286
年間市場不良率　57

[ハ]

バージョンアップ　42, 45
賠償リスク　240
排除命令　190
バグ　58
判断の基準　57, 60, 61
判断の事実材料　61
判断の適正化　292
判断プロセス　60, 292
判定機関　56
判定の事実材料　60
被害者の救済　iv, v, 18, 20, 22, 23, 51, 58, 62, 76, 94, 121, 172, 180, 181, 201
被害者の救済措置　195
被害の拡大防止　iv, 16, 22, 48, 58, 62, 135, 199
被害の未然防止　20, 199
被害の予防　16, 58, 62
被害予防や救済　160
非金銭価値　7
品質基準　134, 138
品質事故（PL事故）　18, 41, 48, 49, 50, 51, 63, 70
品質保証制度　179, 184
品質保証責任　183
品質マネジメントシステム（QMS）　16, 172, 173, 200
品質問題　41, 42, 64
風説の流布　243
風評　31
風評被害　240
不確実性　9, 261, 262
不具合　51, 52, 63, 64, 71, 75, 98, 112
福沢諭吉　279
不作為　22, 24, 200

不作為の罪　20
不実告知　158, 221
不祥事　30
不正アクセス禁止法　194
不正競争防止法　188
不適合品　14, 16, 17, 21, 75, 200, 201, 214
不当な契約条項の無効　158, 160
負のレピュテーション　31
部品保有ガイドライン　185
部分最適　55
不法行為　27, 159, 179, 180, 217, 236, 237, 238, 239, 248
不法行為による損害賠償　179, 181
不法行為による損害賠償請求　194
不法行為による損害賠償請求権　180
不法行為による損害賠償責任　184
ブランド　7, 9, 51
ブランドイメージ　iv, 7, 246
ブランド・エクイティー　69
ブランド価値　7, 31, 52, 67
ブランド毀損　iii, 6, 9, 15, 30, 31, 108, 266
ブランド評価　15
ブランド・ロイヤルティー　223
不利益事実の不告知　158
プロダクツ・ブランド　9
プロバイダー責任法　193
紛争解決　139
米国CPSC（消費者製品安全委員会）　212
ペナルティー　9, 62
変化点管理　111
返品・返金　213, 215, 219
法テラス（日本司法支援センター）　141, 143, 217, 246, 255
法令遵守（コンプライアンス）　15, 24, 26, 52, 59, 268, 269, 284, 291

［マ］

マルコム・ボールドリッチ　270
未必の故意　20, 21, 22, 24, 200
民間ADR　252, 253, 254
無過失責任主義　180, 216
無形資産　7, 9, 55, 59, 67, 246, 271
無償点検・修理　213, 214, 219
メディアの選択　43, 69
メディアの特性　43
メディアミックス　43
モニタリング手法　75

［ヤ］

役員書簡　227, 228
薬事法　48, 188, 204, 205, 208
約束不履行　214
有利誤認　62, 190
優良誤認　62, 148, 189, 216, 218, 220
洋菓子メーカーの品質不祥事　208
予見可能性　237, 238
予想発生率（累計不良率）　79
予測累計不良率　82
予兆監視　56, 89, 97, 98, 99
予兆監視体制　95

［ラ］

利益の吐出請求権　167
利害関係者（ステークホルダー）　iii, 3, 7, 13, 15, 60, 67, 280, 284
リコール　75
リコール制度　v, 5, 120, 129, 142, 146, 169, 204
リコールの義務化　13
リコールの実施手順　75
リスク　261, 267

リスク回避　69, 258, 263, 266
リスク管理　83
リスク削減　266
リスク処理技術　262
リスク処理技術の選択（コントロール）　263
リスクの移転　262, 264
リスクの回避・移転　262
リスクの確認（予測・洗い出し）　262, 263
リスクの受容　264, 266
リスクの測定（評価）　262, 263
リスクの分離・結合　264
リスク評価　259, 263, 265
リスク分散　266
リスク・マネジメント　56, 57, 88, 112, 257, 258, 259, 260, 261, 262, 263, 267, 268, 269
リスク・マネジメントの統制　263
リスク誘因　268
利息制限法　145
リチウムイオン電池の発火事故　5
倫理観　59
倫理規定　134
倫理綱領　30
レピュテーション（評判）　7, 8, 9, 31, 69, 244
レピュテーション・マネジメント　20
レピュテーション・リスク　30
ロイヤルカスタマー　13, 223
ロイヤルティ　271

【著者略歴】

久新 大四郎（きゅうしん だいしろう）
1946年函館市出身。1970年早稲田大学第一商学部卒、日本電子株式会社入社。1977年退社。同年ソニー株式会社に入社し、放送・業務用映像システムの営業・マーケティングを担当。ソニーマーケティング株式会社設立とともに情報システムマーケティング本部副本部長、総括を歴任。2002年よりCSマネジメント室部長として製品品質の市場監視、市場対応判断業務に携わる。2003～2006年ソニーCSオフィサー。2007年1月偏西風（にしかぜ）事務所を設立。現在、コンサルタントとして活動中。2007年6月より株式会社コンプライアンス・コミュニケーションズ取締役。社団法人日本消費生活アドバイザー・コンサルタント協会（NACS）会員。

不祥事を防ぐ市場対応ハンドブック
──情報開示からリコール実施まで

2007年9月14日　第1版第1刷発行　　　　※定価はカバーに表示してあります。

著　者────久新 大四郎
発　行────有限会社 唯学書房
　　　　　　〒101-0061　東京都千代田区三崎町2-6-9　三栄ビル502
　　　　　　TEL 03-3237-7073　　FAX 03-5215-1953
　　　　　　E-mail hi-asyl@atlas.plala.or.jp
発　売────有限会社 アジール・プロダクション
装　幀────久新 明子
印刷・製本──中央精版印刷株式会社

Ⓒ Daishiro KYUSHIN 2007 Printed in Japan
乱丁・落丁はお取り替えいたします。
ISBN978-4-902225-37-2 C2034